少数民族德育研究丛书

新疆少数民族牧区双语教育发展研究

成世勋/著

全国教育科学规划『十二五』规划单位资助教育部规划课题
『国家文化安全视域下的新疆少数民族牧区双语教育发展研究』（FMB130534）研究成果
伊犁师范学院学术著作出版基金资助出版
中国新疆与周边国家合作发展研究中心基金资助出版
伊犁师范学院中国语言学院（院级）重点学科建设基金资助出版

知识产权出版社
全国百佳图书出版单位

图书在版编目（CIP）数据

新疆少数民族牧区双语教育发展研究/成世勋著. —北京：知识产权出版社，2017.8

ISBN 978－7－5130－4415－8

Ⅰ.①新… Ⅱ.①成… Ⅲ.①少数民族教育—双语教学—教学研究—新疆 Ⅳ.①G759.2

中国版本图书馆 CIP 数据核字（2016）第 198395 号

责任编辑： 齐梓伊　　**责任校对：** 王　岩

封面设计： 张　冀　　**责任出版：** 孙婷婷

新疆少数民族牧区双语教育发展研究

成世勋　著

出版发行：	知识产权出版社有限责任公司	**网　　址：**	http：//www.ipph.cn
社　　址：	北京市海淀区气象路 50 号院	**邮　　编：**	100081
责编电话：	010－82000860 转 8176	**责编邮箱：**	qiziyi2004@qq.com
发行电话：	010－82000860 转 8101/8102	**发行传真：**	010－82000893/82005070/82000270
印　　刷：	北京中献拓方科技发展有限公司	**经　　销：**	各大网上书店、新华书店及相关专业书店
开　　本：	720mm×960mm　1/16	**印　　张：**	15.5
版　　次：	2017 年 8 月第 1 版	**印　　次：**	2017 年 8 月第 1 次印刷
字　　数：	232 千字	**定　　价：**	48.00 元

ISBN 978-7-5130-4415-8

序

成世勋先生的《新疆少数民族牧区双语教育发展研究》一书即将出版，作者辗转送来了书稿，希望我能为该书写个序。我与成世勋先生并不相熟，原本不敢承命，但是，新疆双语教育领域是我一直关注的问题。初步通读了书稿后，深感作者对新疆少数民族牧区双语教育研究的强烈责任感和使命感，加之作品研究内容甚为新颖，资料较为丰富，对策建议较具建设性，于是欣然应允。本书是成世勋先生历时三年多完成的一本专著，是全国教育科学规划“十二五”规划单位资助教育部规划课题《国家文化安全视域下的新疆少数民族牧区双语教育发展研究》（项目批准号：FMB130534）的最终研究成果。通读书稿之后，我觉得下列几方面颇为突出。

其一，本书所研究的问题有着重要的理论价值与现实意义。本书的出版不但将为新疆少数民族牧区更有效地推动双语教育提供可资参考的理论基础和政策依据，而且也会对加强新疆民族团结、维护新疆社会稳定、建构中华民族多元一体的文化格局，增强中华文化与中华民族的凝聚力，消解狭隘的民族主义，对国家多民族和谐社会建设与新疆经济社会发展，都具有较重要的理论价值和现实意义。中共中央总书记、国家主席、中央军委主席习近平在第二次中央新疆工作座谈会上发表重要讲话时强调，以邓小平理论、“三个代表”重要思想、科学发展观为指导，坚决贯彻党中央关于新疆工作的大政方针，围绕社会稳定和长治久安这个总目标，以推进新疆治理体系和治理能力现代化为引领，以经济发展和民生改善为基础，以促进民族团结、遏制宗教极端思想蔓延等为重点，坚持依法治疆、团结稳疆、长期建疆，努力建设团结和谐、繁荣富裕、文明进步、安居乐业的社会主义新疆。习近平指出，新疆的问题最长远的还是民族团结问题。民族分裂势力越是企图破坏民族团结，我们越要加强民族团结，筑牢各族人民共同维护祖国统一、维护民族团结、维护社会稳定的钢铁长城。要坚定不移地坚持党的民族政策、坚持民族区域自治制度。民族团结是各族人民的生命线。要高举各民族大团结的旗帜，在各民族中牢固树立国家意识、公民意识、中华民族共同体意识，最大限度地团结依靠各族群众，使每个民族、每个公民都为实现中华民族伟大复兴的中国梦贡献力量，共享祖国繁荣发展的成果。各民族要相互了解、相互尊重、相互包容、相互欣赏、相互学习、相互帮助，像石榴籽那样紧紧地抱在一起。要加强民族交往、交流、交融，部署和开展多种形式的共建工作，大力推进“双语”教育，推动建立各民族相互嵌入式的社会结构和社区环境，有序扩大新疆少数民族群众到内地接受教育、就业、居住的规模，促进各族群众在共同生产生活和工作学习中加深了解、增进感情。

本书作者深刻领会了习近平总书记的讲话精神，立足于新疆社会稳定与发展的大局，针对新疆少数民族牧区双语教育的特殊性，探索有针对性的策略，切实维护新疆的文化安全，使新疆少数民族牧区双语教育能够更好地发挥增强民族团结、维护社会稳定的特殊功能，能够充分发挥新疆少数民族牧区双语教育在维护文化安全中的作用，能够更好地提高学校维护文化安全的自觉性，能够更好地发挥教师的主导作用、培养社会主义接班人和建设者，用教师健康的思想观念去影响学生、教育学生、感化学生，增强学生自觉维护国家文化安全的责任意识，强化中华民族文化的传播能力与辐射力度，促进学生正确认识和理解中华民族多元一体的文化格局，在中华文化共同体中铸就民族文化凝聚力、感召力和影响力，并以此自觉维护民族文化共同体的利益，构筑起抵御“东突”分裂主义的文化屏障。

其二，从安全角度看，双语教育有利于新疆稳定的建设，也直接关系到国家的安全。新疆是一个多元文化汇聚、多种语言融合、多民族聚居的地方。新疆地处祖国大西北的边陲，周边与俄罗斯、哈萨克斯坦、吉尔吉斯斯坦、塔吉克斯坦、巴基斯坦、蒙古、印度、阿富汗等8个国家接壤；陆地边境线长达5600多公里，占中国陆地边境线的1/4，是中国面积最大、陆地边境线最长、毗邻国家最多的省区。新疆共有32个边境县，生活着蒙古族、俄罗斯族、柯尔克孜族、塔吉克族、哈萨克族、维吾尔族、塔塔尔族等跨界民族，其中的哈萨克族、蒙古族、柯尔克孜族和塔吉克族的主体民族均在境外。新疆这种特殊的地缘环境、特殊的民族关系，不论是政治经济还是文化教育等方面都在不同程度上影响着新疆的稳定和安全。新疆少数民族牧区的学校是进行双语教育的重要阵地，是一个知识和信息的集散地，对社会各个阶层成员的思想有着非常大的影响。新疆少数民族牧区学校教学语言的选择、语言规划的策略、教学语言涉及的人群范围及深度等是关乎国家文化安全的重要因素。因此，在国家文化安全背景下探讨新疆少数民族牧区双语教育的问题，对拓展牧区双语教育、建构中华民族多元一体的文化格局、增强中华文化与中华民族的凝聚力、消解狭隘的民族主义情绪有着重大的现实意义。

其三，运用多学科知识和跨学科方法开展研究。本书运用语言学、教育学、政策学、国际关系学等理论知识与研究方法，全面深入地分析了新疆少数民族牧区双语教育发展与国家文化安全的动态逻辑关系，在此基础上构建了以国家文化安全为终极目标的新疆少数民族牧区双语教育研究的理论框架，作者还指出了新疆少数民族牧区双语教育中存在的问题及其应对策略，新疆双语教育政策在国家安全中的地位和特殊作用以及与其相关的语言学习、语言教育的策略。作者首次提出语言文化软权力以及双语教育政策是维护国家文化安全的核心目标、新疆少数民族牧区双语教育战略规划观、新疆语言教育政策价值取向的理论框架等，具有较高的理论创新性和较强的实践参考价值。

其四，作者重视实地调研，重视搜集一手资料。据作者介绍，在研究过程中课题组成员到新疆少数民族牧区的教育行政部门，深入各个少数民族牧区学校对师生进行调查访问，收集大量第一手资料。而且作者及其课题组全体成员均是长期从事新疆少数民族双语教学工作的，对于新疆少数民族双语教育的作用和意义都有切身的体会。作者本着对国家和新疆少数民族教育事业的热爱，怀着一颗赤诚之心完成了本课题。所以，本书是以客观事实做依据的，是从实践中来的。

新疆独特的地理环境和自然生态、历史上多民族的迁徙与融合、多种宗教信仰的并存与发展，形成了今天新疆多种语言文化、风俗习惯、人文景观、宗教文化心理和思想意识等并存的语言文化生态景观，也决定了各民族语言必然会互相影响和交融。必须清醒地认识到双语教育是新疆牧区教育的必然选择，也是历史发展的必由之路。为了使新疆牧区孩子能更好地参与国家现代化建设大潮，更好地推动边疆地区现代化进程，更好地促进国家文化安全建设在边疆地区的开展，使牧区各民族孩子享有平等受教育的权利，为少数民族培养大量适应社会现代化需要的双语人才，在牧区充分实施双语教育具有不可替代的作用。鉴于此，必须更加重视新疆学校的双语教育。

作者生长于祖国大西北的边疆地区，长期在边疆地区从事教育工作，对新疆的稳定和发展有着深厚的感情，对国家边陲的安全有着强烈的责任意识。作者在双语教育领域耕耘有年，研究也取得可喜的成绩，期待作者能够继续关注新疆双语教育的理论与实践问题，深入开展典型个案研究，拿出更多的新成果。

是为序。

许建英

中国社会科学院中国边疆研究所

2016年5月10日

目录

第一章　绪论

新疆地处祖国的边陲，东与祖国内地相连，西与周边八国接壤，地缘区位优越，是我国向西开放的重要门户，也是我国西北边陲的战略屏障，有着特殊的地理位置。60 多年来，在中国共产党和中央政府的领导和关心下，在全国各族人民的大力帮助和支援下，新疆各族人民艰苦奋斗、锐意进取，建设美好家园，创造幸福生活，使新疆一穷二白的面貌得到彻底改变，天山南北发生了翻天覆地的变化，实现了社会发展的历史性跨越。新疆的发展与进步，是新疆各族人民高举民族团结大旗共同奋斗的结果，也是中国民族政策的成功实践。

然而，新疆地区常常成为民族分裂势力、宗教极端势力和暴力恐怖势力进行活动时选择的突破口。2009 年 7 月 5 日，新疆乌鲁木齐发生了打砸抢烧严重暴力犯罪事件，乌鲁木齐“7·5”事件造成 1700 多人受伤，197 人死亡，其中无辜死亡的各族群众 156 人；受损房屋 719 户，总面积 21353 平方米，其中受损店面 331 家；被烧毁房屋 29 户，面积 13769 平方米；被砸烧车辆共计 1325 辆。① 这是一起典型的境外指挥、境内行动，有预谋、有组织的打砸抢烧事件。正当全国人民喜迎“两会”、为全面深化改革凝心聚力之际，2014 年 3 月 1 日，在我国云南省昆明市昆明火车站发生了一起由新疆分裂势力组织策划的无差别砍杀事件。歹徒手持刀具、统一着装，事件造成 29 人死亡、

---

① 许建英：“乌鲁木齐‘7·5’事件实质是暴力恐怖主义犯罪”，载《人权》2009 年第 4 期，第 29 页。

143 人受伤。习近平总书记在针对此次暴恐事件的重要指示中提到："要深刻认识反恐形势的严峻性复杂性，强化底线思维，以坚决态度、有力措施，严厉打击各种暴力恐怖犯罪活动，全力维护社会稳定，保障人民群众生命财产安全。"除了坚决将暴恐分子的嚣张气焰打下去外，还要强化底线思维，即说明当前的反恐形势确实严峻和复杂，防范范围集中于新疆、北京等地已经不够，而应全范围、全方位防范。正如李克强总理所说："各地公安机关要加强治安防控措施，做好人群密集的公共场所防范工作。"从 20 世纪 90 年代起至今，据不完全统计，恐怖分子们共在新疆境内外至少制造了 200 余起暴力恐怖事件。

面对国际国内形势重大变化的影响，新疆的社会稳定遇到了前所未有的异常严峻的挑战。维持新疆的社会稳定，不仅关系到新疆社会、经济、文化、教育等方面的和谐发展，而且还关系到国家安全、稳定和发展的大局。国家文化安全具有隐蔽性、长期性和潜移默化的特点，因此不容易被观察到，但一旦遭到破坏，则危害巨大。在一个多民族的统一国家，尤其在新疆少数民族聚居的牧区，学校教学语言的选择、语言规划策略、教学语言涉及的人群范围及深度等是关乎国家文化安全的重要因素，是中国发展民族经济、巩固民族团结、防止恐怖渗透、保证边境稳定的重要基础。众所周知，学校教育具有进行文化传承的功能。因此，对经济相对滞后、教育相对薄弱、人们的思想意识相对落后的新疆少数民族牧区要进行双语教育，并以此为契机提高新疆少数民族牧区的教育水准，培养少数民族学生奋发向上的进取精神，改变新疆牧区少数民族落后的、狭隘的民族观念，培养少数民族对国家的认同感，既可以保障国家文化安全，也更利于新疆少数民族牧区社会和整个国家的稳定。

一、国家文化安全概念的界定

关于国家文化安全的概念，学术界众说纷纭，认识不一。总的来看，北京师范大学教育学院石中英教授概述得比较全面。石中英教授认为国家文化安全有广义和狭义两种解释。广义的国家文化安全指"国家内的文化安全"（cultural security in a nation - state），即主权国家的主流文化价值体系以及建立于其上的意识形态、社会基本生活制度、语言符号系统、知识传统、宗教信仰等主要文化要素免于内部或外部敌对力量的侵蚀、破坏和颠覆，从而确保主权国家享有充分完整的文化主权，具备同国家政治、经济发展协调一致、良性互动与不断创新的文化系统，并在人民群众中保持一种高度的民族文化认同。狭义的国家文化安全指"国家文化的安全"（security of national culture），特指作为一种政治实体的主权国家的国家意识形态、价值观念、基本政治制度、人民群众的政治认同以及国家形象等主要文化要素免于内部或外部敌对力量的侵蚀、破坏和扭曲，从而确保作为政治实体的国家在其主权范围内也包括在国际上享有高度和一致的合法性认同。①本书结合当前学术界和社会舆论中所讨论的国家文化安全，采用广义的国家文化安全定义。

二、国家文化安全研究综述

国家文化安全是近年来在学术领域兴起的一个新热点，国家安全最早可以追溯到 20 世纪 40 年代。1943 年，美国作家李普曼首次提出了"国家安全"的概念。美国学者亨廷顿又提出了不同文明之间必然会发生冲突的观点，他认为当代国际政治中的主要矛盾将发生在隶属于不同语言文化的民族和人群之间。1978 年，萨义德在《东方学》一书中指出，19 世纪西方国家眼中的东方世界是凭空想象出来的，西方文化中对亚洲和中东的长期错误和偏见为欧美国家的殖民主义提供了借口，西方人对西方文化生活的理解，必须借助文化霸权那种持久的耐力和力量。②德国学者哈拉尔德·米勒的《文化共存理论》认为，

① 石中英："论国家文化安全"，载《北京师范大学学报（社会科学版）》，2004 年第 3 期，第 5 页。

② ［美］萨义德：《东方学》，王宇根译，生活·读书·新知三联书店 1999 年版，第 10 页。

民族文化差异虽然明显反映了文化方面的对抗性，但也体现了世界文化的多样性，所以各国应以一种宽容的态度来对待文化的差异，使不同民族文化能够和谐共存。David Holmes（大卫·福尔摩斯）、Kevin A. Hill（凯文·希尔）和 John E. Hughes（约翰·休斯）、S. K. Bansal（班萨尔）等从论述互联网对国内政治影响和社会影响的视角来审视信息技术对文化安全的影响。在此阶段，最有影响力的是福山的《历史终结论》、约瑟夫·奈的《软实力》和亨廷顿的《文明冲突论》。这些著作为西方从文化的角度来研究国家安全，为传统国家安全观向非传统安全观的转变开辟了崭新的道路。

而“国家文化安全”这一概念则是由中国学者明确提出的，其主旨是克服和消除由经济全球化带来的对中国文化生存与发展的威胁。胡惠林教授在《中国国家文化安全论》（2005）中，以中国国家文化安全为理论基点，提出了以国家文化安全战略为框架、以中国和平崛起为战略目标的国家大战略的观点。石中英教授在《论国家文化安全》（2004）中指出，维护和加强国家文化安全必须从观念上高度重视，借鉴国际上的宝贵经验，建立国家文化安全预警机制。为了确保国家文化安全，要充分发挥学校教育在培养青少年学生国家文化认同方面的主导作用。刘跃进教授在《解析国家文化安全的基本内容》（2004）中认为国家文化安全包括“语言文字安全、风俗习惯安全、价值观念安全、生活方式安全”四个基本方面。刘教授还在《国家安全体系中的语言文字问题》（2011）中指出语言文字还影响着国家安全，在保障国家安全的体系中，语言文字机构和语言文字工作具有独特的地位和作用。曲文波在其博士论文《中国文化安全研究》中指出：威胁我国文化安全的因素，既有外因也有内因。[①]外因是以美国为首的西方国家对我国文化的侵略和渗透，内因则是多年来我国的文化建设始终存在着一些问题，文化产业的发展还处于摸索阶段，还没有走上正轨。对外，我们要坚决抵制西方国家的“和平演变”，警惕“颜色革命”，积极应对西方国家对我国传统文化的开发和掠夺；对

---

① 曲文波：“中国文化安全研究”，中共中央党校2008年博士学位论文。

内，我们要坚持和发展传统文化，并吸收外国文化的优秀成果，坚持先进文化的发展方向，建设社会主义新文化，最终实现文化和谐，从根本上维护我国的文化安全。从全球化视角研究中国国家文化安全面临的威胁和挑战的，如沈洪波在《全球化与国家文化安全》一书中阐述了全球化视角下中国国家文化安全观的形成与演进的过程，对国家文化安全观的研究做了有益的探讨。中国社会科学院研究生院孙宁撰写的博士论文《中国共产党的国家文化安全战略论析》，系统地介绍了新中国成立以来，在中国共产党的引领下国家文化安全战略的现状与发展动态，并针对当前的迫切形势用 SWOT 的方法解决所面临的文化安全问题。国家语委副主任李宇明教授 2011 年提出“国家语言能力”这一理念，指国家处理国内外事务所具备的语言能力，也包括国家发展所需要的语言能力。戴曼纯教授在《国家语言能力、语言规划与国家安全》中指出“语言是保障国家安全的重要因素”“国家语言能力缺失是一个威胁国家安全的潜在因素”。其他学者，如潘一禾、彭润泽、彭文波、严兴文、齐琳等从英汉双语教学、国际版权、民族文化传承等不同角度论述了“语言与国家安全”的关系。可见，中国学界和政界都已经认识到语言对国家安全的战略意义，并且从国家安全的高度来探讨语言问题的重要性。

三、教育与国家文化安全研究综述

新疆特殊的地理文化环境决定了它在国家安全中占有重要的战略地位。新疆少数民族牧区双语教育承载着培养现代化建设人才和增进民族团结、维护国家文化安全的神圣使命。同时，新疆少数民族牧区作为我国少数民族地区思想文化领域和意识形态领域的重要阵地，历来就是引领民族地区文化和思想的前沿，时刻面临着境内外敌对势力和民族分裂势力借助民族问题制造民族矛盾对国家实施分裂破坏活动的冲击。而新疆少数民族牧区学校承担着培养中国特色社会主义事业的建设者和接班人的重任，新疆少数民族牧区学校学生的国家安全意识如何，直接关系到国家的安全稳定和长治久安，对于巩固祖国统

一、边疆稳定，增强少数民族地区向心力和凝聚力，抵御新疆分裂势力的渗透，确保祖国边疆安全稳定，都具有极为重要的意义。因此，加强国家安全教育对于增强新疆少数民族牧区学校学生的国家安全意识、培育爱国情感、民族认同、凝聚民族精神有着重要而积极的作用。

从目前掌握的文献情况来看，我国关于国家安全教育问题的关注是从近十年开始的，也就是伴随着我国加入世界贸易组织后，以及国家参与国际事务不断增多的时期，才集中出现了关于国家安全教育的研究，并重点关注了大学生这一重要群体。①如边和平、潘盘甫教授在《大学生国家安全教育有效机制初探》（2002）中充分认识到高等学校担负着为国家培养合格的社会主义事业建设者和接班人的历史重任，历来处在意识形态领域斗争的前沿，是敌对势力推行“和平演变”战略、与我争夺接班人的重点目标。在新的历史条件下，对大学生进行国家安全教育具有十分重大和深远的意义。该书结合自身的教学实践和体会，从内容、方法、途径等方面对如何建立大学生国家安全教育的有效机制进行了探讨。谢金林、张艺教授在《论网络时代舆论安全与西部边疆民族地区社会稳定》中指出网络是信息时代舆论战的主战场，网络舆论安全直接关系到国家的安全。对于西部边疆民族地区而言，由于周边国家局势动荡不安、西方国家“颜色革命”策略既定、境外三股势力分裂活动频繁，加之内部民族问题、宗教问题、文化问题又比较复杂，这些错综复杂的问题交织在一起使新疆成了我国舆论安全链条中最薄弱的环节。倘若舆论不安全则会引发民族地区的社会骚乱，同时也给国家安全造成极大的损害。石中英教授在《学校教育与国家文化安全》（2000）一文中指出：为了确保国家文化安全，学校教育一方面应向青少年一代系统传播民族文化传统，阐释民族文化精神，促进民族文化认同；另一方面应在社会和人文科学教育中彻底抛弃“文化进化论”的理念和“西方中心主义”的历史观，引导学生深刻理解其基本价值观念和“自由”“人权”的历史性、文

① 杨智勇：“民族地区高校国家安全教育研究”，延边大学2013年硕士学位论文。

化性与相对性。[1] 赵燕、蔡文伯教授在《新疆边境教育发展与国家安全的调查与分析》（2010）一文中指出，在新的历史时期，现代教育与国家安全关系十分密切。现代教育通过提供知识人才保证，促进政治、经济、文化、科技、军事的安全与发展，从而促进国家安全与发展。新疆地处祖国的边陲，有着特殊的地理位置。而新疆边疆地区的教育，是发展民族经济、巩固民族团结、防止恐怖渗透、保证边疆稳定的重要基础。发展新疆边境教育应做好以下几点：合理调整布局，改善办学条件，提高教师素质，加强双语教师队伍建设。[2]李红兵在《国家文化安全视阈下的新疆少数民族双语教学》（2010）中认为国家文化安全具有隐蔽性、长期性及潜移默化的特点，较之军事安全、经济安全和信息安全等具有更大的杀伤力。新疆少数民族地区双语教学承载着培养现代化建设人才和增进民族团结、维护国家文化安全的使命。李红兵强调，从文化安全视角研究新疆少数民族地区双语教学中的问题及其策略应对，对进一步发挥新疆双语教学的作用具有重要的意义。[3]艾克拜尔在《维护国家文化安全，加强新疆文化建设的思考与对策》（2004）一文中认为新疆文化建设面临着严峻的挑战——新疆地域辽阔，资源丰富，与俄罗斯、塔吉克斯坦、哈萨克斯坦等多个国家接壤，聚居着各民族的优秀儿女，也是中国反恐怖、反分裂斗争的前沿阵地之一。20 世纪 90 年代以来，随着中亚和西亚的地区冲突和局势紧张，民族分裂主义分子加紧了在新疆的煽动和破坏活动，使新疆的文化建设面临着特殊的要求。赵燕在其硕士论文《国家文化安全背景下新疆边境地区基础教育发展研究》（2010）中论述了新疆边境地区的教育与国家文化安全的关系。教育，尤其是学校教育，自古以来就有文化传承和文化融合的功能。加强和维护国家文化安全就应

---

① 石中英：“学校教育与国家文化安全”，载《教育理论与实践》2000 年第 11 期，第 11～14 页。

② 赵燕、蔡文伯：“新疆边境教育发展与国家安全的调查与分析”，载《边疆经济与文化》2010 年第 4 期。

③ 李红兵：“国家文化安全视阈下的新疆少数民族双语教学”，载《高等函授学报（哲学社会科学版）》2010 年第 4 期，第 5 页。

该充分地发挥学校的这种主导作用。新疆边境地区由于其特殊的地理位置和自然环境的限制，经济落后，人才匮乏。因此，更要大力发展边境地区的教育。由于种种因素，在边境地区更重要的是要落实和保障基础教育的全面实施，从数量上保障经费投入、改善办学条件等硬件，从质量上落实“双语教育”及学生素质的提高。

综合上述多位作者的观点，笔者认为：第一，受国内外形势与地缘政治的影响，国家安全处于动态变化之中。第二，国家安全教育要随国家安全形势的变化而发展。目前，国家安全教育的研究过于粗放和片面，主要针对高等院校来展开国家安全教育研究，而围绕少数民族地区，尤其是新疆少数民族牧区的国家安全教育研究成果则寥寥无几。第三，新疆是一个多民族、多宗教、多文化、多语言共存的特殊地区，新疆少数民族牧区具有地域辽阔、经济落后、自然条件恶劣、教学质量低等客观因素。然而，新疆少数民族牧区文化安全却与国家文化安全息息相关，不容忽视。新疆少数民族牧区的教育是维护国家文化安全、构筑文化屏障、保障社会稳定和国家安全的重要基地，同样也是培养新疆“民汉兼通”的高级建设人才的基地。

新疆少数民族牧区的学校是进行双语教育的重要阵地，是一个知识和信息的集散地，对社会的各个阶层成员的思想有着非常大的影响。所以，要唤起学校维护文化安全的自觉性，使新疆少数民族牧区的学校管理者充分意识到它在双语教育中所担负的艰巨任务和伟大使命，充分发挥新疆少数民族牧区教师的主导作用，用教师健康的思想观念去影响学生、教育学生、感化学生，增强学生自觉维护国家文化安全的责任意识。

第二章　国家文化安全与新疆少数民族牧区双语教育发展关系

第一节　西方文化扩张政策的推行及对国家安全的影响

当今世界，全球化浪潮来势凶猛，锐不可当。各国之间文化的交流与融合日益频繁，文化的碰撞与冲突日益尖锐，文化与经济、政治甚至军事等方面的相互交融在综合国力中的地位日益凸显。在全球化的发展进程中，自始至终都伴随着文化的渗透、价值的变迁和制度的转移等现象，这就意味着将会给我国文化安全带来前所未有的挑战。保障文化安全，提高文化应战能力，这是中国特色社会主义建设的重要任务。在全球化时代，要保持和发展有中国特色的社会主义文化，确保在与以西方文化为代表的强势文化的较量中取得对自己更加有利的位置。同时，认清西方霸权主义国家进行文化渗透和文化颠覆的主要目标，在本民族文化不受损害的前提下利用它来扩大中国文化在全世界的影响。要采取强有力的措施来维护我国的优秀传统文化，弘扬中华民族先进的文化，努力做到让中国文化进一步走向世界，让世界进一步了解中国文化。

在全球文化的交往中，以美国为首的西方国家却以“文化霸权”来对待全球文明，将世界各国之间的文化交往、对外文化扩张和渗透作为实现它霸权主义战略目标的重要手段。文化手段和政治、经济、军事手段一样，它已成为以美国为首的西方国家对付中国的渗透工具。在理论上，美国著名政治学家亨廷顿提出了“文明冲突论”。文明冲突论的核心就是指出了在未来世界的冲突中必将会是西方文明与中国的儒家文明和伊斯兰文明的冲突。亨廷顿的“文明冲突论”显然把中国摆在了西方的对立面，对中国文化采取了排斥和敌对的态度。长期以来，以美国为首的西方国家还通过网络传媒、影视娱乐、文化教育等各种渠道，使用各种手段对我国的主流意识形态进行渗透，以期达到和平演变的目的。在实践中，1999年2月，美国《国际论坛先驱报》撰文肆无忌惮地表达了对新疆分裂分子的同情。同年，美国国务院又发表了《1998年中国人权报告》，第一次涉及了新疆人权现状，并且开始公开介入新疆问题。1999年4月21日，“大赦国际”组织抛出《中华人民共和国践踏新疆少数民族自治区人权》的报告，指责中国政府在新疆侵犯人权等谬论。美国约翰·霍普金斯大学中亚和高加索研究所在纽约的亨利·鲁斯基金会的资助下，于21世纪初从事过一个名为“新疆项目”的研究。2004年，“新疆项目”完成了第一部分的工作，弗雷得里克·斯塔尔出版了一本名曰《新疆：中国穆斯林聚居的边陲》（Xinjiang：China's Muslim Borderland）的专著，共40多万字，15章。[①]该书指责中国的新疆政策。2007年，美国国会和欧洲议会又分别通过了有关我国政府在新疆严重侵犯人权的决议。德国议会还讨论了有关“十四点意见”。除此以外，国际反华势力还向新疆分裂组织提供了大量的活动经费和场地，培训了大批分裂分子。自今，“世维会”每年仍然都会接受到来自美国国会支持的美国国家民主基金会的资助。

自从中国加入世界贸易组织（WTO）后，中国文化产业发展遭遇了前所未有的重大的挑战。当文化的有效传播离开文化产业的具体存在就无法实现的时候，文化产业发展的现代化程度和强大程度，就成

① “美‘新疆工程’开始影响政府”，载《大公报》2007年6月20日。

为一个国家文化安全状况在当代的一个重要指标。[①]众所周知，文化产业竞争力的指数从总体上综合反映了一个国家文化产业竞争力状况，其数值高低表明其竞争力的强弱。比如美国的文化产业竞争力指数为0.87，表明其具有很强的竞争力，排名第1位。而中国的文化产业竞争力指数为0.22，低于0.5这一国际竞争力的平均值，仅在世界排名第15位。中国的文化产业竞争力指数不到美国的25%，中国的文化产业竞争力指数明显处于弱势地位。[②]这是因为中国加入世贸组织是中国文化产业在许多方面还没有准备好的情况下参与全球竞争的，中国根本无法充分实现世界贸易组织成员方应该对等性进入他国文化产业领域的要求，中国文化产业的发展在它的成长阶段就将面临被扼杀在摇篮里的威胁。

一、西方文化产品侵蚀着民族文化的根基

冷战结束后，各国的文化产业都在急剧增长。美国的最大出口产品已不再是农产品或工业品，而是用于渗透工具的各种文化产品。其中包括电影、电视节目、书籍、期刊、报纸、音乐唱片、手机、电脑软件等。如果对这些产品失去警觉，就会在不知不觉中受到其宣传的价值观、生活方式、思维方式等的影响，从而动摇和丧失本民族特性。事实上，大多数人尤其是年轻人在使用这些产品时，是不会刻意地去筛选、甄别的。那么，这些文化产品便会潜移默化地渗入人们的精神和心灵，使人们失去本民族的凝聚力，消磨本民族精神和个人的意志。正如前美国商务部高级官员戴维·罗特科普夫在谈到全球化促进不同文化整合时所说："如果世界趋向一种共同的语言，它应该是英语；如果世界趋向共同的电信、安全和质量标准，那么它们应该是美国的标准；如果世界正在由电视、广播和音乐联系在一起，节目应该是美国的；如果共同的价值观正在形成，它们应该是符合美国人民

① 胡惠林：《中国国家文化安全论》，上海人民出版社2005年版，第170页。

② 祁述裕：《中国文化产业国际竞争力报告》，社会科学文献出版社2004年版，第26~31页。

意愿的价值观。”在这种思想的支配下，以美国为首的西方国家利用一切手段向中国等发展中国家大力宣扬西方资产阶级的世界观、人生观和价值观，以近乎强制霸道的方式向包括中国在内的发展中国家进行文化渗透和文化输出。《美国的文化资本》指出：“文化对经济的贡献非常大。在美国版权业（包括电影、录像制品、音乐制品、出版和软件业）年销售额达到4500亿美元，占国内生产总值（GDP）的5%。海外销售额超过790亿美元，7600万人工作在这个领域，劳动力增长速度远远超过其他领域。”[①]现在一些人就产生了“洋货至上”的心理，追求西方的生活模式，以吃西餐、喝洋酒、穿外国名牌服装、住洋房、开进口名车为荣。美国负责东亚和太平洋事务的助理国务卿帮办魏德曼说：“贸易不只是创造财富的手段，它还是美国思想和理想借以渗透到所有中国人意识中的渠道。从长期来看，它为美国的意识形态（诸如电影、激光唱片、软件、电视）和使国际交流更为便利的产品（诸如传真机和互联网计算机）开辟了市场，这些可能使中国的人权状况得到改善，从而发挥我们所有直接和政府之间的努力加起来一样大的促进作用。”[②] 美国文化产品的大量输出，就连发达国家也深感恐慌和不安。日本、德国、加拿大、法国等也都纷纷予以抨击和反抗。法国的电影市场被美国好莱坞电影不断蚕食。法国等其他国家已经纷纷开始抵制美国文化产品的输入，加强对美国文化产品的限制和筛选，并大力提倡本民族文化，维护本民族文化生存、发展的空间。而包括中国在内的广大发展中国家由于受到经济发展水平制约，中国加入世贸组织又使中国文化产业在还没有准备好的情况下参与全球竞争的，可想而知其文化产品是相当薄弱的，发展也是相对缓慢的。基于此，以美国为首的西方国家的大量文化产品源源不断地渗入到发展中国家，使发展中国家的本土文化、价值观、思维方式等受到了极大的冲击，这就是国际社会出现的新的“文化侵略”或“文化扩张”。现在，中国人尤其是中国的年轻人恐怕没有不喜欢看美国大片的；恐怕没有人

---

① 张玉国：《国家利益与文化政策》，广东人民出版社2005年版，第125页。

② 张骥：《国际政治文化学导论》，世界知识出版社2005年版，第108页。

不知道美国苹果手机、美国的惠普、DELL、苹果电脑的；恐怕没有人不知道美国的《时代》《新闻周刊》《美国新闻与世界报道》《福布斯》《财富》《读者文摘》《花花公子》等杂志的。包括中国在内的许多发展中国家的文化受到以美国为首的西方国家文化的严重威胁和侵蚀，文化安全问题在发展中国家显得尤为突出。

二、利用信息网络进行国家文化领域文化渗透和扩张

当今社会是信息化飞速发展的社会，网络传播技术已经成了一种信息控制和文化资源商品化的战略性技术。网络信息的内容是可以经过人们筛选、编辑、制作而成的。网络的传播最先起源于美国，它与西方的全球化模式是相辅相成的。这种全球化模式就自然而然地带着浓厚的美国色彩。以美国为首的西方资本主义国家以占领和控制全人类精神生活的制高点为目标，借助网络传媒这一工具，向包括中国在内的经济文化欠发达国家和地区肆无忌惮地宣传和倾销它们的精神文化产品，从而使这些国家和地区的人们的思维方式和价值观念潜移默化地受到了影响。在以美国为首的西方网络信息的文化渗透和影响下，一些人把拜金主义、享乐主义、极端个人主义作为自己的人生价值追求和目标，甚至开始崇拜西方社会制度，有些人的人生观、价值观、道德观、世界观发生了变化。这将导致中华民族的文化混乱，甚至使中华民族的传统文化、道德准则和价值观念都受到强烈冲击。

互联网的出现使信息突破了地域限制，冲破了民族国家藩篱和时空障碍。互联网由于自由开放，在这个空间中打开了言论自由。因此，美国在宣传和倾销它们的精神文化产品的同时，自己也深知互联网的危害。美国也在实施海外监听计划。2013 年 7 月 1 日晚，维基解密网站披露了美国“棱镜门”①事件。泄密者爱德华·斯诺登

① 棱镜计划（PRISM）是一项由美国国家安全局（NSA）自 2007 年小布什时期起开始实施的绝密电子监听计划，该计划的正式名号为“US－984XN”。美国情报机构一直在 9 家美国互联网公司中进行数据挖掘工作，从音频、视频、图片、邮件、文档以及连接信息中分析个人的联系方式与行动。监控的类型有 10 类：信息电邮、存储数据、语音聊天、文件传输、即时消息、视频、照片、视频会议、登录时间、社交网络资料的细节，其中包括两个秘密监视项目：一是监视、监听民众电话的通话记录；二是监视民众的网络活动。

(Edward Snowden) 披露了美国从欧洲到拉美，从传统盟友到合作伙伴，从国家元首通话到日常会议的记录。在前中情局雇员爱德华·斯诺登的揭露下，美国规模巨大的海外监听计划震惊了世界。

在新疆，自20世纪末以来，随着社会信息化技术的快速发展，国际互联网已经成为新疆各类分裂组织宣传他们分裂主义主张的重要平台。目前，世界上大约有25个组织及其网站直接以“建立独立的东突厥斯坦”为目标，它们遍布于阿姆斯特丹、伊斯兰堡、墨尔本、慕尼黑、华盛顿和纽约等地，而对境外的分裂主义网站我们基本上难以有所作为。[①]分裂分子通过他们建立的网站，定期向国内外发布电子出版物，并采用视频、音乐等形式吸引世界各国更多人士对其了解和关注。近年来，国内一些新疆分裂分子也常常利用QQ、MSN、微博等社交平台，在网上大肆宣传分裂思想，发展成员和策划社会骚乱。此外，国外一些反华势力也利用现代传媒帮助新疆分裂组织扩大国际影响，吸引国际社会对新疆问题的关注和介入，从而使一些不明真相的西方国家支持或者袒护新疆分裂势力。新疆一些激进分子由此成了他们的爪牙和牺牲品，走上了一条进行恐怖行为和分裂国家的不归路。近些年来，虽然国家新闻出版部门和市场监管部门对各类宣扬分裂思想的非法出版物和影视作品进行打击和清理，各部门也加大了对互联网上宣扬各种分裂主义思想的监管力度，但实际效果仍不理想。

三、语言文化的作用与人才争夺

语言文字是一个民族文化的重要载体，没有语言就没有文化，语言反映文化，但同时语言又受文化的影响。语言文字不仅体现了一个民族的文化内涵，还体现了一个民族的精神，它是一个民族历史延续和文化独立的标志。但是语言优势也可以被用来传播价值观念，谋求国家利益。根据联合国教科文组织的调查，当今世界上大约有6万种语言。英语是使用范围最广的语言。70多个国家以英语作为官方语言

---

① See Dru C. Gladney, Cyber - Separatism and Uyghur Ethnic Nationalism in China. Center for Strategic and International Studies, 5 Jun 2003.

或半官方语言，有3.8亿人以英语为母语，约有16亿人在使用英语。“全世界80%的电子信息用英语储存，互联网上80%以上的内容是用英语来表达的。”①美国采用电视、广播电台、电影的方式直接把英语传播到四面八方。世界各国的学生通过报考TOEFL、GRE获得到美国等英语国家的留学机会。

国民教育体系在本国精神的延续和传统文化继承中起到了主导性的作用。因此，无论是关系到政府合法性的政治意识形态还是关系到公民个体生活质量的职业设计和精神发展，教育领域对一个国家和民族的文化安全而言，都是根本保障和基础设施。②语言从来就是政治、文化斗争的有效工具，是获取民族和国家经济发展的重要手段，是保持和发展国家—民族共同文化的重要内容。③伽斯普林斯基的亲戚和继承人尤素福·阿克楚拉（1876～1935年），他的《三种政策》（1904）一书被看作是泛突厥主义的宣言书。阿克楚拉致力于普及和提高土耳其语言和文化。另一位俄国的泛突厥主义者阿合买提·维利迪·托甘教授曾在十月革命前建立“突厥斯坦民族委员会”，总部设于布哈拉，妄图在布哈拉、希瓦、费尔干纳、谢米列契等地建立多个突厥国家，并最终将这些突厥国家联合为泛突厥国家联合体。④泛突厥主义者普遍主张以共同的语言和文化为纽带，通过教育和语言改革，试图将操突厥语的各民族整合成为一个统一的“突厥民族”，并最终成立一个突厥国家。麦斯武德⑤组织了以其子麦焕新为团长的南疆视察团，到南疆各地宣传“双泛”思想，而各地学校就是他们活动的重点。他们到各学校后，就要求禁止讲授汉语文、增加突厥史课程。在乌鲁木齐等地，在“维文会”等团体组织的集会上，青年学生唱土耳其歌曲的现象非常普遍。新疆柯坪县的教育科长还亲自编写了充满民族分裂主义

① 李跃华：“全球化进程中文化的民族性与国家文化安全”，载《烟台大学学报》2001年第3期。

② 潘一禾：“当前国家体系中的文化安全问题”，载《浙江大学学报》2005年第2期。

③ 同上。

④ 马大正、许建英：《“东突厥斯坦国”迷梦的幻灭》，新疆人民出版社2006年版，第140页。

⑤ 麦斯武德于1945年9月任新疆监察使，1947年5月任“新疆省”主席。

思想的歌曲，下发到民语授课学校，要求学生练唱，还禁止学校教学汉文，禁止用汉文书写标语、会标等。新疆维吾尔自治区人民政府原副主席巴岱同志早在1982年就指出："在学好民语的基础上，学好汉语，即在学好本民族语言文字的基础上，学会、学好汉语。只懂本民族语文，不懂汉语汉文，就会影响少数民族经济和科学文化的繁荣发展；只学汉语文，不通本民族的语言文字，就不能更好地为本民族广大人民服务，更不能继承和发扬本民族的文化传统，因而不受本民族广大人民的欢迎。只有'民汉兼通'，才符合社会主义现代化建设的需要，符合少数民族的利益和愿望。"①因此，为迅速提高我国少数民族的文化素质，加快民族地区的经济、文化、科技等各项事业的发展并适应社会发展的各种需要，我国决定对少数民族实行双语制教育。众所周知，这是一项既有利于个人，又有利于民族，更有利于国家的重要教育政策。双语教育不仅能使少数民族的语言文字得到繁荣发展，使优秀的传统文化得到发扬光大，而且是发展民族教育事业、开发民族智力、加速人才培养、提高民族文化素质的有效途径，也是迅速改变民族地区落后面貌、加快四化进程的战略性措施。②至今，"东突"分裂主义仍然夸大新疆少数民族发展的悠久历史与伟大成就，刻意歪曲自古以来新疆少数民族与汉族友好交往的历史，极力维护新疆少数民族语文的使用权。他们强烈反对在新疆开设"双语学校"和推行"双语教育"。

西方一些"有远见"的政治家们提出，要在中国培养一批有实力的中间阶层、社会精英。其主要方式有：（1）利用教育优势，不断从中国的高等院校乃至中学选拔比较优秀或家庭经济条件比较优越的学生出国留学，并以高薪等优越条件吸引其中的杰出人才留在国外或成为跨国公司在中国的代理人；（2）以法律的形式，鼓励拥有高技术专长的人进行"技术移民"；（3）通过跨国公司，在中国本土网罗高技

---

① 鞠文雁、鲁新民："'民汉兼通'和新疆双语教育"，载《新疆社会科学》2011年第5期，第153页。

② 赵秀芝："试论新疆双语教育的紧迫性"，载《民族教育研究》1997年第4期，第18页。

术人才，培养和形成美国价值标准的所谓“白领文化”，并使其逐渐融入相当一批中国青年的生活方式中，使之成为一种时尚文化；（4）一些被称为“社会的良心”的学者，他们致力于扩大西方思想观念的影响，通过某些“基金”和“组织”，对国家的敏感政治问题以合作研究、资助研究或交流研究的名义，输入西方政治理念；（5）以“政治避难”等方式，拉拢国内政治、宗教领域内的“持不同政见者”，培植西方政治思想武装起来的西方利益代理人，等等。[①]以美国为首的西方发达国家在积极拉拢和文化渗透中国青年。同样，在新疆，民族分裂分子也在积极拉拢和渗透青少年。一些在境外求学、经商、游历的新疆人在国外接受了“双泛”思潮的影响回国后纷纷开办了自己的学校，并且在这些学校里从事“双泛”思潮的宣传活动。1915 年，留学土耳其 11 年并接受了“双泛”思想的伊犁人麦斯武德返回新疆，就先后在伊宁创办了几所学校。他在学生中公开宣扬“我们的祖先是突厥，我们的祖国是土耳其”。这一时期，那些在土耳其、沙特阿拉伯、阿富汗、印度等地留过学、经过商返回新疆的人士开办了不少学校，这些学校大都从土耳其等国引进教材，或聘土耳其人、鞑靼人（塔塔尔人）任教。教育内容中包含了大量的“双泛”思想。1930 年后，新疆赴土耳其、埃及、印度等国留学的少数民族人数日渐增多，从 1934 年起，全疆各地陆续成立了各民族文化促进会，其中规模最大的是新疆维吾尔文化促进会（简称维文会），[②] 其分支机构遍布新疆各地。维文会还在各地创办了一些学校，但在办学过程中就存在着“双泛”思想渗透的问题，如 1935 年喀什地区维文会创办了喀什噶尔简易师范（1939 年改为省立喀什噶尔师范），第一任、第二任校长都是曾在土耳其留学的泛突厥主义分子，该校还有些教员也是受土耳其教育的泛突厥主义分子。[③]

在国民党控制新疆期间，麦斯武德、穆罕默德·伊敏、艾沙等人

① 徐绍刚：“浅谈当代中国的文化安全问题”，载《新视野》2002 年第 4 期。

② 左红卫：“新疆维吾尔文化促进会组成构成考”，载《新疆师范大学学报》2007 年第 2 期，第 25 页。

③ 张运德：《新疆意识形态领域的反分裂斗争（2006 年内部研究报告）》。

返回新疆，并担任党政要职。[①]他们利用职权，通过办报刊、出书籍、组织社会团体、举办文化活动、到大中专学校给师生演讲等方式，在新疆各地公开传播“双泛”思想。他们还发起成立了“中国突厥斯坦青年座谈会”，其中新疆学院的新疆少数民族学生就有六七十人参加。麦斯武德、穆罕默德·伊敏、艾沙等人还重用一批泛突厥主义分子担任新疆各地区的专员、县长和学校的校长。1946 年麦斯武德建立了一个名为“代尔乃克”的组织，在社会上宣扬“双泛”思想。[②] 1947 年 5 月麦斯武德出任新疆省政府主席后，极力鼓吹“凡是操突厥语的民族和信仰伊斯兰教的民族，都应该组成统一的、以土耳其为政治中心的、政教合一的国家”。[③]麦斯武德当政期间，泛突厥主义分子还借《火花》《自由》两个泛突厥主义杂志在新疆广泛散播泛突厥主义论调，宣称“新疆少数民族”“哈萨克”“柯尔克孜”等名称不过是种族概念，他们都属于突厥民族。[④]同时，穆罕默德·伊敏还在新疆学院以讲课为名，公然歪曲新疆历史，宣扬新疆在历史上是“独立”的，为分裂主义大造舆论。艾沙等人还利用开办书店、举办文艺竞赛等活动，在新疆各地散发宣扬“双泛”思想的书籍，教唆新疆少数民族族青年进行反汉、排汉活动。1948 年 8 月 14 日，艾沙在省第二师范教师训练班讲话时宣称：“吾人需要高度自治与独立，先以言论要求实现，如这一要求不能实现，则以流血方式争取。”1945 年 4 月 8 日，“东突厥斯坦共和国临时政府”在伊宁市举行民族军成立大会。艾力汗·吐烈担任了“东突厥斯坦人民共和国”主席。在艾力汗·吐烈担任“东突厥斯坦人民共和国”主席期间，他曾广泛视察新疆少数民族语授课的学校，对师生大肆宣扬泛伊斯兰主义和泛突厥主义，鼓吹

---

① 麦斯武德于 1945 年 9 月任新疆监察使，1947 年 5 月任“新疆省”主席；穆罕默德·伊敏先任建设厅厅长，后任新疆省副主席；艾沙先任“三青团”书记长，后任省政府秘书长。

② 玛依努尔·哈斯木：《回忆阿合买提江》，中国文史出版社 2011 年版，第 319 页。

③ 新疆社会科学院历史所：《新疆简史（第三册）》，新疆人民出版社 1987 年版，第 483 页。

④ ［英］福布斯：“新疆军阀与穆斯林：1911 ~ 1949 年民国新疆政治史”，转引自新疆社会科学院“双泛”研究课题组编译：《“双泛”研究译丛》（第一辑），新疆社会科学院 1991 年版，第 123 页。

“圣战”“独立”。虽然在高压态势的作用下，新疆的一些分裂分子将自己的分裂思想暂时隐藏了起来，但它却伺机混入了新疆的教育文化战线（热比亚的丈夫斯迪克等人就曾在新疆高校工作）。改革开放以后，这些潜伏起来的分裂分子拉拢青年人和社会上的普通民众，把高校的青年学生作为他们努力渗透的重要对象，那些在校期间秘密接受了分裂思想的学生，在毕业后进入了新疆的许多党政机关、企事业单位，这些学生的潜在危害十分巨大。截至 2008 年，我国公安机关、国家安全机关和新疆大学保卫部已查获“伊扎布特”组织在新疆大学的涉案人员 77 名（含新疆工学院），均为新疆少数民族青年，其中男生 66 人，女生 11 人；普通本专科学生 69 人，委培、进修学生 8 人；宣誓加入“伊扎布特”组织的有 32 人，参与该组织非法活动的有 45 人。同时，还从涉案学生处查获一批“伊扎布特”组织的宣传品，其中书籍 80 余本，材料 30 多份，宗教录音带 10 盒、光盘 2 张。[①]近年来，“伊扎布特”组织还积极在北京、上海、甘肃、河南、江苏、深圳、陕西、宁夏、广东、云南等内地省区的新疆少数民族商人、高校学生中建立组织和发展成员。“伊吉拉特”[②]活动在思想上主要腐蚀和危害的是新疆少数民族青少年的思想意识，参加团伙的成员普遍都比较年轻，被培养和成长为骨干成员的年龄大多在 25 ~30 岁之间。

20 世纪 90 年代以来，新疆分裂主义势力提出“要提高分裂主义势力的文化层次，着重从具有宗教和科学文化知识的青年人中发展力量”。[③]因此，在新疆，受分裂主义渗透和毒害的对象主要包括在校青少年学生、教师、国家机关工作人员和社会上的普通信教群众等，其中对广大青少年的毒害最为深重。

---

① 李爽、金积才：《新疆大学防范和抵御“三股势力”渗透破坏斗争纪实及对策研究（内部文件）》，新疆大学出版社。

② 伊斯兰教创始人穆罕默德在麦加传播伊斯兰教的初期招致当地人的强烈反对和迫害，后即被迫率弟子迁徙到距麦加 400 公里的麦地那继续传教事业，最终发起圣战，创建了穆斯林政权，确立了在麦地那的统治地位。伊斯兰教历史把穆罕默德的这次“迁徙”称为“伊吉拉特”。

③ 中共中央文献研究室、中共新疆维吾尔自治区委员会编：《新疆工作文献选编（1949 ~2010 年）》，中央文献出版社 2010 年版，第 474 页。

新疆分裂势力往往以学术研究、文艺创作或交流宗教知识为掩护，暗中宣扬极端民族主义和伊斯兰极端主义思想。其渗透的方式是通过境内外勾结、校内外串联，其渗透的重点是综合类大学、师范类大专院校、师范类中专学校以及各地方由少数民族师生构成的中小学。尤为值得注意的是，这些在校期间受到分裂思想毒害的青少年，他们所受的影响是难以消除的，步入社会以后造成的危害也是巨大的。从20世纪80年代以来，新疆发生的历次社会骚乱事件中就可见一斑。新疆分裂势力还利用广大穆斯林群众朴素的宗教感情，以免费教经为诱饵，吸引信教群众参加他们开办的所谓“学习班”，名义上是讲解宗教知识，实则故意歪曲《古兰经》和《圣训》，宣扬“圣战”思想，培养极端分子。南疆地区一些孩子被他们的父母送到这些所谓的“教经点”学习宗教知识，本来父母希望孩子学习一些基本的伊斯兰宗教知识，结果孩子们在那里却被培养成了危害社会稳定、危害祖国统一的宗教极端分子和民族分裂分子。

第二节 新疆多元民族文化交融的历史积淀

新疆自古以来就是一个多民族聚居的地区。新疆是我国统一的多民族国家不可分割的一部分，新疆辉煌灿烂的文化历史是中华各民族共同创造的，是中华民族的共同历史的一部分。新疆是各民族共同生活的大家园而不是哪一个民族的家园。[①] 由于新疆独特的地理位置和自然环境，新疆自古以来就处于一个重要的战略地位，它既是许多民族繁衍生息、民族迁徙的大舞台，也是一个文化交流的大舞台。世界古老的四大文明——中华文明、希腊文明、印度文明、阿拉伯文明在这里交汇。世界三大宗教：佛教、基督教、伊斯兰教在这里聚首。从中国文化发展来说，中原汉文化、中国北方少数民族游牧文化和中国

① 马大正：“新疆历史纵论”，载《中国边疆史地研究》2002年第9期，第10页。

南方文化在此交融；从新疆自身文化特质来看，沙漠绿洲农耕文化、沙漠草原游牧文化和屯垦文化之间相互作用、彼此影响，形成了新疆的一种动态开放的人文环境，也同样促进了新疆多文化的交流与发展。[①]世界三大语系——汉藏语系、印欧语系、阿尔泰语系在这里共存。季羡林先生在《敦煌学、吐鲁番学在中国文化史上的地位和作用》文中说："世界上历史悠久、地域广阔、自成体系、影响深远的文化体系只有四个：中国、印度、希腊、伊斯兰，再没有第五个；而这四个文化体系汇流的地方只有一个，就是中国的敦煌和新疆地区，再没有第二个。"[②]纵观新疆各民族的迁徙史、多元文化的语言交融史，也可以说在世上再没有第二个。新疆多元民族文化交融的历史与新疆独特的地理环境和自然生态、新疆历史上多民族的融合以及新疆多种宗教的冲突与并存发展是密不可分的。

一、新疆独特的地理环境和自然生态

新疆有着独特的地理环境，荒漠、戈壁及高山之间狭长的草原绿洲带是新疆主要的地理特征。山脉与盆地相间排列，盆地被高山环抱，俗喻"三山夹两盆"。北为阿尔泰山，南为昆仑山，天山横亘中部，把新疆分为南北两半，南部是塔里木盆地，北部是准噶尔盆地。习惯上称天山以南为南疆，天山以北为北疆。塔里木盆地位于天山与昆仑山中间，面积约 53 万平方公里，是中国最大的盆地。塔克拉玛干沙漠位于盆地中部，面积约 33 万平方公里，是中国最大、世界第二大流动沙漠。塔里木河长约 2100 公里，是中国最长的内陆河。在新疆东部有吐鲁番盆地。新疆属于典型的温带大陆性干旱气候，年均天然降水量 155 毫米。区内山脉融雪形成众多河流，绿洲分布于盆地边缘和河流流域，新疆高山占 27. 50%、沙漠占 22. 40%、低山丘陵

---

① 闫炜炜："新疆文化多元一体化发展探析"，载《实事求是》2010 年第 5 期，第 111 页。

② 季羡林："敦煌学、吐鲁番学在中国文化史上的地位和作用"，载《红旗》1986 年第 3 期。

占21.8%，平原戈壁占24.8%，平原天然绿洲只占到4.0%。东面是中原地区；西连塔吉克斯坦、吉尔吉斯斯坦、哈萨克斯坦；南接印度、巴基斯坦、阿富汗；北接俄罗斯、蒙古。

据考古资料显示，新疆的地貌轮廓早在1200万年前就已形成，并在远古时期就呈现出多元文化的特征。在新疆东部地区出土于新石器陶器遗址和在北疆地区发现的细石器文化充分说明新疆在远古时期就显现了农业文明的特征和游牧业文明的类型。新疆的文化在其形成阶段就呈现出多元的景象。张骞出使西域，开辟了从中国通往西域的丝绸之路，促进了中原与西域文化的交融。之后，通过张骞开辟的“丝绸之路”，中原汉文化、波斯文化、印度文化等世界几大文明在西域交汇融合。天山北部的准噶尔盆地与蒙古高原、哈萨克草原、西伯利亚平原、南俄草原连成一片，由于北疆地区的温带大陆性气候而形成了游牧文化，人们多以畜牧业为主；天山南部塔克拉玛干和库尔班通古特沙漠边缘散布的是大大小小的绿洲，又由于南疆地区的温带大陆性气候形成了绿洲农耕文化，人们多以农耕为主、兼营畜牧业和商业。《汉书》卷九十六《西域传》中是这样描述的：“自且末以往皆种五谷，土地草木，畜产作兵，略与汉同。”①有“城郭田畜，与匈奴、乌孙异俗”②的且末、于阗、莎车、疏勒、姑墨、温宿、龟兹、乌垒、大宛、渠勒、尉犁、危须、焉耆、精绝、皮山、戎卢、小宛等国；也有北疆草原地区因牧业发展形成的具有“不田作种树，随畜逐水草”③游牧特征的“行国”文化，如乌孙、女若羌、鄯善、西夜、无雷、依耐、蒲犁、休循、身毒、尉头、狐胡、山国、桃槐等国。新疆绿洲农耕文化和草原游牧文化这两种基本经济文化类型，就是适应新疆复杂自然生态环境的产物。从事畜牧业的哈萨克、蒙古等少数民族，为适应“逐水草而居”的四季游牧搬迁生活的需求，形成了住帐篷、吃牛羊肉、以奶茶奶酒为饮料的生活习惯，西嫁乌孙的细君公主

① 《汉书》卷九十六《西域传》，见《二十四史》，中华书局1977年版。

② 《汉书》卷九十六《西域传》，见《二十四史》，中华书局1977年版。

③ 《汉书》卷九十六《西域传》，见《二十四史》，中华书局1977年版。

在《悲秋歌》“以肉为食兮酪为浆”[①]一句中就形象地描述了游牧生活的现状。生活在绿洲农业区的新疆维吾尔族、乌孜别克族等民族，则以米、面、肉食为主，穿棉、绸、布衣，腰间扎布巾，“逐渐形成了新疆民族充满生气与活力、豪迈刚直、慷慨激昂的民族精神和深层文化结构”。[②]新疆生态环境的差异形成了草原游牧经济文化类型和绿洲耕牧经济文化圈，它们分别形成了以新疆少数民族和哈萨克为主的农业和游牧两大民族集团，北方民族的游牧文化对我国历史的发展有着重大意义，对中华文化的形成产生过巨大而深远的影响。[③]

二、新疆多元民族融合的历史渊源

新疆古称西域，在新疆广袤的大地上，生活着47个民族，其中世居的民族有维吾尔、汉、哈萨克、回、蒙古、柯尔克孜等13个。人类学的人类头骨鉴定资料已经证明早在汉代之前新疆就是一个多人种混居的地区，西域既有蒙古利亚人种，也有欧罗巴人种，还有分属于白种、黄种及二者的混合型。从古至今，新疆就没有单一的人种聚居过。[④]从先秦至清代，在新疆有过众多部落、部族和民族。它们主要是：古代的塞人、汉人、匈奴人、大月氏人、吐火罗人、羌人、乌孙人、鲜卑人、柔然人、突厥人、回鹘人、吐蕃人、蒙古人以及清代以来形成的维吾尔、汉、哈萨克、柯尔克孜等民族。塞种、月氏、乌孙等民族早期其实主要活动在我国西部的河西地区；匈奴则是兴起于我国蒙古草原地带的民族，后融合于汉等民族之中。公元前1世纪，在西汉王朝统治西域之后，匈奴、羌、柔然、突厥、契丹、蒙古等大批北方民族迁徙至西域。其中有由戍边屯田的官吏、士卒、

---

① 《汉书》卷九十六下《西域传》第六十六下。

② 陈冬季、蔡宇知：《西域文化论稿》，新疆美术摄影出版社1999年版。

③ 陈旭：“论新疆多元民族文化的多源生成与发展”，载《贵州民族研究》2007年第4期，第86~87页。

④ 考古工作者对塔什库尔干香宝宝墓葬遗址（前700~前400）、（前700~前100）出土的大批文物和干尸运用碳14检测手段进行检测，得出：塔什库尔干地区有氐羌人和塞种人生活过，其人种体征具有蒙古利亚人种与欧罗巴人种相夹杂的特征。

商人、遣犯及其家属组成的汉人，这些人也成了新疆众多古老民族之一。

在魏晋南北朝时期，鲜卑、柔然、高车、吐谷浑等新成员也相继迁徙到了新疆。鲜卑约于公元 2 世纪中叶，迁徙到伊犁河流域；柔然人迁徙到了焉耆；高车人于公元 487 年西迁至今吐鲁番一带并建立了高车国；吐谷浑西迁至今甘肃、青海一带并于公元 313 年建立的政权其疆域包括今天新疆的若羌、且末等地。在隋唐时期，突厥人、吐蕃人、回纥人等进入新疆地区。突厥人迁至今搏格达山附近地区。回纥人最早进入西域的时间可以上推至唐安史之乱后，回纥曾经数次出兵协助唐朝与吐蕃争夺西域，虽然屡遭败绩但为后来回纥人的迁入打下了基础。[①]回纥（后改称回鹘）原为铁勒的一支，在南北朝时期游牧于今土拉河北，曾经役属于突厥、薛延陀汗国，于公元 744 年崛起后建立了回鹘汗国。回鹘汗国虽雄踞漠北，但和唐朝保持着密切的臣属关系。公元 840 年，回鹘汗国灭亡后，一部分西迁至中亚和新疆，与原新疆土著民族（包括历史上迁入新疆的其他民族）逐渐融合后形成了今天的新疆维吾尔族。[②]在经历了五代宋辽金、元朝时期的蒙古及其后裔的统治之后，1217 年，元朝灭亡西辽政权统一了包括新疆在内的中亚地区，并分授术赤、察哈台、窝阔台三子管辖，由此大量蒙古人迁入到了新疆地区。在民族融合的基础上，历史上曾在新疆生活的塞、乌孙、羌、汉、吐火罗、月氏、吐蕃、匈奴、柔然、鲜卑、突厥等古代民族、部族或部落大多消失了。在经过长期的民族迁徙、民族交融和部族整合之后，察哈台汗国的蒙古人基本和新疆少数民族人融为一体，成为新疆维吾尔族的成员。随着塔里木盆地周围地区政治、经济、语言、文化和宗教方面的统一，又由于突厥游牧文化、阿拉伯伊斯兰文化与先进的中亚地区各种文化相结合，新疆的民族文化开始了突厥化、回鹘化与伊斯兰化的进程。

在清代，以西迁回鹘和葛罗禄为主融合而成的新疆少数民族人在

① 马大正："新疆历史纵论"，载《中国边疆史地研究》2002 年第 3 期，第 14 页。

② 谷苞："新疆维吾尔族族源新探"，载《中国社会科学》1980 年第 6 期。

新疆继续发展。满族是从清朝政府统治新疆开始就不断进入新疆的，进入新疆的满族主要包括官员、驻防的军队、屯垦人员以及家属等。1764年，清朝政府为了保卫边疆，抽调锡伯、达斡尔等民族到新疆戍边，锡伯、达斡尔等民族也从此进入了新疆。在这个时期，乌孜别克、塔塔尔、俄罗斯等民族也由新疆境外迁入，这些民族许多是历史上新疆古代民族经过不断的分化组合而形成的。这种大规模的民族迁徙，促使了新疆各民族间的频繁接触，各民族在新疆这片肥沃的土地上繁衍生息，融合产生了现在新疆地区这些新的民族。主要包括：新疆维吾尔族、汉族、哈萨克族、回族、蒙古族、柯尔克孜族、乌孜别克族、塔吉克族、俄罗斯族、锡伯族等47个民族。其中新疆维吾尔族逐渐发展成了新疆的主体民族，并最终形成了新疆近代以维吾尔族为主体民族的多民族聚居分布的格局。①

除新疆维吾尔族的族源在上面已经论述过外，下面对现今生活在新疆的哈萨克族、回族、蒙古族、柯尔克孜族、乌孜别克族、塔吉克族、俄罗斯族、锡伯族等民族的族源分别进行论述：

哈萨克族　主要分布于新疆北疆地区伊犁哈萨克自治州、木垒和巴里坤哈萨克自治县等地，哈萨克族经济以畜牧业为主。哈萨克族的历史是由古代许多西北的部落和部族逐渐融合形成的。如历史上的塞种、月氏、乌孙、柔然、突骑施、葛罗禄、钦察、阿兰（奄蔡）、咄陆、乃蛮、克烈、阿尔根、弘吉剌、阿里钦等。13世纪上半叶，成吉思汗的儿子翰鲁朵在哈萨克斯坦东部地区建立白帐汗国。1456年，迁徙到楚河流域建立哈萨克汗国。15世纪末哈萨克族开始形成。1635年，哈萨克族同天山北部的蒙古准噶尔部交战，战败后流离失所。清初，哈萨克分为大、中、小三个玉兹。1864～1883年后，沙皇俄国侵入哈萨克草原，并强迫清朝政府签订不平等的《中俄勘分西北界约记》，规定按“人随地归”的原则，从此哈萨克族便分居于中哈两国。中国哈萨克族逐渐迁居于现今的新疆北部地区。目前新疆的哈萨克族

---

① 陈旭：“论新疆多元民族文化的多源生成与发展”，载《贵州民族研究》2007年第4期，第87页。

主要分布在伊犁、塔城、阿勒泰三个地区，天山山区一带。哈萨克族现有人口约152万人，约占新疆总人口的6.9%。

回族 回族的族源相当复杂。在13世纪蒙古族西征过程中，大量信仰伊斯兰教的中亚、波斯、阿拉伯的军士、工匠、商人等迁入中国西北，与当地汉、维吾尔、蒙古等族融合而成。元代称之为“回回”，到15~16世纪，逐渐形成了回族。回族源于唐宋时期的西北“回纥”“回鹘”“大食”诸郡。公元18世纪中叶以后，内地回民大量迁入新疆，逐渐发展成为现代新疆回族的主体。目前新疆的回族主要分布在乌鲁木齐、昌吉回族自治州、伊犁、焉耆回族自治县等地，并分散于新疆各地。回族现有人口约97万人，约占新疆总人口的4.4%。

蒙古族 大约在公元7世纪以前，蒙古族居住在额尔古纳河一带。13世纪蒙古族兴起后，其中西蒙古（卫拉特）已迁至新疆北部一带游牧。清初西蒙古卫拉特分为四部，其中准噶尔部曾一度建立政权，统治了新疆大部分地区，最后为清朝乾隆帝所灭。其中一部分与清朝从东北调戎新疆伊犁地区的蒙古索伦营、察哈尔营一起，组成了“厄鲁特营”，即今居于博尔塔拉一带的蒙古前身。卫拉特中的土尔扈特部曾西迁至俄国伏尔加河一带游牧，1771年（清乾隆三十六年）历经千辛万苦返回中国，被置于新疆珠勒都斯草原、布尔赛尔、精河、哈拉乌苏，另有随土尔扈特部东返的和硕特部、恭格部则游牧于博斯腾湖畔（今新疆和硕县）。目前新疆的蒙古族主要分布于巴音郭楞蒙古自治州、博尔塔拉蒙古自治州、和布克赛尔蒙古自治县、伊犁等地区。蒙古族现在人口约18万人，约占新疆总人口的0.82%。

柯尔克孜族 中国史籍早在二千多年前便有记载，先后称为“鬲昆”“坚昆”“纥骨”“黠嘎斯”等，13世纪蒙古族兴起后，又称之为“吉利吉斯”“气儿吉斯”等。其原居地在今叶尼塞河中上游一带。到15~16世纪初，部分吉利吉斯部落逐渐迁徙到今新疆天山一带游牧，与邻近的民族，如契丹、钦察、蒙古等逐渐融合，形成一个新的族的共同体，也即是说，大约在此时形成近代的柯尔克孜族。清代称其为“布鲁特”。目前新疆的柯尔克孜族主要分布于克孜勒苏柯尔克孜自治州的一市三县。柯尔克孜族现有人口约 18.5 万人，约占新疆总人口的 0.84%。

乌孜别克族　乌孜别克族的主体在中亚，为古代中亚各族在 14 世纪蒙古贵族所建的金帐汗国（即钦察汗国）的基础上，发展为以乌孜别克为名的汗国，15 世纪金帐汗国瓦解后，留在中亚地区的各种不同来源的牧民均被泛称为乌孜别克人。清代史籍按地名分别称之为撒马尔罕人、布哈拉人、安集延人等。大约从 14～20 世纪初，乌孜别克族陆续迁入中国境内，形成中国西北的乌孜别克族。现居住于新疆伊犁哈萨克自治州、塔城、乌鲁木齐等地，以伊犁为最多。

塔吉克族　早在公元前若干世纪，一种操东伊朗语的原始部落就分布于帕米尔高原，汉唐时，中国史籍称之为“朅盘陀”，11 世纪中亚突厥部落称其为“塔吉克”。19 世纪后，帕米尔地区不断遭到中亚浩罕国的侵扰，部分塔吉克人东迁至莎车、叶城一带。塔吉克族现居于新疆南帕米尔高原及莎车、叶城等地，主要从事畜牧业和农业。目前新疆的塔吉克族主要分布于喀什地区塔什库尔干塔吉克族自治县。塔吉克族现在人口约 4.5 万人，约占新疆总人口的 0.2%。

俄罗斯族　俄罗斯族来源于历史上的俄罗斯国。俄罗斯族是 18 世纪以后，特别是 1917 年俄国十月革命后，从俄国（苏联）陆续迁入中国新疆的，中华人民共和国成立后，改称为俄罗斯族。现居于新疆伊犁、塔城、阿勒泰、乌鲁木齐等地，从事手工业兼营农业。俄罗斯族现有人口约 1.2 万人，占新疆总人口的 0.05%。

锡伯族　锡伯族原居于东北松花江中游、辽河流域，清政府实现对新疆统一后，公元 1764 年（乾隆二十九年），清政府为了加强伊犁地区的防务，派遣盛京（今沈阳一带）所属各营锡伯官兵赴新疆戍边，到达新疆伊犁时共计四千多人，这些人成为今天新疆锡伯族人的先民。目前新疆的锡伯族主要分布在伊犁察布查尔锡伯自治县。锡伯族现有人口约 4.4 万人，约占新疆总人口的 0.2%。

值得重点说明的是汉人的迁入。“汉族之名，起于刘邦称帝之后。”① 汉人迁入新疆始于汉代的屯田戍守，西汉时期的汉武帝为遏制匈奴势力，于公元前138年，首次派张骞出使西域。公元前119年，又第二次派张骞出使西域。公元前60年，汉宣帝首次在西域设置了都护府，府治在乌垒城（今轮台县策大雅），并任命郑吉为第一任都护。由于当时西域地区都是国贫民穷的小型绿洲居民点，满足不了官府和军队的后勤供给，于是朝廷就采取了屯田政策，以解决军需用品，巩固政权。西汉在新疆的屯垦，从公元前105年开始，到公元8年西汉灭亡结束，前后经历113年。下面表2-1是西汉在新疆屯垦分布情况，表2-2是东汉在新疆屯垦的分布情况：

表2-1 西汉在新疆屯垦的分布地区②

序号	屯垦地	今地名	开始时间	屯军人数	简况
1	眩雷	伊犁河谷	公元前105年	几百人	细君公主嫁给乌孙王，汉军随行到乌孙屯田，帮助乌孙防御匈奴进攻
2	轮台	轮台县东南	公元前101年	开始几百人，多时3000人	武帝派军屯田，公元前77年，汉昭帝派赖丹扩大受阻，汉宣帝时形成西域最大的屯垦基地
3	渠犁	库尔勒西三十团场附近	公元前101年	开始几百人，后为1500人	汉武帝派军屯田，公元前68年，派郑吉率免刑罪人屯田，和轮台同是西域屯田中心
4	伊循	若羌县米兰东	公元前77年	开始40人，后为1000多人	汉昭帝派军屯田，后设伊循都尉，建有完整的灌溉工程
5	楼兰	罗布泊西北岸	公元前77年	常有10000多人	汉昭帝时楼兰国亡，楼兰变成西域汉军的大本营，后成重要的屯戍基地

① 吕思勉：《先秦史》，上海古籍出版社1983年版，第22页。

② 方英楷：《新疆屯垦史》，新疆青少年出版社1989年版。

续表

序号	屯垦地	今地名	开始时间	屯军人数	简况
6	交河	吐鲁番城西亚尔乃孜沟中	公元前67年	开始300人，后为1000多人	汉宣帝时郑吉派军屯田，公元前64年，因匈奴激烈争夺而放弃。公元前62年，再派军屯田，设立戊己校尉
7	赤谷	中亚伊塞克湖东南	公元前53年	开始3000人，后多数调走	莎车之地屯田，屯田校尉始属都护。为了平息乌孙内乱，常惠率三校尉屯田
8	焉耆	焉耆县南	公元前51年	一千多人	为了扩大渠犁屯田，派校尉辛庆忌领军到焉耆屯田
9	龟兹	沙雅县、新和县	公元前51年	一千多人	为了扩大轮台屯田，派军到龟兹东南部屯田，修有沙雅“汉人渠”
10	高昌	吐鲁番东阿斯塔那村旁高昌故城遗址	公元前48年	二千多人	派军建高昌城，迁戊己校尉到高昌，此后高昌成西域三大屯戍中心之一
11	姑墨	阿克苏	公元前30年	一千多人	为了防御乌孙反汉势力叛乱，派戊己校尉率军到姑墨屯田

表2-2 东汉在新疆屯垦分布地区①

序号	1	2	3	4	5	6	7	8
屯垦地	伊吾	柳中	金满	高昌	疏勒	于阗	精绝	楼兰
今地名	哈密西四堡	鄯善西南鲁克沁	吉木萨尔县城北护堡子古城	吐鲁番东阿斯塔那村旁	喀什附近	和田城东北	民丰县北尼雅遗址	罗布泊西北岸
开始时间	73年	74年	74年	91年	80年	84年	91年	74年
屯军人数	1000	500	500	500	1000	800	300	300

① 方英楷：《新疆屯垦史》，新疆青少年出版社1989年版。

从汉代开始，汉人就持续不断地迁入新疆。迁入新疆的汉人，有些在历史发展的过程中逐步融合到了其他民族之中，有些则成了今天新疆汉族的先民。魏晋南北朝时期的楼兰、高昌；唐代的伊、西、庭三州及四镇都聚居着众多的汉人，清代又有大量的汉人迁入。清朝统一新疆后，清朝政府为了在西北边疆地区巩固自己的统治，在新疆实行了"移民实边"的经营方针。清朝在新疆的屯田时间从1716年开始一直到1840年，历时一个多世纪。据统计，自1761～1780年的20年间，从内地共向北疆迁移了52200余人。此后大规模的内地人口迁移一直持续到清朝灭亡，除因内乱外侵被迫中止一段时间外，几乎贯穿了清朝在新疆统治的整段历史。清朝统一新疆之初，全疆仅有30多万人，而至1840年，仅北疆的农业人口已达30万人左右。[①] "1902年有较全面的人口统计数字，全疆人口增加到206万，其中新疆少数民族人口超过157万。与1760年相比全疆人口增加5.4倍，新疆少数民族人口增加5.3倍。"[②]

新中国成立后，于1949年年底，中国人民解放军进驻新疆，随后很多解放军官兵（绝大多数是汉族）就地转业，在全疆各地组建了新疆军区生产建设兵团的10余个师和100多个农牧团场，这是新中国成立后首次大批汉族人迁入新疆。1952～1965年，上海、湖南、湖北、山东等地招调女兵和上海、天津、四川、山东、安徽、江苏等地的支边青年来到新疆。三年自然灾害时期，内地大批汉族人自发来疆(在新疆当时俗称"盲流")。这些内地群众进入新疆，直接影响到新疆多民族文化的变迁和演进，为现今新疆形成各民族的杂居文化和多样文化奠定了基础。从20世纪80年代以后，新疆汉族一度跃居人口数量的第二位，人口数量仅次于新疆维吾尔族。截至2004年，汉族的人口有780余万人，占全疆总人数的39.75%。[③] 而且根据新疆生产建设兵团统计局向全社会正式公布的人口普查结果显示，兵团总人口

① 鲁靖康："清代屯垦对新疆农业发展的影响"，载《西域研究》2009年第3期。

② 潘志平："中亚地缘政治文化"，载《新疆人民出版社》2003年版，第90页。

③ "新疆汉族"，载 http://baike.baidu.com/view/1359769.htm，访问时间：2015年11月5日。

数为 248.05 万人，比 1954 年兵团成立时的人口总数增加了 230 多万人。目前，兵团汉族人口占到了新疆汉族人口的近 1/3。[①] 现在汉族群众在新疆地位已经得到了稳固，而且随着汉族与其他民族的杂居和频繁往来，汉族文化进一步丰富了新疆多元文化内容。

自古以来，新疆各民族在流动、迁徙、融合的过程中，逐渐形成了现今新疆独特的多元民族文化汇聚的地方，这既是各民族迁徙、交融的过程，也是各民族共同建设新疆的过程，新疆的民族迁徙史是中华民族发展史的重要组成部分。通过新疆历史上多次民族流动、迁徙、融合的过程，形成了现在新疆各民族的分布情况：（1）新疆少数民族人口主要分布在南疆，占新疆少数民族总人口的 88.15%，北疆合计占 11.85%。新疆少数民族人口分布具有相对集中的特点。从地区上看，仅喀什地区新疆少数民族人口就占到全疆新疆少数民族总人口的 36.01%，占本地区总人口的 89.37%。其次，和田地区和阿克苏地区的新疆少数民族人口占全疆新疆少数民族总人口的比例也都在 18% 以上，占本地区总人口的比例分别是 96.91% 和 74.99%。三个地区的新疆少数民族人口合计占全疆新疆少数民族总人口的 75.05%。此外，伊犁地区、巴音郭楞蒙古自治州、吐鲁番地区、哈密地区的新疆少数民族人口也占一定比重。（2）新疆汉族人口表现为非常明显的广域性分布特点，全疆 15 个地、州、市都有分布且占有一定比重。北疆的汉族人口占全疆汉族总人口的 73.29%，南疆的汉族人口只占 26.71%。从各个地州市来看，受到地区范围大小以及汉族人口本身分布状况的双重影响，乌鲁木齐市、伊犁州和昌吉州的汉族人口比重较大，占全疆汉族总人口的比例均在 10% 以上，占当地总人口的比例分别为 72.72%、44.71% 和 74.88%，三地汉族人口合计占全疆汉族总人口的 58.22%。其他如石河子、克拉玛依和奎屯市，虽然地区内汉族人口占到 75% 甚至 90% 以上，但在汉族总人口中的比重却不大，这主要是由于地区人口规模小造成的。（3）哈萨克族作为新疆第二大

---

① “新疆生产建设兵团首次人口普查”，载 http://www.chinaxinjiang.cn/xjbt/btgk/wczy/qtzy/t20051108 68926.htm，访问时间：2005 年 11 月 8 日。

少数民族，在人口分布上主要分布在北疆。北疆地区的哈萨克族人口占全疆哈萨克族总人口的94.27%，而南疆的仅占5.73%。其中以伊犁地区为最集中，占全疆哈萨克族总人口的36.76%，占本地总人口的22.88%。此外，阿勒泰地区和塔城地区的哈萨克族人口占全疆哈萨克族总人口的比例也都在17%以上，占本地总人口的比例分别是49.31%和24.63%。在昌吉州、乌鲁木齐市、哈密和博州也都有分布。(4) 蒙古族人口在新疆的分布表现为大分散、小集中的特点。南北疆均有分布，但相对集中在某几个地区内。蒙古族人口的地区分布以北疆占优势，占全疆蒙古族总人口的68.02%，南疆占31.98%。蒙古族人口在北疆主要分布在伊犁地区、塔城地区和博尔塔拉蒙古自治州境内，比重均在10%以上，在南疆主要分布在巴州，占全疆蒙古族总人口的27.88%。此外，乌鲁木齐市和昌吉州也有少量分布。(5) 新疆回族人口有广域分布特点，全疆各地均有分布，但以北疆为主，占全疆回族总人口的83.27%，南疆占16.73%。从地区来看，昌吉州最多，占全疆回族总人口的21.45%；伊犁地区第二，占20.86%；乌鲁木齐第三，占18.71%；第四的是塔城地区，占7.68%；以后依次是吐鲁番（4.58%）、巴州（6.69%）、阿勒泰（2.57%）。(6) 满族人口主要分布在北疆，占全疆满族总人口的83.69%。其中乌鲁木齐市最多，占39.27%。其次是伊犁地区，占14.79%。此外，哈密地区、昌吉州、克拉玛依、巴州、塔城和石河子等均有分布。(7) 柯尔克孜族人口主要分布在南疆，占全疆柯尔克孜族总人口的88.38%。其中76.98%的人口分布在克孜勒苏自治州境内，集中化程度非常高。其次，北疆的伊犁地区分布有9.54%的柯族人口，阿克苏有5.07%的柯族人口。(8) 锡伯族人口主要分布在北疆，占全疆锡伯族总人口的95.61%，集中化程度极高。其中，主要分布在伊犁地区，占全疆锡伯族总人口的80.8%。乌鲁木齐的锡伯族人口占到全疆锡伯族总人口的8.98%，塔城还有4.55%的人口。(9) 塔吉克族人口主要分布在南疆，占全疆塔吉克族总人口的99.22%，其中喀什地区占82.93%，也是人口分布相当集中的民族。克州占11.56%，和田地区还有2.21%的人口。(10) 乌孜别克族人口以北疆分布为主，南北疆均有分布，分别占全疆乌孜别克族总人口的68.31%和31.69%。其中以伊犁地区为最多，占36.54%；其次是喀什地区，占25.09%；昌吉州占18.87%。其他地区有零星分布。(11) 俄罗斯族人口以北疆分布占绝对优势，占全疆俄罗斯族总人口的94.28%。其中以塔城地区最多，占33.19%；其次是乌鲁木齐，占28.09%；伊犁地区位居第三，占13.24%；昌吉州占6.42%，克拉玛依市占5.19%。此外，在阿勒泰地区、石河子地区也有少量分布。(12) 塔塔尔族人口主要分布在北疆，占全疆塔塔尔族总人口的90.66%，南疆仅占9.34%。阿勒泰地区最多，占26.41%；其次是昌吉州，为22.39%；伊犁地区第三，为19%；乌鲁木齐第四，为17.29%；塔城第五，也占到10.59%；其他地区分布很少。(13) 达斡尔族人口以绝对比例分布于北疆，占到全疆达斡尔族总人口的99.01%。其中，主要分布在塔城地区，占82.77%；其次是伊犁地区，占7.84%；第三是乌鲁木齐市，占5.42%；克拉玛依市占1.57%；其他地区分布极少。由于其他民族人口所占比重很小，因此，本书仅对新疆的13个世居民族进行分析和研究。

今天的新疆是一个多民族聚居的地区，有新疆维吾尔、汉、哈萨克、回、蒙古、柯尔克孜、塔吉克、锡伯、乌孜别克、满、达斡尔、塔塔尔、俄罗斯等13个世居民族。这种多民族聚居的格局是历史上众多民族长期融合、发展的结果，在新疆民族迁徙的历史交往和冲突中各民族结成了“你中有我，我中有你”的密切的血肉联系。新疆不是哪一个人的新疆，更不是哪一个民族的新疆。新疆是我们各民族共同的家园，是中华民族不可分割的一部分。正确了解新疆民族迁徙的历史，可以有力地驳斥分裂势力对新疆历史的歪曲和篡改，从而进一步维护新疆多民族、多宗教地区的民族团结和新疆的社会稳定，维护国家的安全。

三、新疆多种宗教的冲突与并存发展

“民族文化是与民族共同体的产生和发展一并产生、形成和发展的。每一个民族以其独特的文化而区别于另一个民族，民族文化是一个民族共同体的灵魂。”[①]新疆既是民族迁徙的大舞台，又是一个文化交流的大舞台。世界古老的四大文明——中华文明、希腊文明、印度文明、阿拉伯文明在这里交汇；世界三大宗教——佛教、基督教、伊斯兰教在这里聚首。正如前面提到的季羡林先生在《敦煌学、吐鲁番学在中国文化史上的地位和作用》文中所说：“世界上历史悠久、地域广阔、自成体系、影响深远的文化体系只有四个：中国、印度、希腊、伊斯兰，再没有第五个；而这四个文化体系汇流的地方只有一个，就是中国的敦煌和新疆地区，再没有第二个。”[②]新疆多民族分布的格局最终导致了多种宗教并存的现象，也正是有了多宗教并存的状况，历史上新疆文化才呈现出了绚丽夺目的景象。

与新疆多民族分布格局形成的历史一样，新疆的古代和现代都不是一个单一宗教分布的地区，新疆的宗教经历了四个发展阶段，即原始宗教向多种宗教并存过渡阶段、以佛教为主的多种宗教并存阶段、以佛教和伊斯兰教为主的多种宗教并存阶段、以伊斯兰教为主的多种宗教并存阶段。[③]大约在公元前 7 世纪至前 6 世纪，琐罗亚斯德在波斯东部大夏（今阿富汗巴尔赫）创立琐罗亚斯德教，我国史书称之为“祆教”“火教”“拜火教”等，很快即传入了我国新疆地区。佛教在中国传播的过程中，形成了三种亚型即汉地佛教、藏传佛教（又称喇嘛教）和傣族等地佛教。[④]公元前 1 世纪，佛教传入新疆地区。传入新疆地区的是汉地佛教，部分汉族信奉它；藏传佛教，主要是蒙古族、锡伯族和达斡尔族信奉。新疆的宗教发展由此进入了多种宗教并存的时期。据史书记载，当时各绿洲城邦之国，上至国王下至黎民百姓都虔诚地信奉佛教，龟兹“其城三重，中有佛塔庙千所”；于阗“俗重佛法，寺塔僧尼甚众，王尤尚信”；疏勒也崇信佛教，连其向北魏的贡品都是释迦牟尼佛袈裟；朱居（今莎车）“咸佛事”；焉耆“俗事

---

① 杨建新：《中国少数民族通论》，民族出版社 2006 年版，第 89 页。

② 季羡林：“敦煌学、吐鲁番学在中国文化史上的地位和作用”，载《红旗》1986 年第 3 期。

③ 马大正：“新疆历史纵论”，载《中国边疆史地研究》2002 年第 3 期，第 16 页。

④ 方立天：“佛教中国化的历程”，载《世界宗教研究》1989 年第 3 期。

天神，并崇信佛法”；鄯善“其国王奉法，可有四千僧，皆小乘学”等。[①]《高昌传》记载：高昌“国俗事祆神，兼信佛法”。[②]《西域传》也记载焉耆国“俗事天并崇信佛法”。[③] 新疆现存的众多佛寺、千佛洞、佛画等遗址、遗物也是当时在新疆佛教盛行的物证。五代时期，祆教是新疆一些地方的宗教信仰。在北疆的一些游牧民族中，以萨满教为主的原始宗教信仰也很流行，柔然、突厥、回鹘等都是信仰萨满教的民族。伴随着汉人的迁入，道教也成了这一时期新疆的宗教之一，道教也主要被汉族信仰。摩尼教，不论回鹘在西迁之前还是西迁高昌之后都以摩尼教为国教。景教是基督教的一个教派，史书记载，在唐太宗时期景教就传入了新疆。由此可见，在公元 10 世纪前，新疆就汇聚了汉文化、基督教文化、印度佛教文化、粟特文化、波斯文化、阿拉伯文化、匈奴文化、乌孙文化、柔然文化、突厥文化等多种文化形态，而原始宗教、祆教、摩尼教、佛教、景教等多种宗教也曾经先后在这里并存与流行。10 世纪以后，伊斯兰教逐渐开始自南向北传播，传入新疆的伊斯兰教首先是在喀喇汗王朝统治区域内得到了广泛传播，喀喇汗王朝也由此成为新疆历史上第一个伊斯兰教政权。到西辽统治新疆时期，新疆的宗教已经形成了以佛教和伊斯兰教为主，道教、景教、祆教、摩尼教、萨满教等宗教并存的格局。佛教主要流行于高昌回鹘境内和天山以北地区，汉、契丹、吐蕃等民族大多信仰佛教。宋神宗熙宁元年（1068 年），回纥可汗“遣人贡方物，求买金字《大般若经》，以墨本赐之”。[④] 伊斯兰教则主要流行于新疆西部和南部地区，其他宗教则在佛教和伊斯兰教流行地区都有流传。1347 年，蒙古人建立的察哈台汗国分裂成为东西两部，东察哈台汗国秃黑鲁帖木尔汗皈依伊斯兰教后，开始在其统治地区强制推行伊斯兰教，导致新疆大量的蒙古人成为了穆斯林，新疆的宗教也由此逐渐过渡到以伊斯兰教为主的多种宗教并存时期。秃黑鲁帖木尔汗除强制大批蒙

---

① 见《魏书》卷 102《西域传》。

② 《魏书卷·一百一高昌传》，见《二十四史》，中华书局 1977 年版，第 2243 页。

③ 《魏书卷·一百二西域传》，见《二十四史》，中华书局 1977 年版，第 2265 页。

④ 《宋史卷·四百九十高昌传》，见《二十四史》，中华书局 1977 年版，第 14117 页。

古人信仰伊斯兰教外，还使伊斯兰教在库车取代了佛教的统治地位。在秃黑鲁帖木尔汗的儿子黑的儿火者执政时期，又将伊斯兰教推广到了吐鲁番和哈密等地区。至16世纪初，佛教势力退出哈密，经过6个多世纪的“圣战”，伊斯兰教终于取代佛教成为新疆的主要宗教。伊斯兰教在新疆虽然取得了主导宗教的地位，但是在天山北路的卫拉特蒙古人仍是信奉藏传佛教，又由于清朝统一新疆后实行的是政教分离的政策，因此，伊斯兰教没能成为新疆的唯一宗教，佛教（包括藏传佛教）、道教、基督教、天主教、东正教等仍然为新疆众多的民族信仰，基督教、天主教主要为一些汉族人信奉，东正教为俄罗斯族信仰。此外，萨满教则主要为锡伯族和满族信奉，维吾尔、哈萨克等民族也曾信仰过。[①]至今，萨满教的影响在今天的新疆维吾尔族习俗中仍然可以找到痕迹。例如，苏非教派在传播时，把南疆地区固有的某些传统习俗，如祖先崇拜、麻扎崇拜的信仰观念及祆教的拜火习俗、萨满教的“万物有灵”崇拜习俗，与伊斯兰教的教义相融合，逐渐形成了今天新疆少数民族伊斯兰教信仰的特色。新疆鄯善县吐峪沟乡的吐峪沟大峡谷南口的麻扎村，“麻扎·阿勒迪村”（Mazar A ldi）意为“圣墓前的村庄”，在形式上是属于由佛教圣地转换的麻扎。麻扎村所在的吐峪沟历史上最初曾经是一处佛教圣地。回鹘人的到来将摩尼教引入此地，使得吐峪沟石窟中出现了摩尼教的成分。而在距吐峪沟仅15公里的高昌故城内又发现了一座景教教堂遗址以及表现基督教“棕榈祭日”（the palmSunday）的壁画，在这一地区还出土了包括叙利亚文《新约圣书》残卷和用回鹘文书写的景教“信仰信条书”在内的一批基督教文献。[②] 同时，新疆各民族的文化也或多或少地保留了各民族原有的文化特质。例如，新疆塔吉克族虽然也信仰伊斯兰教，但塔吉克族的宗教活动就简便得多，只在周末做礼拜，教徒不封斋也不朝觐，塔吉克族的清真寺也非常少见。这种以伊斯兰教为主，多种宗教并存的格局一直保持到今天。

---

① 贺萍：“对新疆多元民族文化的类型分析”，载《西域研究》2004年第3期，第110～111页。

② 王欣、范婧婧：“鄯善吐峪沟麻扎村的民俗文化”，载《西域研究》2005年第3期。

民族是宗教文化的载体，但由于价值观念、生产方式和生活方式不同，不同民族有着不同的宗教信仰，因而宗教的分布和民族或民族政权的分布存在着密切的关系，新疆多民族分布的格局由此也导致了多种宗教并存的现象。也正是有了多宗教并存的状况，历史上新疆文化呈现出绚丽夺目的色彩。①新疆多宗教信仰并存是宗教文化演变的最基本的特点。有史以来，部落与部落、民族与民族以及国家与国家之间的战争有其深刻的文化背景和根源。文化冲突往往容易导致民族的冲突，并且很容易变成发动战争的导火线。文化的差异越大，文化冲突越容易发生；文化冲突越发生，民族冲突越激烈；民族冲突越激烈，民族间的战争就越频繁而不可调解，这是一个恶性循环的过程。正是在这一点上，有人认为“国际最大的隔阂除了种族之外，就是文化”。②总之，新疆各族人民共同的心愿是要充分认识到民族之间的差异，努力促进多元一体文化的认同，维护新疆多元一体文化和谐共存的现状，坚决反对“东突”分裂势力。新疆自古以来拥有的多民族聚居、各种文化交融、多宗教信仰并存的历史，造就了以中华民族为核心的一体多元的文化格局，具有深远的历史内涵和现实意义。新疆各族人民是中华民族的一分子，新疆自古以来就是中国不可分割的一部分，这种观念在人们的脑海中早已根深蒂固、生根发芽。面对新疆几千年来所积淀的多元民族文化交融的社会局面，任何分裂思想和行径都将不攻自破。

第三节 新疆多元语言文化整合与牧区双语教育

新疆独特的地理环境和自然生态，历史上新疆各民族的迁徙与融

---

① 闫炜炜：“新疆文化多元一体化发展探析”，载《实事求是》2010 年第 5 期，第 112 页。

② 林子勋：《中外文化在国际关系哲学上的异同》，中央文物供应社 1982 年版，第 110 页。

合，多种宗教信仰的并存与发展；世界古老的四大文明——中华文明、希腊文明、印度文明、阿拉伯文明在新疆交汇；世界三大宗教——佛教、基督教、伊斯兰教在新疆聚首；从中国文化发展来说，中原汉文化、中国北方少数民族游牧文化和中国南方文化在新疆交融。加之新疆各民族“大杂居、小聚居”的分布特点，所以形成了今天新疆多种语言文化、风俗习惯、人文景观、宗教文化心理和思想意识等并存的多元语言文化生态景观，也决定了各民族语言必然会互相影响和交融。从汉代开始，历代中原王朝都在新疆屯田驻军。到了清代，屯田规模空前扩大，移民也形成高潮。新中国成立后，五湖四海的建设者从全国各地汇集而来，形成了新疆“多民族语言共处，多汉语方言间”的语言大气候。①民族不仅是历史的产物，更是语言文化的产物。民族创造语言文化，语言文化体现民族。新疆现有 47 个民族。其中主体民族有 13 个，即维吾尔、汉、哈萨克、回、蒙古、柯尔克孜、锡伯、塔吉克、俄罗斯、塔塔尔、达翰尔和满等民族。按照民族语言学分类法，新疆各民族语言分别属于阿勒泰语系、汉藏语系、印欧语系。其中维吾尔语、哈萨克语、柯尔克孜语、乌孜别克语和塔塔尔语属于阿勒泰语系突厥语族；蒙古语、达斡尔语属于阿勒泰语系蒙古语族；满语、锡伯语属于阿勒泰语系满—通古斯语族；汉语、回语属于汉藏语系；塔吉克语属于印欧语系伊朗语族；俄语属于印欧语系中的斯拉夫语族。此外，维吾尔、哈萨克及回民汉语等语言中有相当多的阿拉伯语和波斯语借词。阿拉伯语又属闪含语系，而波斯语则属于印欧语系的伊朗语族，与塔吉克语同属西部语支。② 从方言角度看，除了汉语、维吾尔语和柯尔克孜语外，其他民族语方言尚无定论。但不同地域之间的差异还是存在的。新疆汉语方言分三大片：兰银官话北疆片、中原官话南疆片和普通话片。③ 可以说新疆多元语言文化的交融与整合是新疆语言文化的永恒的话题。

---

① 刘俐李：“新疆汉语方言的形成”，载《方言》1993 年第 4 期。

② 高名凯、石安石：《语言学概论》，中华书局 1997 年版。

③ 刘俐李、周磊：“新疆汉语方言的分区”，载《方言》1986 年第 3 期。

一、新疆多元语言文化历史演进

语言文字的发展变化与政治、经济、文化等是密切相关的，也是新疆语言多元化形成的主要原因。新疆自古就有绿洲农耕民和草原游牧民，各民族操着不同的语言，使用着不同的文字。因为政治因素，汉语言、古藏文、契丹文、蒙古文、满文等语言作为各个时期统治王朝的语言传入新疆。在各个时期的各种文献上，汉文几乎都以双语或夹语的面貌出现。受经济的影响，粟特语言传入了新疆。在宗教文化的影响下，梵文、摩尼文、叙利亚文、阿拉伯文作为四大宗教的圣语文字传入了新疆。同时，由于伊斯兰教的传入，使阿拉伯字母最终取代了婆罗迷文。据考证，新疆历史上曾使用过三十多种语言、二十多种文字。主要有匈奴语、犍陀罗语、于阗塞语、汉语、焉耆—龟兹语、突厥语、粟特语、[①] 中古波斯语、回鹘语、吐蕃语、蒙古语、满语等语言。文字是人类社会走向文明的重要标志之一。[②] 二十多种文字中主要有汉文、佉卢文[③]、焉耆—龟兹文、于阗文、突厥文、粟特文、叙利亚文、波斯文、察合台文、回鹘文、吐蕃文、摩尼文、八思巴文、契丹文、回鹘蒙古文、托忒文、满文等。新疆各种文字的来源主要有：焉耆—龟兹文、于阗文、吐蕃文、八思巴文来源于印度婆罗迷文；佉卢文、粟特文、突厥文来源于波斯阿拉美字母；哈卡尼亚文、察合台文、维吾尔文、哈萨克文、柯尔克孜文来源于阿拉伯字母；契丹字来源于汉字；俄罗斯字来源于斯拉夫文。[④] 从在新疆出土的大量文献中可知，自西汉时期开始，于阗国使用塞语，龟兹国使用吐火罗语，鄯善国使用汉语文和佉卢文。魏晋以后，高昌国先是使用汉语言，后又使用回鹘语言。6 世纪中叶以后，由于西突厥势力进入

---

① ［日］羽田亨：《西域文化史》，耿世民译，新疆人民出版社 1981 年版，第 49 ~ 53 页。

② 林梅村、松漠之间：《考古新发现所见中外文化交流》，生活 · 读书 · 新知三联书店 2007 年版，第 23 页。

③ 吴焯："汉唐时期塔里木盆地的文化"，引自余太山：《西域通史》，中州古籍出版社 2003 年版，第 217 页。

④ 刘明："新疆多元文化特征探析"，载《江西教育学院学报》2009 年第 2 期，第 95 页。

新疆。突厥语言开始流行起来。成吉思汗西征后，蒙古语也成为新疆的语种之一。[①]这是政治因素的明证。1900 年，在敦煌藏经洞内发现了许多年代在 5 世纪至 11 世纪初叶时期的文献，其中有用汉文、梵文、于阗文、吐火罗文、藏文、突厥文、粟特文、希伯来文、西夏文、回鹘文、蒙古文等文字书写的文献。在吐鲁番出土的文书中，有粟特文、回鹘文、梵文、西夏文、蒙古文、汉文等各种文字，为古代新疆各民族文化交流提供了实证。1905 年，勒寇克率德国考察队在吐鲁番高昌古城发掘出一座中世纪图书馆，其中不同文字的写本约 24 种，分别用 17 种语言写成，后来他在吐鲁番还发掘了大量基督教和摩尼教内容的写卷，其语言主要是属伊朗语支的帕提亚语或称安息语（Parthian）、钵罗婆语又称巴列维语（Pahlave）、中古波斯语（Middle Persian）、新波斯语、图木舒克语（Tumshuqese）、粟特语、大夏语（Bac - trian）及其他语系语言如梵语、汉语、叙利亚语、回鹘语等。[②]

近代维吾尔语属阿尔泰语系突厥语族。历史上维吾尔族曾先后使用过古突厥如尼文、古回鹘文、摩尼字母、婆罗米文和藏文字母，在信仰伊斯兰教后，改用以阿拉伯字母书写的维吾尔文。哈萨克族语言属阿尔泰语系突厥语族克普恰克语支，历史上曾使用古突厥如尼文、古回鹘文、阿拉伯文、察合台文（以阿拉伯字母拼写的波斯文），到 20 世纪初，才以阿拉伯字母为基础，结合哈萨克族语言习惯改革成为哈萨克文。回族由于在形成过程和发展中，长期与汉族杂居、通婚，经济、文化联系十分紧密，所以回族的语言文字均采用了汉语文，兼用阿拉伯文。蒙古族语言属阿尔泰语系蒙古语族，分内蒙古、卫拉特和巴尔虎布利亚特三种方言，而西北蒙古族大多属于卫拉特方言，历史上蒙古族曾先后使用过回鹘文字母为基础的古蒙文、藏族八思巴创制的“八思巴文”。14 世纪后，又使用改革后的蒙文，即今天的蒙文。17 世纪蒙古族高僧札雅·班智达在通用蒙文基础上进行改革，为

---

① 沈子华：“新疆多元民族文化的形成”，载《甘肃联合大学学报》2008 年第 6 期，第 82 ~ 83 页。

② 牛汝极：“西域语言接触概说”，载《中央民族大学学报》2000 年第 4 期，第 122 页。

的是更好地记录卫拉特方言，这种文字一般称为“托忒”蒙古文。柯尔克孜族语言属阿尔泰语系突厥语族，在信仰伊斯兰教后，使用以阿拉伯字母为基础的拼音文字，即今柯尔克孜文。乌孜别克族语言属于阿尔泰语系突厥语族，使用阿拉伯字母为基础的乌孜别克文。塔塔尔族语言属阿尔泰语系突厥语族，是以阿拉伯字母为基础的文字。塔吉克族语言属印欧语系伊朗语族东部语支，塔吉克族语言在发展过程中吸收了不少维吾尔语词汇，普遍使用维吾尔族文字。锡伯族语言属阿尔泰语系满—通古斯语族，清代以后通晓满、汉文字。俄罗斯族语言属印欧语系斯拉夫语族，使用俄文。

汉语初入新疆始于西汉。张骞前后两次出使西域、汉宣帝在西域设都护府、西汉朝廷采取屯田政策等，使高度发达的汉文化传播到了西域。汉在西域采取“和亲”政策，汉武帝元封六年（前 105 年），江都王刘建的女儿细君以公主的身份嫁给乌孙王猎骄靡，汉武帝除给予其丰厚的陪嫁和众多的随从外，为了供给公主和数百随行人员的口粮，还派军队去伊犁河谷屯田。细君公主去世之后，汉又派解忧公主和亲。《汉书·西域传》记载说：“汉复以楚王戊之孙解忧为公主，妻岑陬”。[①]解忧公主在西域生儿育女，成为西域的一门显贵。这些生活在西域的特殊人群，她们和她们的侍者、子女，以及为供她们而屯田的士兵，形成了一个使用汉语文的小社会。[②]据《史记·大宛列传》记载：“贰师将军之东，诸所过小国闻宛破，皆使其子弟从军入献，见天子，因以为质焉。”可见，在西汉时，西域诸国的国王大多都将自己的子弟作为质子送往中原王朝的京城服侍皇帝。这些质子到京城入侍一般要带许多随从人员。由于语言不通，他们到京城后便集中安排质子及随从人员学习汉语、汉文和中原文化。这些西域各国的质子和随从人员，学会了汉语文化和中原文化返回西域后，有的做了国王，有的成了文臣武将，他们怀着对中原王朝的深厚感情，有的在自己国家推行中原文化，有的以娴熟的汉语作为交流工具。西域都护府

① 班固：《汉书·西域传下》，中华书局 1962 年版。

② 高莉琴：“新疆的屯垦移民与新疆汉语”，载《语言与翻译》2004 年第 3 期，第 24 页。

建立后，当时西域各国大到王侯，小到译长，各国官吏都由汉中央王朝颁布印绶。《汉书·西域传》载："最凡国五十。自译长、城长、君、监、吏、大禄、百长、千长、都尉、且渠、当户、将、相至侯、王皆佩汉印绶，凡三百七十六人。"考古工作者在新疆沙雅县于什格提汉代遗址发现的"汉归义羌长印"就是汉朝廷颁发给西域羌族首领的印章。另外还发现了三颗铜印，是朝廷发给"当户"的官印。在民丰县尼雅遗址出土的一颗东汉时期的"司禾府印"和一幅"五星出东方利中国织锦"，也有力地证明了汉语汉文是这一带官方用语。

魏晋南北朝时期，汉语言在新疆的影响逐渐增强，尤其是北魏文成帝和平元年（460年）汉族人阚伯周做了高昌国王和北魏孝文帝太和二十三年（499年）汉族人鞠嘉建立了鞠氏高昌王国后，高昌"国有八城，皆有华人"，[①] 居民的民族成分发生了很大的变化，民汉相互杂居。鞠嘉非常崇尚中原文化，"其风俗，政令与华夏略通……文字亦同华夏，兼用胡书"，《诗》《书》《礼》《易》《春秋》以及历代史书和诸子集广为流行，可见当时民汉互学现象已较为普遍。[②]

隋唐宋时期，尤其是唐代，大批中原内地的汉族人西迁定居新疆，汉族人在新疆的数量骤增，分布区域遍及天山南北，尤以三州——伊州、西州、庭州和四镇——龟兹、于阗、疏勒、焉耆（后改为碎叶）为多，汉文化又一次以强劲之势传播到新疆，而且以汉文典籍、边塞诗、汉族习俗礼仪等在新疆著称。公元458年，唐灭了西突厥汗国，统一了新疆。唐朝都城长安广泛接纳新疆诸贵族子弟入国学读书，涌现出一大批精通汉语文的少数民族双语人才，正如薛谦光在奏疏中所说：这些人"服改毡裘，语兼中夏，明习汉法，睹衣冠之仪，目朝章，知经国之要，窥成败于国史，察安危于古今，边塞之盈虚，知山川之险易"。[③] 在吐鲁番出土的文物残卷中，有几种唐代流行

---

① 李延寿：《北史·西域传》，中华书局1974年版，第3217页。

② 赵江民："历史上新疆少数民族与汉族文化互动探讨"，载《中南民族大学学报》2011年第1期，第98页。

③ 王钦若、杨亿：《册府元龟》，台湾中华书局1996年版，第6522页。

在西域的学童启蒙读本，如《千字文》和《太公家教》等。由于军事和政治的胜利，唐在新疆的屯垦成为中国历史上的繁荣时期，推动了新疆经济的繁荣，从而造就了大批杰出的双语人才，使汉语文在新疆的使用范围也随之扩大。

元明清时期，元顺帝元统元年，启用汉语文开科取士，共取进士百人，其中属于新疆少数民族的进士就有 10 人，这致使元朝时期新疆各少数民族纷纷学习汉语、汉文，不少人成为精通汉语、汉文化的政治家、军事家、科学家、文学家、翻译家和艺术家。仅在中央供职的新疆少数民族著名翻译家就有安藏、迎鲁纳答思、阿邻帖木儿、阿鲁浑萨里和必兰纳识里。1959 年 10 月，新疆维吾尔自治区博物馆的同志在若羌县米兰古城遗址中，发现了《坎曼尔诗签》的两个抄件。内中有回绘人坎曼尔于元和十年即公元 815 年用汉文所写的三首诗。从诗中可以看出，他本人和他的祖父、父亲、儿子四代人都是学习汉文的。关于坎曼尔的诗，郭老曾写过《坎曼尔诗试探》一文，收入其所著《出土文物二三事》一书，据郭老考证，"《绘坎曼尔》，乙件无'纥'字，我认为'纥'字是坎曼尔标示自己是回纥人（即今回鹘族）"。11 世纪维吾尔族著名学者木罕默德·喀什噶尼所写的《突厥语大词典》，是一本已有多种文字译本的世界名著。据目前正在将此书译为汉文和现代维吾尔文的木提义、伊敏·吐尔逊等同志讲，坎曼尔一词在《突厥语大词典》中解作博学。这一点，可作为对郭老考证的补充。坎曼尔的诗，为长久以来汉族与维吾尔族之间的文化交流提供了一个有力的历史见证。①

明代新疆各地方政权都与朝廷保持着友好关系，新疆各国朝贡商贸不断，为了交往的需要，明朝设立了翻译机构四夷馆，其所属高昌馆，是回鹘语—汉语的翻译机构，编纂了汉文与回鹘文对照分类词汇集《华夷译语·高昌馆杂字》。清朝统一新疆后，关内大量的汉、回等民族举家携眷来到了新疆，从事屯垦、经商者等各种各样的工作。

---

① 谷苞："新疆维吾尔民族源新探"，载《中国社会科学》1980 年第 6 期，第 206～207 页。

人口是语言的基础，有了足够的人，语言的基础就稳固了。1912 年即距乾隆三十一年的 146 年后，新疆的总人口达到了 2085340 人。[①] 从 1912～1949 年的 38 年间，新疆人口增长了 223.2 万人，年平均增长率为 19.25‰。而就汉族人口而言，民国初年新疆的汉族人口约 10 万人，到民国中期增至 50 万人左右。[②]这些来疆的汉族人主要分布在迪化（今乌鲁木齐）、伊犁、塔城、喀什、阿克苏一带。这些人与讲不同语言的民族杂居在一起，一方面，为了方便生活，促进交流，民汉之间自然互学语言的；另一方面，清政府非常重视民汉互学，设立新疆馆，选拔儒童，学习新疆地区的民族语言。新疆地区也设置多处汉语学堂，“以《小学》《孝经》《论语》《孟子》《大学》《中庸》《诗》《易》《春秋》教各回童”，让民族学生学习汉语文。[③] 清朝在语言文字方面的政策是实行满语满文、维语维文、汉语汉文同时使用的政策，汉语是各族人民之间交际的共同语言，各级军政机构中设有翻译，从事维汉语之间的翻译。清朝政府在天山南北提倡教育。在北疆伊犁、乌鲁木齐、巴里坤各屯戍区，分设义塾，教授四书五经，兼学骑射，入学者多为满汉子弟，也吸收少量民族上层子弟入学。1769 年（乾隆三十四年），在迪化州和镇西府所属各县建学宫，置学官，举行科举考试（《新疆地方史》179 页）。光绪八年（1882 年），督办新疆军务的署理钦差大臣刘锦棠也上疏光绪皇帝，提出在新疆广兴义学、大办教育的问题。他说：“缠回语言文字本与满汉不同，遇有讼狱征收各事件，官民隔阂不通，阿奇木伯克、通事人等，得以从中舞弊，是非被以文教，无由除彼锢习。”[④] 在左宗棠建议新疆广兴义学的第三年，即光绪六年（1880 年），吐鲁番、拜城、焉耆、沙雅等城就兴建了义学，招收新疆少数民族儿童入学，“用以教回生之课本

① 《中国经济年鉴》1934 年，转引自袁祖亮主编：《丝绸之路人口问题研究》，新疆人民出版社 1998 年版，第 272 页。

② 李洁：“民国时期新疆汉族移民探析”，载《中国边疆史地研究》2009 年第 4 期，第 129 页。

③ 陈世明：“新疆民汉语互学现象的由来和发展”，载《新疆大学学报》2001 年第 3 期，第 108 页。

④ 《刘襄勤公全集 · 奏稿》，书目文献出版社 1986 年版，第 48 页。

是《千字文》《百家姓》《三字经》《四书》等”,[①]“以次授以对字作八比”,[②]“所遣教习大都内地游学随营书识”,[③]这就是史称的清代“汉语学堂”。在辛亥革命的影响下，杨增新顺承清朝制度，把清朝在新疆各地开办的汉语学堂都更名为初级小学，招收维吾尔学生学习汉语。又在迪化设置蒙、哈学堂，招收蒙古族和哈萨克族学生学习汉语。同时在惠远城也设置了一所惠远学堂，招收维吾尔、哈萨克、蒙古、满、锡伯和达斡尔等民族的学生学习汉语。据1916年中央财政部委员谢彬来疆考察时的统计，当时少数民族学生学汉语的初级小学已有31所之多，学生达800～900人，仅吐鲁番就有3所初级小学，学生人数达170～180人。这些初级小学的学生学习《千字文》《百家姓》《三字经》和儒家经典，毕业时，“通事人材，概自汉学挑取”。[④]

一个民族的语言史，实际上就是该民族的文化史。德国学者亚克布·格林说：“一个民族的语言同时也是该民族的历史。对于一个民族的历史而言，有一个比骨骼、墓穴、葬品更为有力的证据，那就是他们的语言。”[⑤]新疆是一个多民族、多文化、多语言地区，自古以来，多种语言在这里汇聚、交融。汉语、古代塔里木盆地的塞语、吐火罗语、粟特语、阿拉伯语、波斯语、蒙古语、俄语等诸多语言相互接触，各语言不仅受到其他语言特定的影响，形成了富有开放性的特点，增强了自身的生命力，同时对其他语言的发展也产生了积极的推动作用。[⑥]两千多年来，新疆各民族一直和睦相处，密切往来，共同劳动和繁衍，共同缔造了新疆的灿烂文化。

---

① 曾问吾：《中国经营西域史》，商务印书馆1936年版，第452页。

② 王树楠：《新疆图志·学校一》，文海出版社1965年版，第1386页。

③ 同上。

④ 谢彬：《新疆游记》，新疆人民出版社1990年版，第299页。

⑤ 引译自斯大林：《马克思主义与语言学问题》，东方真理出版社1958年版。可参见高莉琴：《不同时期新疆少数民族语中的汉语借词》，新疆大学出版社2005年版，第1页。

⑥ 刘明：“试论史诗《乌古斯可汗的传说》——以‘苍狼’的民俗符号学意义为例”，载《乌鲁木齐成人教育学院学报》2007年第3期，第25～28页。

二、新疆多元语言文化与牧区双语教育

在新疆漫长的历史过程中，由于民族的迁徙、语言文化的交流整合，形成了现在这种以中华文化一体格局的多元文化并存、多语言交流发展的特征。目前在新疆，各个民族互相学习和使用语言已经蔚然成风，族际之间共同使用国家通用语——汉语的语言交际活动是社会生活中的重要现象。各个民族的文化你中有我，我中有你。各个民族之间的日常交际常常体现出文化上的互相宽容和借鉴。这是历史的选择，也是历史的必然。在新疆这样一个多民族聚居、多元文化共存的社会环境中，正确认识和处理好少数民族多元语言文化与双语教育的关系，不仅有利于新疆少数民族文化、教育事业的健康发展，有利于新疆少数民族的整体文化素质的提高，同时也有利于各民族和谐相处、国家文化的安全和新疆社会的稳定、繁荣。但是，如果新疆少数民族一味要求保持民族的传统文化，也会使传统文化成为沉重的精神负担，严重制约新疆牧区经济的发展和繁荣，使新疆牧区劳动生产力水平较低，使牧民缺乏创新意识和创造力，从而延缓新疆融入现代文明和世界经济体系的进程。

全球一体化与民族文化多元化的冲突与和谐、国家一体化与民族文化多元化的冲突与和谐，是21世纪全人类和多民族国家面临的不可回避的两大挑战。[①] 在中国这样一个统一的多民族国家，如何处理好国家一体文化与少数民族多元文化的关系，中央民族大学滕星教授提出了“多元一体化教育理论”。“多元一体化教育理论”是“一个多民族国家的教育，在担负人类共同文化成果传递功能的同时，不仅要担负传递本国主体民族优秀传统文化的功能，而且同时也会担负起传递本国各少数民族优秀传统文化的功能”。“多元一体化教育”的内容，除了主体民族外，还要含有少数民族文化的内容。少数民族不仅要学习本民族优秀的传统文化，而且还要学习主体民族文化，以此提

① 滕星：《文化变迁与双语教育》，教育科学出版社2001年版，第156页。

高少数民族青年学生适应主流文化社会的能力，从而最大限度地提升自己的发展空间。同时，作为主体民族除了学习本民族文化外，还要适当学习和了解少数民族的优秀传统文化，以增强各民族之间的充分了解，消除民族之间的隔阂。“多元一体化教育”的目的是：继承各民族优秀文化遗产；加强各民族间的文化交流；促进民族大家庭在经济上共同发展，在文化上共同繁荣，在政治上各民族相互尊重、平等、友好与和睦相处，最终实现各民族大团结。[①] 该理论形成的依据是在一个多民族国家中，无论主体民族还是少数民族都有其独特的传统文化。在人类漫长的历史发展过程中，由于各民族自我文化传递与各民族间的文化交往，各民族文化形成了“你中有我”“我中有你”的特点。不仅主体民族文化吸收了各少数民族文化，而且各少数民族文化也打上了主体民族文化的烙印，[②]形成了在一个多民族国家的大家庭中，多种民族文化并存，共同组成某一个多民族国家的“共同文化群体”，即形成如费孝通教授所说的文化上的“多元一体格局”。[③]从滕星教授提出的“多元一体化教育理论”中，我们可以看出，多元一体化教育是未来民族教育的必然走向。在新疆为了更好地加强各民族间的文化交流，促进各民族在政治上相互平等、经济上共同发展、文化上共同繁荣、习俗上互相尊重，最终实现多民族国家在多元一体格局下的和谐发展，实现国家文化的安全、祖国领土完整和新疆的长治久安，新疆少数民族双语教育成了“多元文化整合教育理论”的核心组成部分，是解决21世纪人类文化多元与一体相互冲突部分的必经之路与方法。[④]新疆少数民族牧区双语教育同样也是中国“多元文化整合教育”的重要组成部分，是坚持人类文化共同性与多样性相结合，维护“中华文化多元一体”格局的具体体现。同时，也是对马克思主义关于各民族语言平等和国家关于民族语言文字政策、法律、法规的

---

① 滕星、苏红：“多元文化社会与多元一体化教育”，载《民族教育研究》1997年第1期，第31页。

② 同上。

③ 费孝通：“中华民族的多元一体格局”，载《北京大学学报》1989年第4期。

④ 滕星：《文化变迁与双语教育》，教育科学出版社2001年第1期，第156页。

具体落实。在新疆要确保少数民族牧区双语教育的有效实施，必须正确认识新疆少数民族多元语言文化与新疆少数民族牧区双语教育的关系。

（一）双语教育是新疆牧区教育的必然选择

新疆少数民族学习本民族语言、文化的同时，学习主体民族的语言、文化是新疆少数民族生存和进步发展的需要。众所周知，汉语是我国的主要语言，汉语已成为我国各少数民族相互交流的族际交际语。汉语作为国家行政管理、科技信息传播和社会生活信息传播的工具，在经济、科学、文化、教育等各个领域发挥着巨大作用。据统计，1993 年我国的出版物中，99% 是汉文出版物，“在中国生活和工作的人，如能熟练地掌握汉语文，就意味着可以接触和使用国内信息总量的99%”。① 另外，汉语是联合国六种工作语言之一，全球约 1/5 的人口在使用汉语。自中国加入世贸组织后，汉语展现了无与伦比的社会功能。这使越来越多的少数民族认识到学习汉语是提高本民族文化素质并面向科技现代化的需要。再加上大量的广播、电影、电视的耳濡目染，为少数民族学生学习汉语创造了良好条件，同时也为汉族了解少数民族文化创造了契机。新疆越来越多的少数民族青年学生已经充分认识到要跟上时代的步伐，就必须熟练掌握汉语。双语教育作为新疆少数民族个体或群体在各项事业发展的迫切需要便应运而生。

新疆绝大部分牧区地处边境，牧区边境线长达 5000 多公里，占全区边境线总长度的 90% 以上，牧区由于地处偏远，人烟稀少，山高路远，交通不便，信息闭塞，许多地方至今仍然没有通车，只能靠马背、牛驮等传统的运输方式。新疆牧区自然条件十分艰苦，冬季寒冷而漫长，一般为 110 ~ 170 天。牧业生产常年流动，大多数牧民仍然沿袭着传统的逐草而居的生产方式，随着季节牧业点的变更而举家迁移，新疆阿勒泰地区的牧民四季转场迁徙距离一般在五六百公里，最

---

① 马戎:《民族与社会发展》，民族出版社 2001 年版，第 17 页。

远者一千六百多公里，有的迁移次数每年多达60次以上。[①] 由于受上述自然条件的限制，牧区教育基础及其支撑能力十分薄弱，在牧区兴办教育困难是非常多的。为了使新疆牧区的孩子能顺利进入现代化主流社会，使牧区各民族的孩子享有平等受教育的权利，为少数民族培养大量适应社会需要的合格的“德才兼备”的双语人才，繁荣新疆少数民族牧区的文化事业，在牧区实施双语教育同样有着不可替代的作用。

（二）经济利益促使牧区双语教育的发展

新中国成立后，特别是改革开放以来，党和政府把发展新疆牧区寄宿教育作为工作重点，在牧区实施了一系列行之有效的措施。坚持多渠道筹措资金保证了新疆牧区教育和寄宿制学校的建设；加强两支队伍建设和教学常规的管理工作；制定规划、依法治教、加强牧区教育和牧区寄宿制学校建设的督导；加大对牧区寄宿制中小学教育的投入，改善了办学条件。自2003年秋季九年义务教育“两免一补”（免除课本费和杂费、补助贫困寄宿生在校期间生活费）政策在新疆实施以来，中央和自治区已投资2.85亿元，使新疆56个县205万名贫困学生不折不扣地受到这项“民心工程”的帮助。农村寄宿制学校建设、农村中小学校舍维修改造、二期危房改造、二期义务教育、中小学现代远程教育等项目建设的教育经费投入支出就达到430亿元。到2008年年底，新疆已有农牧区寄宿制小学448所，在校学生有34654人；寄宿制初中598所，在校学生495759人；寄宿制高中276所，在校学生261589人。2009年，新疆又从地方债券资金中安排20亿元，专项用于农村寄宿制学校建设、农村中小学危房改造和校舍抗震加固改造工作，巨大的资金投入为新疆教育事业的改革与发展奠定了坚实基础。2009年9月，国家教育督导团检查组对新疆进行了“两基”检查后认为，新疆“两基 ”人口覆盖率达100%。少数民族群众充分享受到了教育改革与发展的成果。事实证明，在新疆举办寄宿制学校

---

① 葛丰交：“新时期新疆牧区教育面临的困境与对策研究”，载《民族教育研究》2011年第5期，第45页。

是新疆农牧区基础教育实际需要，它已成为改善和提高牧区经济困难学生的学习生活条件的一项“德政”工程，成为少数民族地区实现“两基”的一项重要措施。新疆农牧区寄宿制学校的发展成绩是喜人的，措施是符合新疆牧区教育的客观规律的，真正实现了新疆牧区教育从马背小学到寄宿制学校的跨越式发展。但是我们在成绩面前仍然要清醒地认识到目前新疆牧区教育存在差距和问题。由于新疆牧区的自然条件十分恶劣，牧区地处偏远、人烟稀少、山高路远、交通不便、信息闭塞等原因，新疆牧区牧民的经济收入偏低。2011 年，新疆牧民人均收入才 3360 元。多年来，新疆牲畜存栏和出栏始终排在全国的 6～8 位和 13～14 位。在全国五大牧区中，2001 年出栏排到了内蒙古自治区之后。到 2010 年，新疆牲畜存栏和出栏仅为与内蒙古自治区的 54.38% 和 51.77%。2010 年，新疆肉类产量位居全国第 21 位。1995 年新疆奶类总产居黑龙江和内蒙古之后，排全国第 3 位，但随着近年来河北、河南、山东、陕西等省份的快速发展，2010 年新疆已滑落至全国第 7 位，产量仅为内蒙古的 13.53%。2010 年，新疆禽蛋总产居全国第 20 位，虽然较 1995 年上升了 4 位，但仍落后内蒙古 7 位，产量仅为内蒙古的 48.8%。①

日本在 19 世纪 60 年代末的“明治维新”时期提出了“富国强兵”“殖产兴业”和“文明开化”三项政策，着重改革日本的教育制度，大力振兴初等教育，重视科学教育，并迅速发展师范教育和高等教育，采取各种手段培养自己的科学技术人才。日本文部省于 1962 年为纪念日本学制颁布 90 周年而编写的一份报告中曾提出：“教育在社会发展中起着重要的作用，是人所共知的。特别是最近，不论国内国外都一致认为，教育是促进经济发展的强有力的重要因素。这种观点，是从一种新经济理论引申而来的。它认为，在激烈的国际竞争中，科学的创见、技术的熟练、生产者的才能等重要因素，对于经济发展所起的作用，不亚于增加物的资本和劳动力的数量。这些都是引起人们注意的各种重要因素，统称之为‘人的能力’，大力开发人的

① 孟晓娴：“新疆畜牧业发展研究”，新疆农业大学 2013 年硕士学位论文。

能力，是促进将来的经济发展的重要条件；而人的能力开发，则依赖于教育的普及和提高。这种看法，就是我们试图从投资方面来解决今天教育问题的理论根据。"① 大力发展教育的结果是日本用了大约50年的时间，走完了英国从资产阶级革命到实现资本主义工业化大约200年的路程。这也充分说明了教育的发展和经济发展的关系，日本战后经济得以迅速地发展，首先应归功于明治以来教育所储备的力量。可见经济与教育是一种相辅相成、互相制约和相互促进的关系。没有发达的经济，就不可能有发达的教育。没有发达的教育，也不可能有发达的经济。经济促进教育的发展，反之教育服务于经济后会强有力地推动经济的发展。在新疆牧区，由于经济发展的滞后，从而严重影响了双语教育的发展。出现了新疆牧区少数民族教育与新疆乃至全国平均水平相比还是相当落后的状态。具体表现在：

（1）新疆少数民族牧区由于生产力水平低，经济发展缓慢，因而教育经费严重不足，办学条件差，办学条件达标率低于全国平均数。据1991年统计，全国中小学校舍危房面积比例为1.6%，新疆是2.9%，这个指数大部分是少数民族牧区的学校。2007～2009年新疆尼勒克县财政经常性收入分别为6694万元、8784万元、11429万元，增长率为76.34%、31.22%、30.11%。预算内教育拨款分别为11499万元、14280万元、22219万元，增长率分别为47.33%、24.18%、55.60%。虽然每年的教育经费都在不停地增长，但是2007年、2008年"三个增长"缺口资金仍有3038万元的缺口。

（2）新疆牧区学校师资紧缺，结构性缺编，教师队伍不稳定。由于牧区条件差，气候恶劣，交通不便，生活艰苦，待遇低，就医、子女就业困难等多种原因，使一批教师辞职或调离。而留守在牧区的教师，难以在牧区长期任教。因而导致了牧区学校师资紧缺，结构性缺编。新疆尼勒克县牧区共有教师2507人，双语教师缺岗187人。即使勉强留在牧区学校工作的教师存在素质偏低、专业水平和教学能力

① 《日本的经济发展和教育》，吉林人民出版社1978年版。

不高的问题。牧区“双语”教师数量严重不足，特别是“民汉兼通”的合格双语教师比例偏低。现在，一部分“双语”教师无法适应“双语”教学的需要。

（3）新疆少数民族牧区农牧民收入大部分是靠自己经营的农牧业收入，而新疆农牧业受自然条件的制约，收入往往很不稳定。因此，即使是暂时解决了温饱问题，但一遇灾害，极易回复到贫困状态。2010年1月1日至17日，由于遭遇两次强降温降雪天气过程，因降雪量较大，山区及平原冬牧场积雪厚度达到40～80厘米，牲畜无法正常放牧，储备草料消耗迅速，草料储备缺口不断扩大，瘦弱牲畜急剧增加，局部地区牲畜出现死亡。直接导致新疆阿勒泰、塔城、昌吉东三县、哈密等9个地州31个县市牧业严重受灾，累计受灾牲畜达661万头（只），因灾死亡牲畜达43589头（只），倒塌牲畜棚圈有4763座，牧业直接经济损失12400余万元。

如何缩小新疆牧区与疆内外教育的差距，使牧区的农牧民摆脱贫困，是党和国家多年来努力解决的问题。同时，新疆牧区的农牧民也要克服自身的狭隘思想，积极学习主体民族先进的科学技术来发展本民族的经济，主体民族也要积极主动地帮助新疆牧区的少数民族。以形成一种相互学习、互相依存、相互提高和相互尊重的新型民族关系，形成一种共同理解、共同发展的新型经济关系，使新疆牧区的农牧民尽快摆脱闭关自守和经济上贫困、落后的状态。

另外，我们还必须清楚地认识到，经济发展对双语的学习有一种推动力，而经济文化类型的不同首先会影响对双语教育的需求。如果新疆牧区始终处于一种相对封闭、文明程度较低、牧民们完全依附于自然环境而生存的文化类型，那么人们对双语教育的需求程度相对来说一定是很低的。因为较低的生产和生活方式，只能满足牧民们生活必需品的需求；封闭的环境、文明程度较低会导致教育观念的落后与封闭。在这种经济文化的情况下，牧民们对双语教育的需求是无所谓的。我国的民族教育与西方所谓的“多元文化教育”的最大区别是我国的民族教育更偏重于少数民族的生存与发展，致力于解决教育与经济的衔接问题，西方多元文化教育注重文化的保持与发展，致力于反映民族的多样性和各民族的平等性。[①]因此，在我国，教育的最终目的是成为人们谋生的手段，使人们能够更好地生存生活。教育的内容是离不开由环境决定的生计方式，所以，新疆少数民族牧区双语教育也应不局限于民语和汉语的互动，还应有民语和民语的互动。人类学家研究发现，在游牧型社会里，由于社会的食物积累水平较低，在教育儿童的过程中，大多注意培养儿童的"自主性"，而在农耕社会里，则倾向于培养其"依从性"。因而，在现实生活中常常表现为家长对子女语言学习重视程度的不同。[②] 在从前，新疆牧区的游牧民族，常年迁徙，居无定所，那种随家庭移动的"马背式"教育似乎成了最为可行的教育形式，但现在大部分牧民已定居下来，替代"马背式"教育的是国家资助办起来的公办寄宿制中小学校。面对新情况，学校地址的选择、在寄宿制小学就学的牧民孩子的生活管理等又成了新的问题。由此可见，经济利益已成为新疆双语教育不可忽视的重要因素之一。

总之，新疆独特的地理环境和自然生态，历史上新疆各民族的迁徙与融合，多种宗教信仰的并存与发展，形成了今天新疆多种语言文化、风俗习惯、人文景观、宗教文化心理和思想意识等并存的多元生态景观，也决定了各民族语言必然会互相影响和交融。我们必须清醒地认识到，双语教育是新疆牧区教育的必然选择。为了使新疆牧区的孩子能顺利进入现代化主流社会，使牧区各民族的孩子享有平等受教育的权利，为少数民族培养大量适应社会需要的全面发展的合格的"德才兼备"的双语人才，在牧区充分实施双语教育对繁荣新疆少数民族牧区的文化事业具有不可替代的作用。

同时，要解放思想，不等、不靠，奋发图强，大力发展牧区的经济建设，只有经济发展了，才能促进新疆少数民族牧区双语教育的繁荣和发展。

---

① 王鉴："西方多元文化教育与我国的民族教育之比较研究"，载《西北师大学报》1995年第3期，第91页。

② 刘明："新疆多元文化与双语的融摄"，载《新疆师范大学学报》2009年第4期，第96页。

第三章　国家文化安全对新疆少数民族牧区双语教育的特殊要求

第一节　新疆少数民族牧区双语教育发展的地缘环境

我国是一个统一的多民族国家，拥有 56 个民族，陆地边境线有两万多千米，中国与 15 个国家接壤。新疆是一个多元文化汇聚、多语言融合、多民族聚居的地方。新疆周边与俄罗斯、哈萨克斯坦、吉尔吉斯斯坦、塔吉克斯坦、巴基斯坦、蒙古、印度、阿富汗等 8 个国家接壤；陆地边境线长达 5600 多公里，占中国陆地边境线的 1/4，是中国面积最大、陆地边境线最长、毗邻国家最多的省区。新疆边境上共有 32 个市县，它们是哈密市、伊吾县、巴里坤哈萨克自治县、和田市、皮山县、温宿县、乌什县、叶城县、塔什库尔干塔吉克自治县、阿图什市、阿合奇县、乌恰县、阿克陶县、奇台县、木垒哈萨克自治县、博乐市、温泉县、昭苏县、霍城县、察布查尔锡伯自治县、塔城市、额敏县、裕民县、托里县、和布克赛尔蒙古自治县、阿勒泰市、青河县、吉木乃县、富蕴县、布尔津县、福海县、哈巴河县，其中新疆 22 个牧业县大部分都在边境上。新疆边境上共有 455 万人口，有 11 个城镇和 58 个农牧团场分布在边境地区，其中 58 个边境农牧团场守卫的边境线长度为 2019 千米，占新疆边境线总长度的 37.4%。

这里居住着维吾尔、哈萨克、蒙古、柯尔克孜、塔吉克、锡伯、回等13个民族。[①] 新疆境内存在着蒙古、俄罗斯、柯尔克孜、塔吉克、哈萨克、维吾尔、塔塔尔、藏等8个同源跨界民族，其中哈萨克族、蒙古族、柯尔克孜族和塔吉克族的主体民族均在境外。新疆这种特殊的地缘环境、特殊的民族关系，不论是政治、经济还是文化教育等方面都在不同程度上影响着新疆的稳定和安全。

一、经济发展不平衡性对新疆安全的影响

（一）新疆牧区自然环境恶劣

新疆的牧区主要处在山地、草原，地广人稀。大部分牧区高度缺氧，自然条件艰苦，抵抗自然灾害的能力弱。新疆牧区气候条件差，季节变化较大，大部分地区严重缺水。如新疆阿勒泰地区吉木乃县由于地处西伯利亚寒潮入侵的风口上，县境内终年大风频繁，气候寒冷，均无霜期一般在120天左右，而且严重缺水，干旱易灾，地表水年流量仅7400万立方米，无一条常年河流，灌溉主要靠雪山积雪融水，由于气候不断恶化和过度放牧，农牧业发展都很困难。因地区十分偏远，交通不便，农牧业产品销售不利，农牧民家庭生活困难，是一个典型的老、少、贫困县，全县贫困人口比例高达15%。[②]有些牧区气候多变，加之地处高山、荒漠等地区，水土流失、沙漠化、高寒、干旱、洪涝等自然灾害频繁发生，主要有气象灾害、洪水灾害和地震灾害，其中气象灾害对当地的经济损失最大。如农十师地处新疆最北部，气候寒冷，无霜期仅有90～130天；再如北疆伊犁哈萨克自治州昭苏县喀拉苏乡，无霜期不足100天，一年一熟都很难，风调雨顺之年小麦亩产也仅100公斤左右。这样的地区虽然土地面积很大，但仅能种植经济效益低的大众农产品，如马铃薯、油菜、大豆等。恶劣的自然环境使得一些农牧民无牧可放、无地可耕，甚至连最基本的生存条件都无法保障。2014年4月25日、26日，新疆受寒流、

---

① 尹筑光、茹永福：《新调民族关系研究》，新疆人民出版社1996年版，第287页。

② 吉木乃地方志编纂委员会：《吉木乃县志》，新疆人民出版社2005年版，第578页。

冷空气等极端天气影响，阿克苏、吐鲁番、喀什、阿勒泰、伊犁及乌鲁木齐等13个地、州、市，48个县、市遭遇大风暴雪，灾害共造成1人死亡（富蕴县牧民因外出找羊冻死），490566人受灾，倒塌房屋409间，严重损坏房屋729间，一般损坏房屋3346间，死亡牲畜10476头（只），农作物受灾面积156830.67公顷。直接经济损失90930.115万元。①这些自然灾害还进一步加剧了贫困和环境之间的恶性循环。

（二）新疆牧区经济发展滞后

由于新疆地域广袤辽阔，各地州之间，不同的县市之间自然资源存在较大差异。新疆生态环境脆弱，自然灾害频繁，导致区域经济、县域经济发展也不平衡。新疆牧区地处山区和边境地区，由于生产方式决定了牧民居住高度分散，点多线长，牧区基础设施建设投入严重不足，而且难度大、成本高，道路、电、通信等一直是制约牧区发展瓶颈。牧民的基本生活条件较差，县乡牧区道路建设缓慢。交通建设的滞后阻碍了牧区水资源的开发利用，缺乏控制性水利工程的支持，严重影响了牧民的定居工程，严重制约了当地经济社会的发展。从经济发展现状看，新疆的南北疆牧区的发展明显不平衡。

近年来，国家和新疆加大了对牧区建设的投入，实施了许多切实可行的政策，新疆的牧区经济尽管取得了巨大的成就，牧民们也切实享受到了许多实惠。但是与发达地区相比仍存在差距，尤其是新疆牧区基本上还处于贫困状态。从全国来看，国内生产总值从1978年的3645.2亿元增长到2012年的518942.1亿元，年均增长11%左右，2012年比上年增长7.8%。2013年全国经济运行稳中向好。国内生产总值达到56.9万亿元，比上年增长7.7%。居民消费价格涨幅控制在2.6%。城镇登记失业率4.1%。城镇新增就业1310万人，创历史新高。进出口总额突破4万亿美元，再上新台阶。居民收入和经济效益持续提高。城镇居民人均可支配收入实际增长7%，农牧区居民人均

---

① 数据来源：天山网 http://www.ts.cn，访问时间：2014年4月28日。

纯收入实际增长9.3%，农牧区贫困人口减少1650万人，城乡居民收入差距继续缩小。规模以上工业企业利润增长12.2%。财政收入增长10.1%。[①]广东省国内生产总值57067.9亿元，比上年增长8.2%；江苏省国内生产总值54058.2亿元，比上年增长10.1%。2012年新疆国内生产总值7505.3亿元，2013年新疆完成地区生产总值8510亿元，增长11.1%；公共财政预算收入1128亿元，增长24.1%；全社会固定资产投资8148亿元，增长30.2%；社会消费品零售总额2039亿元，增长13.4%；外贸进出口总额275.6亿美元，增长9.5%；城镇居民人均可支配收入19982元，增长11.5%；农民人均纯收入7394元，增长15.6%。物价基本平稳，涨幅为3.9%。新增城镇就业46万人。[②]虽然新疆国内生产总值比上年增长了12%，增长速度位列全国第10位。但从总体实力上来看，新疆国内生产总值仍处于第25位，差距仍然悬殊，远远落后于全国其他发达地区。新疆经济发展落后，人力资本水平较低，加上地处西北内陆，交通不便，缺少招商引资的经济环境，无法吸引更多的企业来新疆投资，从而影响技术的交流，在牧区社会劳动生产率低，不利于牧民的致富和牧业劳动技能的提升。

从新疆城镇人均可支配收入和农牧区人均纯收入的角度来看，1980～2011年是新疆城乡居民总体收入水平大幅增长的30年，同时也是新疆城乡收入差距不断拉大的30年。1980年城镇居民人均可支配收入为427元，农牧区人均纯收入为201元，城镇居民人均收入为农牧区的2.024倍多。2010年城镇居民人均可支配收入为13644元，农牧区人均纯收入为4643元，城镇居民人均可支配收入为农牧区的2.939倍。另据新疆调查年鉴显示，从1980～2010年间，新疆的城镇人均收入的实际值从1980年的453.32元/人，上升到2010年的15421.59元/人，增长了将近29倍，农牧区人均总收入的实际值从

① 《2014年政府工作报告全文》，新华社，2014年3月15日。

② “2014年新疆维吾尔自治区政府工作报告”，载中国发展门户网www.chinagate.cn，访问时间：2014年2月27日。

1980年的221元/人，上升到2010年的4846元/人，增长了21倍。1990~2011年，新疆城乡收入差值平均年增加406元。2010年、2011年收入差额迅速增长，2011年达到自2000年以来最大值为16%。城乡之间的收入差距不断扩大，初步计算三十年间城乡人均收入差异将近扩大了一倍多。新疆牧区牧民的文化科技水平低，经济收入少，生活条件艰苦，许多牧民不仅物质贫困而且精神贫困。以新疆和田地区为例，所辖7县1市均为国家重点扶持的贫困县（市），目前仍有约35万人未解决温饱，财政收入只能保证两个月的正常支出。到目前为止，财政欠发职工个人资金达2.4亿元。[①] 职工的住房公积金、医疗费长期拖欠得不到解决。许多学生考上大学后却上不起学，只能“望学兴叹”而被迫去学经文。经济文化发展的滞后，与内地和其他地区形成巨大反差，使一些牧区的民族干部群众产生了紧迫感、危机感，甚至是失落感。少数牧民群众由此对社会主义制度的优越性产生了怀疑，国际敌对势力和民族分裂势力也就伺机挑拨民族关系，肆意煽动民族分裂情绪。1962年，新疆6万多名边民集体迁徙到苏联中亚地区。虽然当时有苏联反华的背景，但是与我国经济形势严重恶化不无关系。1978年中国人均国民生产总值当时仅为379元人民币，按汇率计算不过70美元左右。而在1978年苏联人均国民生产总值就已近3000美元。1978年以后，中国在邓小平的领导下开始了改革，中国经济得到迅速发展，1990年人均国民生产总值达到1638元，近300美元，1997年达到人均国民生产总值6079元。而苏联经济在这一时期出现了停滞甚至倒退。即使这样，在苏联解体前的1990年中国新疆与毗邻的哈萨克斯坦之间的差距仍然很大。新疆社科院中亚所所长潘志平曾提供这样一个比较表格：

---

① 军事科学院历史研究部、西安政治学院科研部：《民族宗教问题与国家安全》，2001年版，第256页。

表 3-1 1990 年哈萨克斯坦与新疆工农业生产比较①

	哈萨克斯坦		新疆	
	年产量	人均占有量	年产量	人均占有量
钢	683 万吨	404 公斤	30.3 万吨	24 公斤
煤	14300 万吨	7844 公斤	1813 万吨	1374 公斤
石油	2660 万吨	1545 公斤	762 万吨	455 公斤
发电量	897 亿度	5232 度	62.99 亿度	456 度
化肥	165.6 万吨	99 公斤	28.8 万吨	19 公斤
粮食	2850 万吨	1707 公斤	676.89 万吨	443 公斤
肉类	155.01 万吨	93 公斤	32.94 万吨	20 公斤
奶类	553 万吨	335 公斤	39.94 万吨	23 公斤

中国经济改革经过 10 多年的努力，但新疆总体水平仍不如哈萨克斯坦。但是，由于中国经济改革方针正确、政策得当，如 1983 年新疆实行了包产到户的做法，使新疆境内的哈萨克人得到很大实惠，又由于中国国内日用消费品的供应较之哈萨克斯坦也更为丰富。加之苏联解体之后，中亚五国陷入经济危机，人民生活水平急剧下降。而我国新疆地区人民生活进一步改善，其消费水平与哈萨克斯坦相比虽然仍存在一定差距，但差距已经缩小。在某些方面甚至超过哈方。②这种综合国力的变化使新疆跨境民族对居住在中国感到满意和自豪，对祖国未来发展充满信心。尽管哈萨克斯坦方面大力呼唤哈萨克族人返回“故地”，但其影响有限。这也充分说明了经济发展对生活稳定和国家安全的重要性。

二、文化教育对新疆安全的影响

从经济学的角度观察人的素质，是指从事经济活动——生产、经

① 常庆：“以新疆和中亚为例看国情变化对跨境民族的影响”，载《国际观察》1998 年第 6 期，第 51 页。

② 常庆：“以新疆和中亚为例看国情变化对跨境民族的影响”，载《国际观察》1998 年第 6 期，第 51～52 页。

营、销售、消费诸方面的素质。再进一步分析，便是从事商品生产和经营的生产者——劳动力的素质。新疆人口增长快，人口结构特殊，人口素质普遍较低，牧区劳动力素质低，特别是文化科技素质低下是制约新疆贫困牧区地区发展的一个重要的因素。

新疆是一个聚集47个少数民族的地区，新疆牧区地理区位的特殊性，东疆、北疆山区牧区县市人口构成以游牧少数民族为主。南疆四地州以维吾尔族为主，这些地区多处偏远高寒山区、远离经济发达地区，生活生产条件极其恶劣，农民和少数民族成为建设这片土地的人。2012年新疆总人口2644.18万人，其中农牧区1493.41万人，从事农牧业生产的人口721.03万人，占新疆农牧区人口的49%。人口增长过快、人口素质偏低。新疆牧区一般都属于典型的多民族居住区域，少数民族人口所占比例非常高，南疆牧区人口中少数民族高达97%以上。这些民族地区社会发展缓慢，优生优育的意识淡薄，又加上民族地区特殊的计划生育政策，造成区域人口增长率很高，2012年新疆牧区人口自然增长率为11.85%。因此，少数民族是新疆牧区贫困人口的主要构成。牧区大部分人口的文化教育程度低，素质普遍较低，导致地区贫困程度加深，成为制约牧区经济发展的一个重要因素。牧区文盲半文盲人口所占的比率均高于全疆平均水平，其中和田地区15岁以上的人口中，文盲和半文盲率高达12.16%。由于文化教育事业的滞后，人口的文化教育程度低，导致农牧民素质较差。与全国居民劳动力平均文化程度相比较具有初中的以下的文化程度新疆要远远高于全国。同时，由于资金、技术以及人才的缺乏，新疆牧区的医疗卫生条件也很差，极易发生地方病，这使本来就不富裕的牧民又雪上加霜。一些新技术、新成果的推广和生产经营管理水平的提高都受到了影响。新疆牧区贫困县劳动力文盲率为9.16%，高于新疆平均水平2.08个百分点，接受过劳动技能培训的劳动力只占劳动力总数的30.75%。大部分牧民终身都没有接受过任何劳动技能方面的培训。

世界性的趋势是社会结构朝城市人口发展、知识分子数量不断增长、人民群众教育水平普遍提高，这是人类进步的标志。近年来，我国民族教育取得了显著的成绩，形成了较完整的包括幼儿教育、基础教育、职业教育和高等教育在内的民族教育体系。在党和国家正确的民族教育的指导方针的指引下，新疆的教育有了飞速的发展。通过60多年坚持不懈的努力，新疆牧区从马背小学到寄宿制学校，实现了跨越式的发展。但是，我们仍要清醒地看到新疆的教育与国内外的差距。如表3-2所示：

表3-2 新疆主要年份教育发展水平①

年份	各类学校在校生占全区人口比重	平均每万人口中（人）			大中小学生各占普通学校学生总数的比重（%）		
		大学生	中学生	小学生	大学生	中学生	小学生
1978	23.34	8.3	654	1645.38	0.36	28.02	70.5
1980	23.04	11.15	641.47	1601.82	0.48	27.8	69.52
1985	22.39	19.47	701.88	1444.6	0.87	31.35	64.52
1990	18.99	20.45	564.44	1208.01	1.08	29.72	63.94
1995	19.61	26.84	453.23	1330.61	1.38	23	70.6
2000	22.84	41.05	638.26	1395.72	1.82	27.93	61.09
2001	20.98	58.53	654.84	1298.22	2.79	31.21	61.87
2002	23.14	70.04	702.72	1238.61	3.21	31.87	56.18
2003	22.53	76.33	749	1183.62	3.39	33.25	52.54
2004	21.91	83.09	773.23	1129.89	4.18	38.92	56.9
2005	21.96	90.44	766.67	1066.4	4.7	39.86	55.44
2006	21.78	97.2	767.07	1023.4	5.1	40.64	54.26
2007	21.21	103.2	729.77	982.65	5.69	40.19	54.12
2008	20.68	108.44	696.24	911.6	6.2	39.81	54
2009	20.57	111.94	669.33	914.42	6.6	39.47	53.93
2010	20.62	115.13	652.09	887.34	6.96	39.41	53.63
2011	20.65	117.14	638.06	869.04	7.21	39.28	53.51
2012	20.48	120.35	619.8	851.34	7.56	38.94	53.49

数据来源：由《2012年新疆统计年鉴》整理计算所得

从表3-2可以看出：1978年新疆每万人拥有的大学生数只有8.3人，2012年新疆每万人拥有的大学生数达到了120.35人，2012年新疆每万人拥有的大学生数比1978年增加了14多倍。但是，2012

① 《2012年新疆统计年鉴》，第11~17页。

年全国每万人拥有的大学生数达到580人，也就是说2012年新疆每万人拥有的大学生数只有全国的21%。而与新疆毗邻的中亚地区，当地民族几乎消除了文盲。早在1985年哈萨克斯坦每万人拥有的大学生数达到171人，超过法国（150人）、日本（142人）、德国（138人）、意大利（131人）和英国（112人）。1985年新疆每万人拥有的大学生数才19.47人。在20世纪90年代初，哈萨克斯坦城市人口达到57%，农牧区人口占43%。在中亚其他共和国城市人口比例少于哈萨克斯坦，但居民受教育水平大致相当。中亚地区当代居民民族意识较高，尤其是中亚五国独立，使他们更加强调主体民族的地位和意识。在这种情况下，民族自我意识增长也是必然的趋势。民族归属感在一些人中会有所加强，会产生寻根认祖的活动心理。这显然对新疆牧区的跨境民族有一定程度的负面影响。处理不好则势必造成新疆牧区的跨境民族的无序流动。也可能有人会借此乘机制造民族分裂。因此，对跨境民族，在改善其经济条件的同时，还要加强爱国主义和民族团结的教育，更要想方设法提高新疆牧区牧民们的思想文化素质教育。

在新疆，没有稳定则一切无从谈起。今天新疆的各项事业欣欣向荣，各民族群众和睦团结、安居乐业，这一大好局面来之不易。但我们更要居安思危、防微杜渐，以和平发展道路为崛起途径，妥善处理邻国关系，营造好周边环境，积极慎重地处理与大国的关系。拓展中美关系中的共同利益，积极开展双边合作。将中俄合作的重点放在经贸、军事、能源领域，加强双方在能源领域的合作，让俄真正体验到双边的经济合作给自身带来的巨大收益。①在国内实施兼顾东部和西部两个大局的均衡战略。虽然新疆牧区受自然条件的限制，影响了牧民的生活，限制了牧区经济的发展，也影响了牧区的教育状况。但是我们必须清楚，教育与经济是一种相辅相成、互相制约的关系。没有发达的教育，就不可能有发达的经济；没有发达的经济，也就绝不可能有发达的教育。只有教育与经济联姻，使教育服务于经济，并推动经

① 李立凡："析中俄美大三角与中亚地缘政治战略"，载《世界经济研究》2003年第4期。

济的发展，教育才会有强大的动力和发展后劲的理念。英国著名的教育经济学家萨卡罗普洛斯（Psacharopoulos）提出先天能力差异对劳动收入影响不大，教育是解决就业和促进居民收入水平提高的最有效方式。教育不仅可以使贫困家庭的收入得到大幅提高，也使富裕家庭获得更多的获利机会，通过教育可以使一个国家的整体居民收入水平得到提高。①语言是文化交流的载体，是文明的传播路径，在具有共通语言的地域中，常常会出现共同的价值观、人生观、向心力和国家认同。现阶段，汉语不仅是我国各民族之间的通用语言，也是国际交流的重要工具。②因此，在新疆牧区要大力发展少数民族双语教育。大力发展少数民族双语教育，可以使少数民族牧民能够更多更快地接受先进科学知识和现代化信息，迅速提高自身综合素质，缩小在经济、科技、文化发展上的差距，以现代化科学方法抵御新疆恶劣的自然灾害，科学地发展畜牧经济，实现各民族的共同发展和繁荣。同时，随着少数民族牧民汉语水平的普遍提高，有助于促进各民族之间的相互了解，有助于促进各民族之间的文化交流，民族之间的沟通和交流也会随之深入和广泛，从而对增进民族之间的情感互信与价值认同，消除因文化的异质性而产生的隔膜和误解，促进民族融合和民族团结，构建新疆和谐稳定的局面都有相当重要的价值。

第二节　新疆少数民族牧区双语教育发展的战略意义

语言是维系一个多民族国家稳定与和谐发展的重要因素。新疆少数民族牧区双语教育是新疆双语教育的重要组成部分，新疆少数民族牧区双语教育事关新疆的稳定繁荣和民族团结的大局。在新的历史形

① 刘奔："新疆教育发展与居民收入水平关系研究"，新疆大学2011年硕士论文。

② 王春辉："多元文化背景下新疆文化安全问题的思考"，载《临沂师范学院学报》2010年第4期，第116页。

式下，应当把新疆少数民族牧区双语教育提高到战略层面，注重新疆少数民族牧区双语教育的实效性、可持续性。列宁在《关于民族问题的批评意见》中说："经济流通的需要总是迫使住在一个国家里的民族学习多数人的语言。"①这段话对当前新疆少数民族牧区双语教育具有很强的指导意义。长期以来，汉语在我国一直是使用范围最广、使用率最高、影响最大的语言，也一直是我国56个民族相互沟通、相互交流的最重要的语言，是当代科学文化知识在各民族中传播的主要载体，学习和掌握汉语是少数民族拓展视野、增长智识、提高素质、增强适应社会发展和参与市场竞争的能力的主要途径，对于增强各少数民族对国家的认同感也有重要作用。②目前，新疆仍然有许多少数民族群众不通汉语或不能熟练地掌握和使用汉语，这极大地影响了他们的生产生活，成为制约新疆少数民族牧区社会发展和进步的重要因素。新疆少数民族牧区双语教育是培养国际化、专业化人才的有效方法，在教育国际化进程中发挥着至关重要的战略作用。

一、新疆少数民族牧区双语教育具有区域地位和经济社会发展的战略意义

把新疆少数民族牧区双语教育的实施提高到国家战略的层面，这是由新疆目前所处的战略地位和新疆经济社会发展的客观需要决定的。众所周知，新疆是我国重要的能源产地和输送通道，新疆是石油战略的敏感地带。据IEA发布的能源数据显示，在世界一次性能源消费结构中，石油天然气的消费比例合计占64.2%，而煤炭仅占25.0%。油气资源以其巨大的政治、经济、军事意义是不可替代性，成为各国战略决策的核心问题。中东集中了全球三分之二的石油资源，美国新能源计划提出，到2020年，海湾产油量将占世界的54%~67%，全球经济仍将继续依赖海湾石油。而中亚包括俄罗斯是最有竞争力的潜在石油资源地。然而关系到我国生存发展的基础能源

---

① 《列宁全集》第19卷，人民出版社1963年版，第318页。

② 郭卫东："论双语教育的功能"，载《民族学研究》2004年第9期。

与原料的石油安全不容乐观。预计在未来 10 ~ 15 年内，中国石油进口比例将达到 30% ~ 40% 。[①]

表 3 – 3 我国石油资源供需现状及预测[②]

年 份	1993	1999	2002	2005	2010
产量（亿吨）	1.38	1.44	1.68	1.70	1.75
消费量（亿吨）	1.15	1.54	2.39	2.70	3.30
进口量（亿吨）	0.098	0.718	1	1.55	
依存度（进口占消费量%）	6.4	30	37	47	

西部地区尤其是新疆地区是我国油气增储提高产量的“主战场”和战略接替区，今后新疆地区油、气产量将分别占全国总产量的 30% 和 88% 左右。

表 3 – 4 西部地区剩余石油资源分布表[③]

西部地区	新疆	西藏	贵州	云南	广西	四川	内蒙古	陕西	甘肃	宁夏	青海
占有量%	53	2	1	2	2	3	13	15	2	1	6

表 3 – 5 西部地区剩余天然气资源分布表[④]

西部地区	新疆	贵州	云南	广西	四川	内蒙古	陕西	甘肃	青海
占有量%	53	2	1	2	2	3	13	15	2

从表 3 – 4 可知，新疆的剩余石油资源占有量为 53%，而西部地区西藏占有量为 2%、贵州占有量为 1%、云南占有量为 2%、广西占有量为 2%、四川占有量为 3%、内蒙古占有量为 13%、陕西占有量为 15%、甘肃占有量为 2%、宁夏占有量为 1%、青海占有量为 6%，这些省份剩余石油资源占有量之和才是 47%；从表 3 可知，新疆的剩余天然气资源占有量同样为 53%，而西部地区贵州占有量为 2%、云南占有量为 1%、广西占有量为 2%、四川占有量为 2%、内蒙古占有

① 清华大学核能与新能源技术研究院：《中国能源展望》，清华大学出版社 2004 年版。
② 同上。
③ 同上。
④ 同上。

量为3%、陕西占有量为13%、甘肃占有量为15%、青海占有量为2%，这些省份剩余天然气资源占有量之和才是40%，因此，国内外不少学者认为：新疆未来石油和天然气产量可与沙特阿拉伯媲美。在构筑我国能源乃至资源安全战略框架中，今后，占我国领土面积六分之一的新疆将发挥举足轻重的作用。在我国的西向发展战略中具有核心地位，新疆的稳定与发展关系到整个国家的安危，而新疆少数民族牧区双语教育则是实现新疆稳定发展、民族团结和长治久安的必要手段，没有新疆少数民族牧区双语教育的充分发展，就不可能在真正意义上实现新疆各民族的共同发展和共同进步。

二、新疆少数民族牧区双语教育具有稳疆固防、经济繁荣的战略意义

把新疆少数民族牧区双语教育提升到国家战略的层次上，就是把新疆少数民族牧区双语教育看作是实现新疆社会发展、民族团结和长治久安的根本手段之一。对国家而言，应当把新疆少数民族牧区双语教育政策成为提升民族地区发展水平的基本国策。第二次世界大战以来，从世界民族问题状况的观察来看，绝大多数多民族聚居的国家都很重视一种主流语言在文化交融与整合中的作用，如美国一直是一个移民社会，英语作为主要语言在不同种族、不同文化之间的交融与整合起到了关键作用。在欧盟，英语也是其内部各个国家之间进行交流的统一语言。从国际经验看，西方一些由多民族组成的国家，长期以来都特别重视对少数民族或外来移民的英语教育，把这种教育看作是增强少数民族和外来移民的生存和发展能力，使其尽快地融入主流社会的主要途径。印度的成功有诸多的因素，但语言的作用是不容忽视的。印度是一个双语国家，官方语言是英语。由于印度有效地实施了双语教育的制度，从而提高了国民的文化素质，一跃成了世界上发展最快的国家之一，也是仅次于美国和俄罗斯的科技大国。在全球软件开发市场中，印度占了16.7%的份额。在信息产业最为发达的美国，印度占软件销售市场的份额高达60%以上。比尔·盖茨认为："未来

的软件超级大国不是美国，不是日本，也不是欧洲国家，而是印度。”可见，双语教育的战略意义在印度被彰显得淋漓尽致。另外，韩国、新加坡、中国香港和台湾地区都是世界上双语教育比较发达的国家和地区。正是由于这些地区大力推行双语教育，通过双语教育的实施，提高了基础教育教学质量和国民文化素质，增强了学生的国际意识和竞争力，最终创造了世界经济发展的奇迹，实现了经济腾飞，赢得了全世界的瞩目。由此可见，双语教育的独特优势拉近了他们与世界发达国家的距离，使之全面地融入国际社会，创造了经济发展史上的辉煌。随着我国综合国力的快速提升和国际地位的日益提高，汉语在国际社会的影响越来越大，越来越多的国家把汉语设置为重要的外语课程，汉语已成为联合国的工作语言之一。对于少数民族来说，掌握并熟练使用汉语不仅是他们在新疆生存和发展的必要工具，也有助于他们走向内地、走向世界。因此，当前应当理直气壮地发展新疆少数民族牧区双语教育。随着我国改革开放的不断深入，尤其是加入 WTO 之后，文化、教育走向世界。我国《教育法》明确规定“国家鼓励开展教育对外交流与合作”，从法律上确立了教育国际化的地位。《国家中长期教育改革和发展规划纲要 2010～2020 年》明确提出：“中国将扩大教育开放、加强国际交流与合作、引进优质教育资源、提高交流合作水平的战略部署。”①我国将在经济、教育、文化、科学技术等各领域全方位地融入国际社会，这些同样需要语言的沟通、国际化人才的培养以及国际化教育的实施。在此背景下，新疆少数民族牧区双语教育的功能价值与战略意义得以凸显。

三、新疆少数民族牧区实施双语教育的理论依据

教育除了社会功能以外，还对人的发展具有无可替代的价值与作用，新疆少数民族牧区双语教育作为教育的一种形式同样如此。阈限理论认为，双语能力的习得与双语认知水平的发展密切相关。一般而

① 程耀忠、刘春明：“论教育国际化进程中双语教育的战略意义”，载《世界教育信息》2012 年第 6 期，第 54 页。

言，精通两种或两种以上的语言对学生的认知发展将产生正向效应，反之，不能精通两种或两种以上语言的学生，其认知水平远低于精通双语的学生。柯林·贝克（Colin Baker）是美国双语教育研究专家，特别关注双语教育与思维之间关系的研究。他指出，在实施双语教育的过程中，许多人担心让学生同时学习两种语言会影响学生认知水平的发展与思维能力的提高。柯林·贝克否定了这种观点，他明确指出，根据他本人及其他许多人多年来对双语教育实践的跟踪研究结果，表明通过双语教育使学生习得两种语言，不仅不会影响学生思维能力的发展，反而有助于学生思维水平的提高。姜宏德教授对双语实验班与对照班学生进行比较研究，在《基础教育阶段双语教育研究与实验》课题研究报告中指出，双语教育有助于大幅度提高学生综合运用外语的能力，促进学生各学科的全面发展，发展学生的思维能力创造能力。[①]刘春明教授对学生成绩、就业、后续发展等方面进行比较和跟踪研究，在《三维立体式双语师资培养模式的理论研究与实践探索》课题研究报告中指出，双语教育有助于全面提高学生综合能力与素养，增加学生就业资本和质量，为学生的后续发展奠定夯实的基础。[②]“十年树木，百年树人”，通过理论我们更应该坚信加强新疆少数民族牧区双语教育是一项功在当代、利在千秋的伟大事业。人的素质提升是缩小一切差距的根本，也是强化国家意识、公民意识，维护稳定，促进民族团结的基础。作为一个中国公民，只有了解源远流长的中华历史和民族发展历史，才能加深对祖国的责任感、使命感，才能从内心深处对祖国有强烈的认同。新疆少数民族牧区双语教育工作任重道远，要用科学发展观指导新疆少数民族牧区双语教育建设，营造一个良好的舆论环境、语言环境、学习环境，最根本的是团结、和谐的工作学习环境。建立有效的、科学的新疆少数民族牧区双语教育管理机制，加大对新疆少数民族牧区双语教育的投入，创新新疆少数

---

① 姜宏德：《双语教育研究报告》，新华出版社 2006 年版。

② 刘春明：“论柯林·贝克双语教育模式及其对双语师资培养的启示”，载《教育与职业》2011 年第 33 期。

民族牧区双语教育教学的模式。加强对新疆牧区双语师资力量的继续教育和培训，有计划、有步骤地把他们送往内地发达地区参观学习，增加他们对祖国的主流文化感性认识，更新他们的思想观念和教育观念，从而提高他们的思想道德品质、教学水平和综合素质，进而为实现新疆经济社会跨越式发展、长治久安和全面建设小康社会培养更多更好的德才兼备的各类双语专业人才。

四、继续加大新疆少数民族牧区双语教育的推进力度

（一）统一思想，步调一致地推进新疆少数民族牧区双语教育

各级政府和教育部门首先要从思想上意识到新疆少数民族牧区双语教育是一项得民心工程。“双语是目前世界范围内逐步强化的一种趋势。人类进入 21 世纪，世界经济区域化、全球化的趋势进一步加强，并成为一种时代特征，随之而来的是双语的普遍化。”[①]学习和掌握汉语对拓宽新疆牧区少数民族干部群众的视野、增强适应社会发展和参与市场竞争的能力，都有着十分重要的战略意义。为了实施好新疆双语教育这件事关各族人民群众切身利益的“得民心工程”，自治区党委和人民政府坚持职前教育与职后教育、学前教育与义务教育一起抓，在新疆全面开展双语教育。2006 年 9 月，南北疆 7 地州学前双语教育已从中学下移到小学和学前教育阶段，由城市延伸到乡镇和牧区学校，许多地方的双语教育授课已从过去的数理化三科使用汉语教学发展到除母语课以外，其他学科全部实现了使用汉语教学。2007 年，新疆又制定下发了《关于加强少数民族聚居地区乡镇干部“双语”学习培训工作的意见》，要求对乡镇党政主要领导进行双语水平测试，为了便于工作自治区党委和人民政府决定在少数民族聚居地区和牧区，优先考虑懂双语的干部进乡镇领导班子，伊犁师范学院中国语言学院就曾于 2004 ~ 2008 年连续四年开办了伊犁地区乡镇领导干部新疆少数民族语言培训班，并收到了良好的社会效果。自治区党委

① 张卫国：“再论‘双语学’”，载《新疆大学学报》2007 年第 2 期，第 155 页。

和人民政府还着眼长远，要求村党支部配合教育部门抓好农村学前儿童的双语教育，从自治区留用党费中拿出100万元扶持100个村党支部开办双语幼儿园。同时，号召自治区、地州市和县市区每个包村部门和单位至少要拿出1万元，帮助村党支部办好双语幼儿园。[①] 目前，新疆少数民族牧区双语教育教学多元发展的格局已经形成，大批“民汉兼通”人才在全疆各地的各种工作岗位上发挥着重要作用。实践充分证明：把加强新疆少数民族牧区双语教育作为“稳疆兴疆、富民固边”的重要战略举措之一来抓，是完全符合新疆多元民族文化、多元语言文化区情的有效教育模式，对提高新疆牧区少数民族教育质量，开发新疆牧区少数民族儿童的智力，促进新疆牧区民族教育事业的健康、快速发展发挥了积极的作用。今后，我们仍须坚定不移地执行好“民汉兼通、民汉或民民合校、汉语为主、民语为辅、兼顾外语、突出素质、重在质量和坚持政治合格”的基本政策，继续帮助新疆牧区少数民族教育在使用母语授课的同时，坚持教授汉语言文字，并逐步做到民汉采用同一教育教学标准进行评价，缩短新疆牧区少数民族与汉族教育发展水平的差距。

（二）借国家的东风大力推进新疆少数民族牧区双语教育

从1980年起，国家统一安排内地20多所高校招收新疆少数民族插班生、开办新疆少数民族学生班，招收代培研究生，派骨干教师来疆讲学。从1988年起，新疆与内地百余所高校协作培养新疆少数民族学生，到2003年，内地高校已经累计招收新疆少数民族本、专科生1.7万人，培养出民汉兼通毕业生近1万人。从2000年起，国家在北京、上海、天津、南京等12个发达城市所属的省级重点高中举办了新疆高中班，每年招收1540名新疆少数民族学生，政府向这些在校学生提供财政补贴。[②]同时，国家启动教师对口支援项目，新疆已经吸引3批共503名山东教师、两批共100名北京教师援疆支教。2002

---

① 王乐泉：“为建设更加繁荣富裕和谐的新疆而努力奋斗”，载《今日新疆》2006年第11期，第2页。

② “新疆的历史与发展（白皮书）”，载《人民日报》2003年5月27日第6~7版。

年，国务院颁布了《关于深化改革加快发展民族教育的决定》，要求大力推进民族中小学双语教育……部署民族中小学双语教育工作。在民族中小学逐步形成少数民族语和汉语教学的课程体系……要把新疆双语教育教材建设列入当地教育发展规划，予以重点保障……要积极创造条件，在使用民族语授课的民族中小学逐步从小学一年级开设汉语课程。[①] 2003 年 9 月，国家投入 7600 万元实施《支援新疆汉语教师方案》。2006 年，在国家和内地省区的进一步大力支持下，内地发达地区举办新疆高中班城市增加到了 26 个，学校增加到 45 所，年招生规模增加到 4000 人，2007 年已达到 5000 人，90% 以上招收少数民族学生。在今后 5 年内，国家和新疆还将投资 2 亿多元，用于双语教师培训，将培训双语教师骨干约 13500 人。[②]为了让新疆少数民族儿童接受更好的教育，中国政府斥资 38 亿元专项支持新疆农村地区的学前“双语”教育。为促进教育资源共享，双语现代远程教育建设计划得到推进，过去三年国家共投入 5.78 亿元，完成了乡镇中心学校 854 个计算机教室和 4.07 万个“班班通”项目。到 2012 年年底，新疆学前和中小学接受双语教育和民考汉学生已达 167.86 万人，占少数民族在校生的 66.61%。自 2008 年国家启动“新疆少数民族双语幼儿园建设工程”以来，双语幼儿园成了新疆教育发展进程中不断绽放的花朵，开遍了天山南北。该工程国家和新疆投资 50 多亿元，为新疆建设 2237 所双语幼儿园，目前已全部完工。随着一座座双语幼儿园的建成，双语教师培养被摆到重要位置。2003 年 9 月，新疆启动《国家支援新疆汉语教师工作方案》和《新疆中小学少数民族双语教师培训工程》，国家方案借助内地高校资源为新疆培养 6000 名少数民族汉语教师。2007 年新疆启动两年制少数民族双语教师培训工作，首期培训教师 1100 名。还同步实施南疆四地州农牧区中小学双语教师特培训计划。在“新疆少数民族双语幼儿园建设工程”启动后，新疆用 4 年

---

① “国务院关于深化改革加快发展民族教育的决定”，载《人民日报》2002 年 8 月 20 日第 2 版。

② 张晓艳、顾艳：“‘双语’教学：培养‘民汉兼通’人才”，载《新疆日报》2007 年 9 月 7 日。

时间免费、定向培养了8153名学前双语教师。在“新疆教育人才素质能力提升工程”计划到2020年新疆再培养16.55万名双语教师。国家培训、新疆培训、地州县市培训形成了三级教师培训网络，此外校内培训也渐成规模，在教育援疆的大力支持下，越来越多的教师有机会去对口援疆省市学校挂职学习，回校后成为骨干力量。

自2004年已来，国家和新疆累计投入近百亿实施双语教育。国家之所以如此重视新疆的双语教育工作，投入的财力、物力是前所未有的，其重要原因就是国家已经充分认识到了新疆双语教育的战略意义。

五、汲取经验教训，有效发展新疆少数民族牧区双语教育

在国家和新疆大力发展新疆双语教育的同时，我们首先要客观地认识新疆少数民族牧区双语教育的作用和效果，既要看到新疆少数民族牧区双语教育在为新疆各个民族参与国家共同的文化、经济和政治生活提供共同的交流工具、增强牧区少数民族对国家和中华文化的认同感的重要作用，也要警惕过度夸大新疆少数民族牧区双语教育效果的倾向，防止对新疆少数民族牧区双语教育的效果形成片面的认识。因为，国际上也出现过有些国家即便是其中某个少数民族完全掌握了该国的主体语言，也未能消除其中少数或极少数极端分子的分离倾向，特别是在有外部势力蛊惑、煽动和支持的情况下。这就提示我们，一定要博采众长，广泛汲取国外的先进经验，并结合新疆的实际探究最具实效的新疆少数民族牧区双语教育方法和模式。另外，还要汲取历史教训。在清代，左宗棠率军在收复新疆后，左宗棠的部将刘锦棠意识到，汉族和少数民族之间语言不通对于维护国家统一和民族团结的诸多不利，就曾在南疆部分地区对一些少数民族青少年实施过汉语教育，其内容主要是阅读儒家经典。但是这种不考虑新疆民族文化的特点、不尊重少数民族的意愿的做法从一开始就遭到部分少数民族群众的强烈抵制，最后被迫停止。因此，我们应当汲取国内外历史的教训，实施科学、有效的双语教育，把新疆少数民族牧区双语教育与各级、各类职业技能教育相结合，提高受教育对象的知识水平、提

高其生产技能和生活水平，使受教育者从中受惠，保证新疆少数民族牧区双语教育的可持续发展。因为在我国，最新的科技、文化等各种成果主要是以汉语为载体，在把他们翻译成少数民族语言的工作之外，用汉语对少数民族学生进行教学，传播这些知识，显然更有利于他们掌握这些知识。新疆少数民族牧区双语教育的目的是通过汉语与少数民族母语两种语言的教育，一方面提高少数民族整体的汉语水平，有助于增强少数民族群众对国家的认同感、对现代科技和先进文化的接受和认可程度，对于提高少数民族整体的发展水平具有重大意义；另一方面有效地保护和传承少数民族的语言和文化，有利于保护和传承少数民族的文化、传统和思维方式。在实施新疆少数民族牧区双语教育的过程中，正确处理少数民族的母语和汉语的关系，是确保新疆少数民族牧区双语教育可持续性发展的前提之一。

发展新疆少数民族牧区双语教育是功在当代、利在千秋的伟大事业，我们应当有愚公移山的精神，要有一代人、两代人甚至几代人不懈努力的决心，在一代人、两代人甚至几代人身上下功夫，从娃娃抓起，把它作为一项长期战略来实施。无论是软件超级大国印度双语教育的启示，还是亚洲四小龙双语教育的成效，都说明在双语教育过程中，语言习得和掌握专业的同时，对他们养成尊重、包容，消除狭隘思想等品质和加强多元文化意识具有重要的作用，对认知、思维和情感的发展亦具有不可估量的价值。[①]也更加说明了在新疆培养精通国际化复合型的双语人才对新疆的经济繁荣、民族团结以及稳疆固边都有着至关重要的作用。

第三节 新疆少数民族牧区双语教育的特殊任务和功能

近年来，随着国家对新疆牧区教育的大量资金投入和对其他兄弟

---

① 程耀忠、刘春明："论教育国际化进程中双语教育的战略意义"，载《世界教育信息》2012 年第 6 期（上），第 54～55 页。

省市的无私援助，以及新疆从 2003 年 8 月开始实施“两免一补”的政策，新疆 56 个贫困县和牧区的 200 多万名贫困小学、初中生和部分城镇贫困学生因实行“两免一补”即免除课本费和杂费、补助贫困寄宿生在校期间生活费的方式，受到免费义务教育以后，新疆牧区教育在基础设施和规模发展上已支撑起新疆牧区教育大厦。可以说新疆牧区教育发生了翻天覆地的变化。然而，新疆牧区的特殊性和地域性决定了新疆牧区教育区别于其他地区教育的特点，牧民们是“日出而作，日落而息”的工作方式，孩子们在他们父辈为了寻找新鲜水草而四季逐水草而居的传统理念的影响下，大多数孩子都形成了“自由、散漫”的生活习性，他们大多一时半会接受不了遵规守矩的管理模式，个别牧区的孩子由于父母在牧区放牧自己也不能按时到校上课。为了牧区孩子们在思想道德、学习方法、社会做人等方面都有相应的改进和提升，完成自我、自主、自律、自信的成长过程，最终实现学生的全面发展，培养出社会所需的合格人才，这也就决定了新疆少数民族牧区双语教育的特殊任务和功能。

一、新疆少数民族牧区双语教育的特殊任务

由于新疆独特的地理位置和自然环境，它既是许多民族繁衍生息、民族迁徙的大舞台，也是一个文化交流的大舞台。世界古老的四大文明——中华文明、希腊文明、印度文明、阿拉伯文明在这里交汇。从中国文化发展来说，中原汉文化、中国北方少数民族游牧文化和中国南方文化在此交融；从新疆自身文化特质来看，沙漠绿洲农耕文化、沙漠草原游牧文化和屯垦文化之间相互作用，彼此影响，形成了新疆的一种动态开放的人文环境，也同样促进了多文化的交流与发展。[①] 因此，新疆是一个典型的多元文化地区。在这样一种多元文化的社会背景下，学生会面临比“一元文化”地区的学生更多的价值选择，遭遇更多的道德困惑，经历更多的道德冲突，那种传统的以培养

---

① 闫炜炜：“新疆文化多元一体化发展探析”，载《实事求是》2010 年第 5 期，第 111 页。

"顺从的人""听话的人"为目标的学校教育也自然会受到严重的冲击和挑战。显然，这给新疆牧区学校教育提出了新的任务。

首先，新疆少数民族牧区双语教育的首要任务是培养牧区学生核心的价值观。20世纪80年代美国掀起了新品格教育运动。该教育运动提出了：能被各种文化所接受的具有共同性和普遍性的核心价值。这些价值包括：同情、公正、诚实、善良、忠诚、坚毅、勇敢、礼貌、尊重、负责等。在同一时期，日本也着力加强了学生的教育，日本的教育是通过各种活动培养学生团结、谦逊、诚实、礼貌、智慧、同情、善良、正直、合作等品格。①在我国，叶澜教授也提出了四个核心价值观，它们是"诚实、守信、责任心、爱国和自我完善"。②朱小蔓教授认为：道德范畴的核心概念有两个，一个是尊重，主要是指尊重生命；另一个是公正，主要是为了追求一个好的社会秩序。③ 新疆少数民族牧区双语教育要根据牧区多元文化社会特殊性，通过学校和教师的行为在新疆牧区学校确立核心价值，即"爱国、守法、尊重、团结、诚实、守信、勤奋、善良、正直、合作"等。牧区学校在确定了核心价值之后，学校要通过双语教育并结合新疆历史向学生宣传核心价值，要紧紧围绕核心价值教育学生的国家安全观、民族观和国家认同的社会主义科学发展观。培养学生的多元文化意识，使学生正确认识和理解包括本民族文化在内的世界文化，审慎处理新疆多元文化之间的关系，用锐利的眼光审视各类文化信息，要引导学生努力弘扬优秀的民族传统文化，增强学生对民族传统文化的认同。要增强学生对异质文化的尊重，对待任何一种文化都不能简单地用"先进"和"落后"进行评判，文化没有先进与落后之分，文化的发展不应"排斥"。要承认不同文化之间的差异，尊重并维护文化差异的存在。要不断地吸收先进的科学文化知识，以开放的心态接纳它，摒弃狭隘的、落后的思想。另外，教师在教授核心价值时，要以身作则，要考

---

① 苏寄宛："日本道德教育研究"，载《首都师范大学学报》1995年第1期。

② 叶澜："试析中国当代道德教育内容的基础性构成"，载《教育研究》2001年第9期。

③ 朱小菱、其东："关于学校道德教育的思考"，载《中国教育学刊》2004年第10期。

虑学生不同的文化背景，采取不同的方式对不同学生进行教育。总之，新疆少数民族牧区双语教育应该通过对学生核心价值的教育，使这些核心价值成为内化于受教育者内心的价值观，成为根植于受教育者血液中的个性品质。①

其次，新疆少数民族牧区双语教育有培养构建未来和谐社会人才的任务。新疆牧区实施双语教育是少数民族牧区实现语言和谐最有效的途径，双语教育作为少数民族牧区各民族劳动力的储存器，她可以满足新疆少数民族牧区对劳动力的需要，进而促进新疆少数民族牧区社会经济的发展。同时，还可以减轻劳动力过剩给新疆少数民族牧区经济发展带来的压力，从而调节劳动力与新疆少数民族牧区经济发展之间的供求矛盾。双语教育为新疆少数民族牧区提供了一个平等竞争的平台、一个共同发展进步的平台。新疆少数民族牧区双语教育的成功与否，直接影响到新疆少数民族牧区社会经济发展的程度，因此，双语教育程度的高低，是形成和谐的社会关系的必要前提，是实现社会和谐的有力保障。在新疆牧区进行双语教育的过程中，要教育学生养成讲民主、守法律的良好习惯，这是培养构建未来和谐社会人才的主要要求。要做到学校和谐教育就必须要求牧区学校在日常的教学工作中要充分尊重学生的感情，尊重并保护学生的自尊心，对学生的批评或处罚教育，一定要尊重客观事实，决不能使学生的自尊心轻易受到无辜的伤害。在和谐教育过程中，教师的作用是相当重要的。教师在教育实践中要有意识地引导学生建立平等民主的交往关系，使同学们在交往中都能够互相尊重，平等对待对方。同时教师还要强化法治教育，法治教育的主要目的就是避免学生走极端民主化的歧途，就是在学校建立有条不紊的教学秩序，通过课内外讲解和宣传国家的法律法规，加强学生遵纪守法的自觉性。牧区学校要加强对学生进行诚信教育，让学生从小就树立起做人要诚实、讲信用的理念。而教师更要为学生树立榜样，用“爱岗敬业、为人师表、关爱学生、廉洁从教、

① 唐汉卫、吕田田：“多元文化环境中学校道德教育的任务与使命”，载《思想理论教育》2008 年第 10 期，第 55 ~ 57 页。

甘于奉献”等的良好师德师风来影响和教育学生。用中华民族文化的精髓“仁者爱人”的古训引导和激励学生参加社会公益活动，大力弘扬助人为乐的精神，使牧区的学生成为充满爱心的人。在现实生活中，教育的确存在城乡之间、区域之间、学校之间、社会阶层之间的不公平，而这种不公平的现实情况一时半会是很难消除的。但是，在学校里我们应该努力消除这种不公平，教师对待每个学生都要一视同仁，从小就树立他们公平公正的思想。教师在对待贫富的学生、成绩好与差等学生时，一定要公平公正。

最后，新疆少数民族牧区双语教育的任务是要培养学生的道德判断能力。王则楚认为教育的任务、要为青少年打好身心健康的基础、终身学习的基础和走向社会的基础，使他们长身体、增知识、培养良好的心理素质，学会做一个好公民。培养学生的道德判断能力就是为了让学生能够明辨是非，能够道德理智地生活。所以，新疆牧区学校的道德教育一定要给学生展现现实生活中面临的道德冲突和道德困惑，增强他们的道德判断能力，使学生能够明辨是非。哈佛大学教育学院院长帕待茜·格雷厄姆，在她去世的那一年，她在代达罗斯杂志上发表文章，指出：我们学校的任务应该是培养和提高青年的才智和个性。”[①]那么什么是个性呢？韦伯斯特给它下了这样一个定义：“精神、特性、独立、道德品质的力量。”笔者认为还能再概括得更多一些。就是在新疆牧区实施双语教育过程中必须教学生富有思想、珍惜生命、忠诚善良、勤劳勇敢、勤奋正直、严于律己、遵守法律和明辨是非标准的能力。学校以及教师要通过各种各样的教育形成学生的正义感，使学生在面对错误或邪恶宗教极端主义时，能够自觉地展开批评和斗争，有自己鲜明的立场，敢于伸张正义，勇敢地与“东突”恐怖分裂分子做斗争。从而达到稳疆戍边、维护祖国统一和国家安全的目的。

---

① ［美］威廉·杰·贝内特：“学校教育的任务及内容”，载《教育评论》1989年第1期，第67页。

二、新疆少数民族牧区双语教育的特殊功能

在新疆，牧区双语教育是以汉语或少数民族语言作为教学媒介的教育系统，它既是新疆民族教育重要的组成部分，也是新疆民族教育的一个核心内容。这也决定了新疆双语教育或新疆少数民族牧区双语教育除具有教育的政治功能、经济功能、教育功能和文化功能之外，还具备特殊的功能，即培养国家意识和国家文化安全意识的功能。对新疆少数民族牧区双语教育培养国家意识和国家文化安全意识的功能进行探索，将有助于我们更深刻地认识其价值，使之更好地发挥作用。

（一）新疆少数民族牧区双语教育培养国家意识的功能

国家意识主要包括国家主权意识和国家利益意识，其中国家利益意识是国家意识的核心，也是国家意识的重要载体。

1. 双语教育对国家意识的培养有着重要的作用。

双语教育能加强各民族之间的相互沟通和相互理解，双语教育是促进各民族和平共处的最佳途径。综观东西方凡是主张双语教育的国家都希望通过实施双语教育来帮助实现对本国各民族间的“平等、团结、民主、自由”的政治思想，促进共同国家意识的形成，从而维护民族统一，推动祖国繁荣发展。美国的盎格鲁—撒克逊白人新教文化长期以来占据着美国经济、政治、社会和文化的主导地位，其道德规范、价值观念和文化传统自然成为美国的主流文化。在美国这种强大的主流文化阵地里，无论何种肤色的孩子，在学校里从小受到的教育熏陶就是“我为是一个美国人而自豪”。学校里使用的语言是英语，向学生灌输的是盎格鲁—撒克逊文化的价值观念，教学内容是白人中心主义的观点，少数民族和族裔文化无法融入主流社会。但在人们的内心深处，多元文化教育占据着一定的位置。① 事实上，在美国社会中，由于多元文化之间的长期交往、渗透和融合，已经存在着一种各

① 高华：“美国与加拿大多元文化教育的功能透视与未来展望”，载《哈尔滨工业大学学报》2005年第1期，第122~123页。

民族都能认同的“普遍美国文化”，亚文化和普遍文化是相互渗透的关系，也是亚文化之间相互渗透与融合的关系，美国社会成为一个普遍文化与各种亚文化并存的社会。[①]在我国，双语政策一直是语言政策中最基本的国策，《宪法》规定了“各民族都有使用和发展自己的语言文字的自由”。早在20世纪80年代，我国就确立了双语政策。1984年5月31日在全国人民代表大会第六届二次会议上通过的《中华人民共和国民族区域自治法》规定：“民族自治地方的自治机关教育和鼓励各民族的干部互相学习语言文字。汉族干部要学习当地的少数民族语言文字，少数民族干部在学习、使用本民族语言文字的同时，也要学习全国通用的普通话和汉字。”这部法律成了我国语言规划工作者制定双语政策的主要依据。同时《宪法》明确了少数民族的语言文字与汉语文同等的地位。

在确立了双语政策的法律规定之后，借鉴西方国家的教育理念，我们应该明确，新疆少数民族牧区双语教育首先必须培养学生的国家意识。就是使新疆各民族学生首先承认自己是中国人，使各民族学生从内心深处为自己是一个中国人而感到自豪，对国家从内心深处产生认同感，只有这样才可能热爱它、维护它、赞美它并终生执着地追求它、建设它。试想如果一个人对自己的祖国都缺少认知、没有认同感，那他又怎么可能有爱国之心？谈何报国之举呢？可以说没有国家意识，就没有爱国主义。反之，没有爱国主义对国家就不认同，对国家不认同就会从事分裂国家的行径。邓小平说：“我是中国人民的儿子，我深情地爱着我的国家和人民。”张春贤书记在新疆维吾尔自治区党委七届九次全委（扩大）会议上讲话即将结束的时候，向在座的新疆各族干部真实地表达了出来。他这样说：“我现在深深地热爱新疆这块宝地，我真诚地希望做新疆各族人民的‘儿子娃娃’！”这些深情的话语表明了他们爱国、爱疆的情怀。只有培养了对中华民族的强烈认同感，各民族学生才能有强烈的爱国思想，有了爱国思想才能增

① Jones A. Banks Multiethnic Education Theory and Practice. Boston Allyn and Bacon 1998. 75.

强国家主权意识，有了国家主权意识也就有了国家意识。有了炽热的国家意识，无论是面对霸权主义和强权主义，还是“东突”恐怖分裂主义分子如何嚣张，都会同仇敌忾，为维护国家的安全、利益、尊严和荣誉而战斗。

2. 双语教育有利于培养国家利益意识。

国家利益应该包括国家的政治利益、经济利益、安全利益和文化利益。其中政治利益和经济利益是根本的，安全利益和文化利益是为保证政治利益和经济利益实现而服务的。[①] 从文化安全利益的角度来看，国家在任何时候都没有放松对外来侵略和疆独分子分裂颠覆新疆的警惕。国家也需要不断扩大影响，用文化影响力巩固祖国的统一和经济的发展，创造良好的国际环境和新疆安定团结的政治局面。

在新疆多民族牧区，双语教育的内容是汉语教育和少数民族语言教育，也就是说新疆少数民族牧区双语教育不会忽视原有的母语、母文化教育。新疆少数民族牧区双语教育是一种培养民汉兼通的双语双文化人的教育。一是使牧区少数民族学生学好汉语汉文化，以便使他们今后易融入主流文化与社会；二是使牧区少数民族学生仍能具有较高程度的母语、母文化能力，起到保护文化多样性的需求。新疆少数民族牧区双语教育最重要的是可以提高牧区少数民族教育教学的质量，通过双语教育的实施，使母语、汉语以及各个学科的知识都达到一定水平，从而促进学生个体发展与民族发展。新疆少数民族牧区双语教育培养出的双语双文化人既是热爱“已文化”，又是对“异文化”持尊重、包容的态度，是适应新疆多元语言文化的人，是符合新疆现代教育培养的目标。新疆双语双文化人有利于民族团结、社会稳定、文化安全和新疆的经济发展，有利于边防稳固。新疆双语双文化人在新疆多民族牧区为维系各个民族之间人民的联系，为多民族牧区全面建设小康社会，将发挥其桥梁与纽带的作用。所以，从这个意义上说，目前在新疆牧区实行的双语教育策略既体现了国家利益，也体

---

① 刘彦：“论双语教育的国家意识培养功能”，载《黑龙江史志》2010年第23期，第163页。

现了新疆牧区各民族人民的共同利益。

（二）新疆少数民族牧区双语教育培养国家文化安全意识的功能

在当前全球化发展态势下，国家安全意识显得尤为重要。尤其是在反分裂前沿的新疆，文化安全是影响新疆社会稳定的一个重要因素，多元语言文化的整合与交融是维护新疆社会稳定的关键。我们要立足于新疆稳定发展的大局，针对新疆牧区少数民族双语教育的特殊性，制定出有针对性的策略，使新疆少数民族牧区双语教育能更好地发挥增强民族团结、维护新疆社会稳定和文化安全的特殊功能。

国家安全意识就是国家统一意识和国防意识，中华民族最强大的精神传统就是国家统一的观念，为国家安全尽忠是中国传统国家意识中的主要内容。国家安全最终还是依靠各种人才，人才又有赖于教育去培养。卢梭说："植物由于栽培而成长，人由于教育而成为人。"又说："我们生而软弱，因而需要力量；生而无能，因而需要他人帮助；生而无知，因而需要理性。所有我们生而缺乏的东西，所有我们赖以成为人的东西，都是教育的赐予。"卢梭的这些话强调了教育的功能，为人的社会化作了具体、生动的揭示。在全球化的背景下，双语教育正是培养国际化、专业化、复合型双语人才的有效教育活动，因而具有无可替代的功能与价值。新疆少数民族双语教育是发展民族经济、巩固民族团结、防止"双泛"思潮在新疆对青少年学生渗透的重要基础。新疆少数民族牧区的社会稳定，不仅关系到各少数民族牧区社会经济的顺利发展，还关系到国家安全、稳定和发展的大局。所以，从教育的角度来看待国家安全事业就显得非常必要。因为新疆牧区少数民族双语教育能够大力提高少数民族教育水准，能够培养少数民族奋发向上的进取精神，能够改变少数民族落后、狭隘的民族观念，能够培养少数民族对国家的认同感。新疆牧区少数民族双语教育可以加强学生对新疆历史教育和爱国主义教育，可以帮助少数民族学生牢固树立民族自信心和自豪感，正确理解中华民族多元一体的文化格局，增强中华文化与中华民族的凝聚力。在中华文化共同体中铸就民族文化统摄力、感召力和渗透力，并利用这种力量促进新疆牧区各少数民族青少年紧密团结起来，自觉维护中华民族文化共同体的利益，构筑起抵御新疆民族分裂势力的文化屏障。从而提高国家安全意识，确保国家安全。

总之，我们要充分认识到新疆少数民族牧区双语教育的特殊任务和功能，双语教育不仅是培养学生的问题，是一个民族发展的问题，更是一个社会稳定的问题。双语教育能够使各民族之间相互了解，各民族之间相互学习，使各民族的文化相互融合，从而展现出新疆少数民族牧区双语教育国家意识的培养功能。双语现象是社会文明提高的标志，可以促进新疆牧区少数民族科学文化的发展，实现教育的公平。双语教育更是一个民族繁荣的表现，双语教育必将有力地促进社会、民族和个人的发展和进步。因此，新疆少数民族牧区双语教育在培养学生的国家主权意识、国家利益意识和国家安全意识方面具有不可替代的重要作用。

第四节　新疆少数民族牧区双语教育对国家文化安全的作用

新疆文化安全是影响新疆社会稳定和长治久安的一个重要因素。发展新疆的双语教育尤其是少数民族牧区双语教育是维护新疆社会文化安全的重要举措，是发展新疆民族教育事业的一项战略措施。发展新疆少数民族牧区双语教育可以培养大批“德才兼备”的优秀人才，可以继承和发扬中华文化和民族优秀的文化，可以促使各民族文化的广泛的交流交融，促进各民族之间的相互理解与认同。

第一，新疆具有独特的地理环境和自然生态，历史上新疆各民族的迁徙与融合，多种宗教信仰的并存与发展；世界古老的四大文明——中华文明、希腊文明、印度文明、阿拉伯文明在新疆交汇；世界三大宗教——佛教、基督教、伊斯兰教在新疆聚首；从中国文化发展来说，中原汉文化、中国北方少数民族游牧文化和中国南方文化在新疆交融，加之新疆各民族“大杂居、小聚居”的分布特点，形成了今天新疆多种语言文化、风俗习惯、人文景观、宗教文化心理和思想意识等并存的多元语言文化生态景观，也决定了各民族语言必然会互相影响和互相交融。在新疆牧区经济落后，牧民们整体文化素质偏低，辨别是非的能力较弱。在这样一种独特环境下的新疆，要实现国家的统一、社会的稳定、文化的和谐，就必须大力发展双语教育。通过发展新疆少数民族牧区双语教育，使牧区少数民族人民接触到大量的中国优秀文学作品；通过双语教师传授的中华历史文化知识，加快学生对中华民族五千年优秀的历史文化、国家通用语言文字的了解。在中华民族优秀历史文化精髓的熏陶下，增强牧区少数民族人民对伟大祖国、对中华民族、对历史悠久灿烂的中华文化、对中国特色社会主义道路的认同感，从而树立牧区少数民族人民对祖国的自豪感。牧区少数民族人民只有树立了强烈的自信心和自豪感，才会不断增强学习双语的心理接受能力及自觉性与紧迫感。[①] 新疆牧区少数民族人民只有通过学习汉语，接触汉文化，才能进行广泛的文化交流交融。只有做到了文化的交流交融，才能促进各民族之间的相互理解与认同，才能构建和谐新疆，最终确保祖国的统一和新疆的长治久安。

第二，近年来，尤其是中央新疆工作会议以来，新疆经济取得了飞速发展，新疆各族人民正在为建设美丽新疆而在努力奋斗。但由于受到自然条件、人才缺失、基础薄弱等众多因素的限制，地区发展的差距也呈现出日益扩大的趋势。如果区域经济发展失衡、地区间不协调，差距越来越大，人们的收入明显拉开，就必然会影响到新疆的社会稳定、民族团结乃至国家的安全。新疆牧区主要是以少数民族为主体的聚居区，由于长期以来新疆牧区教育落后而导致了人口素质相对较低，牧区富余劳动力因缺乏文化知识、缺乏技能而终日无所事事。目前，新疆总体的高中入学率就不高，而在偏远的少数民族聚集的边远牧区，尤其是南疆的和田地区，少数民族学生能上高中的就非常少

① 艾合买提·艾买提、顾华详：“新疆双语教育跨越式发展的问题与对策研究”，载《民族教育研究》2011年第6期。

了。所以，在大力投入建设新疆牧区双语寄宿制学校的同时，要加快发展新疆少数民族牧区的双语教育。这是维护新疆的社会稳定、民族团结乃至国家的安全的关键所在。

第三，发展新疆少数民族牧区双语教育有利于继承和发扬各民族优秀的传统文化。各民族优秀的传统文化都是人类劳动生活和社会生活的结晶，是人类聪明智慧的产物。语言是文化的载体，只有通过语言的学习，才能融合文化。无论是物质文明还是精神文明，一旦离开了教育，这些文明便无法继承和发扬。只有当教育作用于人这一载体时，文化才能成为社会生产和生活的内容和手段。教育以活化的形式来保存和传递文化，而文化只有依赖于教育才能在现实中显示出它的生命力和价值。[①] 因此，新疆积极开展少数民族牧区双语教育正是为各民族优秀的传统文化进行广泛交流和融合提供了一个非常好的场所，使各民族学生在学习语言的同时，更加广泛地接触和了解各民族的宗教信仰、民族心理、婚丧嫁娶、礼仪习俗等传统文化，在学校教育和老师的指导下，学会求同存异、取长补短的道理，学会尊重其他民族的宗教信仰、生活习俗和心理特征。积极汲取其他民族的文化精华、优良传统和工作作风，摈弃和改进本民族粗俗的陋习。这样才能达到文化和谐、社会和谐，才能使中华民族文化更加光辉灿烂，最终达到国家的文化安全和新疆的社会稳定。

第四，发展新疆少数民族牧区双语教育有利于维护祖国统一和加强民族团结。由于受到历史条件、自然环境、人才缺失、基础薄弱等众多因素的限制，新疆牧区的经济落后，牧民们整体文化素质普遍偏低。又由于语言不通，各民族之间缺乏交流，出现了民族间的隔阂。综观当前的国际国内形势，恐怖主义威胁和宗教极端势力正日益上升，西方霸权主义和强权政治等敌对势力打着“自由”、“民主”、“人权”的旗号，以民族、宗教等问题为借口，加快对我国实施“西化”和“分化”。在“伊吉拉特”全球化活动的影响下，近年来，

---

① 朱俊杰、杨吕江等:《民族教育与民族文化发展研究》，湖南教育出版社 2006 年版，第 39～40 页。

"伊吉拉特"极端思想传入新疆后，活动持续猖獗，成为"三股势力"借以利用的工具，目前参与人数不断增多，特别是宗教极端势力将"伊吉拉特"和"圣战"进行捆绑，不断对"伊吉拉特"作出歪曲和极端化解释，不仅蛊惑穆斯林群众迁徙到境外进行"圣战"，而且煽动"伊吉拉特"参与人员遇阻就地"圣战"，成为暴力恐怖犯罪的重要诱因。"三股势力"借从事"伊吉拉特"之名，挑拨民族关系，煽动民族仇恨，破坏民族团结，或是以"异教徒""宗教叛徒"等为由，随意殴打、追逐、拦截、辱骂他人，蛊惑人心，严重扰乱了社会秩序，妄图达到破坏团结、制造动乱、分裂祖国的险恶目的。"伊吉拉特"就像突变的病毒一样，严重腐蚀了新疆一些不明真相的穆斯林群众的思想，成为"三股势力"实施分裂破坏活动的动员思想和阴毒策略，其现实危害日渐加速，对我国家安全和新疆社会稳定构成了严重的威胁。

在新疆少数民族牧区的初中毕业生，如果无法升学而流失到社会上，极容易受到"伊吉拉特"极端思想的蛊惑，被"三股势力"引入歧途。因此，新疆少数民族牧区要大力发展教育事业尤其是双语教育事业，加快提高牧区少数民族人民的文化素质，通过教育使其明辨是非，认清"伊吉拉特"的本质及其危害，认清"三股势力"妄图达到破坏民族团结、制造动乱、分裂祖国的险恶目的和险恶嘴脸。在新疆偏远牧区学生的心灵深处构筑起反"伊吉拉特"极端思想、反"三股势力"渗透的思想防线，进而有效抵御和遏制"伊吉拉特"极端思想的传播和"三股势力"的渗透，维护新疆的边疆安全和祖国统一。通过新疆牧区少数民族双语教育培养少数民族学生奋发向上、积极进取的精神，加强民族团结教育，改变少数民族落后、狭隘的民族观念，培养少数民族对中华民族的认同，对伟大祖国的认同感。同时，对于增进中华民族的向心力和凝聚力、促进新疆的长治久安具有特殊重大的战略意义，所以说发展新疆少数民族牧区双语教育关乎国家的文化安全，是治本之策。

第四章　新疆少数民族牧区双语教育现状与国际经验的借鉴

第一节　新疆少数民族牧区双语教育历史回顾

新疆地处祖国的西北边陲，是典型的少数民族聚居地区。新疆是我国的五大牧区之一，也是国家重要的草原牧区之一，新疆历来以草原丰美、畜种优良著称，有优良的畜种和丰富的草场土地资源。新疆是我国重要的农牧业生产基地。到2010年年底，新疆第六次人口普查，新疆总人口达到2181.58万人，其中少数民族人口达到1298.59万人，占总人口的60.7%。新疆牧区人口数量较多，在牧区居住的主要是哈萨克、蒙古、柯尔克孜、塔吉克、维吾尔等少数民族。新疆的山麓地区、盆地分布着大片平原草地，以天山、阿勒泰山和喀喇昆仑山为主的山区则形成了类型多样的山地草地。平原草地占42%，山地草地占58%，为全国有效草地面积的1/4。新疆独特的地理环境形成了面积为8.6亿亩的天然草地，占全国草地总面积的14.6%，仅次于西藏和内蒙古。牧草地面积7.7亿亩，占新疆国土面积的29%。其中，牧草灌溉面积344.89万公顷。牧区经济区域约占全疆总面积的60%，仅次于内蒙古、西藏，居全国第三位。新疆现有14个地、州、市，88个县（市），33个为边境县（市）。其中牧业县有22个，半农半牧县有 15 个，牧业乡有 133 个，半农半牧乡有 38 个，全区国有牧场由 1985 年的 182 个减少到现在的 123 个。新疆现有 10 个国家级贫困县、4 个自治区级贫困县，由于新疆多地气候恶劣，常年易受灾的县就有 27 个。新疆现有牧户 27.21 万户，其中定居、半定居牧户有 18.5 万户，占牧民总户数的 78%，达到定居标准的仅占牧民总户数的 37%，还有近 60 以上的牧民仍然过着逐草而居的游牧生活。新疆现在牧区人口有近 450 万人，其中从事牧业生产的人口有 135.71 多万人，占乡村总人口的 12.6%。总体上看，目前新疆牧业发展趋势良好，牧民收入稳步增长，牧区社会和谐稳定。但当前牧区仍然是新疆最贫困的地区之一，新疆草原生态环境恶化、生产方式过于粗放、公共服务相对落后，尤其是牧民子女受教育和就业难等问题相当突出。

一、新疆少数民族牧区双语教育的发展历程

回顾新疆少数民族牧区 60 多年双语教育的发展历程，新疆初步探索出了一条群众认可、成绩明显、具有新疆特色的双语教育之路。新疆牧区双语教育的发展过程总体上经历了四个重要的阶段：

第一阶段：传统的马背小学、露天上课阶段。1950 年，新中国成立后，新疆维吾尔自治区人民政府在《关于目前新疆教育改革的指示》中规定：新疆所有中小学均加授外族语选修课，新疆少数民族班选修国文或俄文，汉族班选修俄文或维文。这一教育改革举措彻底改变了新疆双语教育面貌，把双语教育纳入了新疆基础教育体系，也奠定了新疆双语教育基础教育模式。但由于条件的限制，当时的双语教育仅限于个别大中城市里，偏远的农牧区的双语教育开展得就很不理想。在牧区，牧民逐草而居，学校就随牧民而移。因为学生上学路途较远，每天大都骑马或骑牛走一二十里的路到马背学校上学。有些马背小学的教学则以巡回为主，巡回教学时间根据牧民居住情况而定，春、秋、冬三季都在不停地巡回教学。以学生聚居为主，老师巡回学生面授，无固定校舍，只有在露天、崖壁或者帐篷等地上课。由于学生过于分散，难以集中，通常每次授课课时只有 3～4 小时，每年实

际上课不到5个月，大部分马背小学从一年级到五年级也只有一个老师授课。现代诗人李幼容在《马背小学》诗中写道：

高大魁梧的伊犁马呀，
马背是哈萨克孩子的学校。
我在马背上出生，
冬不拉弹起生日的歌谣……
清晨，朝霞在马背上升起，
夜晚，星星在马背上闪耀，
马背是我温暖的家呀，童年的梦是那么美好。
我幻想马背插上金翅膀，驮着如花的草原飞飘。
牛羊像星星在身边闪光，牧草像绿云在脚下翻波浪。
……

李幼容的诗让人觉得“马背小学”很浪漫，骑着马儿奔驰在草原上，令人多么的神往。然而，事实并非如此，马毕竟不像车那样好管理，小小年纪又要学习又要管马，是影响学习的。稍不注意马跑了，还要去寻马，有时一去就是大半天。马背小学的老师也非常辛苦，教师们都是骑着马带上教具巡回在学生相对集中的教学点授课，往往是这个教学点授完课后又要骑上马带上教具赶往另一个教学点授课。马背小学的教学时间和教学质量根本无法保证，学生的入学率和出科率都非常低。即使这样，在新疆牧区的孩子们毕竟有学可上。马背小学在新疆牧区草原上生存了几十年、流动了几十年，过去在新疆阿勒泰牧区，马背小学最多时曾有600多所。由于自然条件、经济条件等因素的限制，加上农牧民居住分散等原因，直到2004年，新疆喀什地区塔什库尔干塔吉克自治县境内仍有60多个“马背小学”、帐篷小学、复式教学点。现在，随着国家加大对西部贫困地区教育扶贫力度，新疆牧区砖混结构的校舍和寄宿制学校已经完全取代了办学条件落后、管理相对薄弱的马背小学。如今，整个新疆牧区再也找不到一所马背小学了，马背小学已经成为历史的记忆了。

虽然新疆牧区“马背小学”“帐篷小学”的条件艰苦，教学设施落后，但是新疆维吾尔自治区党委和政府仍然没有放弃双语教育工作。1956 年召开的新疆维吾尔自治区第二届中等教育会议和 1960 年新疆维吾尔自治区教育厅下发的《关于改进提高民族中学汉语教学工作的通知》都对民族中小学汉语教学提出了明确要求，通知规定了汉语课是民族中学的主要学科之一，各级各类学校都要保证汉语教学的周课时数，不得随意占用汉语教学的课时，同时还具体规定了汉语教学目标。

第二阶段：新疆少数民族牧区双语教育曲折发展阶段。1966 年，“文化大革命”开始，极“左”思潮在学校蔓延，大搞批判资产阶级知识分子统治教育的现象，并进行了所谓的学制改革，把小学改为 5 年制，初中和高中都改为两年制，同时大学也停止了招生。“文革”给新疆的少数民族教育带来了灾难性的后果，新疆的整个教育事业都处于瘫痪状态，在新疆刚刚起步的双语教育教学实验也被迫停止。当时，在新疆牧区不顾教学规律仍然片面推行“马背小学”“流动学校”和“帐篷学校”。在这些学校全年最多只上 4 个月的课，而一年内学生人均授课时数最多也只有 60 个课时，教学时间根本无法保证；教材缺乏严重，个别流动学校的教材是课程结束了才到；这些学校的教学质量很低，牧区学龄儿童入学率、巩固率、毕业率都非常低。例如，新疆阿勒泰地区哈巴河县牧区 1974 年有 522 名儿童入“马背小学”就读，到了 1977 年毕业时只剩下 242 人了；新疆阿勒泰地区福海县的科克阿孕什乡牧区 1977 年入学儿童有 80 人，可到 1982 年毕业时只剩下 27 人。[①] 当时新疆牧区教育搞得好的地方，入学率平均也只有 60%。新疆吉木萨尔县、新源县等 13 个县在 1974 年入学的学生，到 1979 年小学毕业时，剩下的学生不到 30%。牧区儿童平均 8 岁入学，学到 16～17 岁了，还达不到小学毕业的程度，毕业生的合格率通常仅为 20%，有些地区甚至只有 4.6%。难怪一些牧民不无调侃地说：“上了 8 年的学，连小学都毕不了业！”随着社会的发展、生产力的提高，这些学校的教学质量已经不能满足人们对知识的渴求，在这

① 阿达克：“牧区寄宿制学校的地位与管理”，载《中国民族教育》1999 年第 2 期，第 17 页。

些学校就读的学生以及毕业生根本达不到社会的需求。在这一时期，新疆的汉语教学几乎处于停滞状态。但出于新疆的区情和民情考虑，新疆维吾尔自治区教育局于1974年在民、汉小学仍然试办了双语教学，并于当年出版了小学汉语课本和小学维语课本各两册。[①]

第三阶段：新疆牧区寄宿制学校教育阶段。为了进一步办好牧区中小学，提高牧区中小学的教学质量，1976年粉碎“四人帮”之后，新疆各地在总结牧区流动教学的经验教训的基础上，陆续停办了“马背小学”“流动学校”和“帐篷学校”，逐步开始试办符合教育教学规律的牧区寄宿制学校。1977年，在新疆阿勒泰地区吉尔乃县恰勒什海乡办起了新疆维吾尔自治区第一所牧区寄宿制学校，这所牧区寄宿制学校的创立标志着新疆牧区教育翻开了新的篇章。新疆维吾尔自治区在总结阿勒泰地区吉尔乃县恰勒什海乡牧区寄宿制学校教学管理与教学情况后，于1978年正式下发文件，决定在新疆牧区大力发展寄宿制学校。为了进一步总结推广新疆牧区寄宿制学校的办学经验，1980年9月，新疆维吾尔自治区在新疆伊犁哈萨克自治州新源县召开了全疆牧区教育经验交流会。这次会议除了经验交流会外，还研究制定了发展新疆牧区寄宿制教育的相关政策和措施。根据牧区教育的实际情况，提出了以“国家公办为主、全日制为主、寄宿制为主、固定教学点为主”的牧区教育新方针。在新疆维吾尔自治区大力倡导和支持下，截至1980年年底，在全疆就新办了121所牧区寄宿制学校。新疆维吾尔自治区人民政府为了办好寄宿制学校，努力提高新疆牧区教育教学质量，于1981年8月22日发布（1981）255号文件，批转了自治区教育厅《关于加强牧区中小学教育工作的意见》。该《意见》明确规定，今后新疆牧区办学以寄宿制学校和全日制固定学校形式为主，该《意见》还规定寄宿制学校以公办为主，免收牧区学生学杂费，另外在牧区小学就学的学生中，二分之一的学生可享受助学金，标准为每月每生14元，边境地区和人均收入在百元以下的地区

① 李儒忠、曹春梅：“新疆少数民族‘双语’教育千年大事年表（之二）”，载《新疆教育学院学报》2009年第3期，第12页。

实行课本免费供应。[①] 1979～1982 年，新疆维吾尔自治区人民政府拨款 3400 多万元，用于新建和扩建少数民族聚居的边远山区、牧区的民族中小学和牧区寄宿制学校。截至 1984 年，全疆已办起寄宿制中小学 384 所，其中小学 291 所，在校学生 52707 人；中学 93 所，在校学生 16339 人。牧区学龄儿童入学率达到 79.86%。1985 年，中共中央颁布关于教育体制改革的决定，就是这个决定使新疆牧区教育加快了改革开放的步伐，进入了新的发展阶段。到 20 世纪 90 年代末，新疆已办起牧区寄宿制学校 487 所，其中小学 340 所、中学 147 所，在校中小学生达 13 万人，牧区 80% 以上乡、镇、场都建立了寄宿制学校，学生寄宿率已达到 65% 以上，牧区初等教育的入学率、巩固率、毕业率、普及率均有了较大幅度的提高。2000 年，国家开始提出并实施西部大开发战略，中央进一步加大了对新疆教育的支持和关怀。2002 年 7 月 26 日至 27 日，教育部、国家民委召开第五次全国民族教育工作会议，会议进一步明确了民族教育改革发展的方针、任务、政策、措施和今后努力的方向。在第五次全国民族教育工作会议之后，国务院于 2002 年 8 月作出了《关于深化改革加快发展民族教育的决定》，该《决定》指出：努力改善寄宿制中小学办学和生活条件。在"十五"期间至 2010 年，对未普及初等义务教育的国家扶贫开发工作重点县的农牧区中小学生免费提供教科书，推广使用经济适用型教材；采取减免杂费、书本费、寄宿费、生活费等特殊措施确保家庭困难学生就学；中央财政通过综合转移支付对农牧区、山区和边疆地区寄宿制中小学校学生生活费给予一定资助；少数民族和西部地区各级财政也要相应设立寄宿制中小学校学生生活补助专项资金。[②] 新疆积极响应中央的决定，于 2003 年秋季，在中央和自治区投资 2.85 亿元的情况下，在全疆农牧区实施了九年义务教育"两免一补"（免除课本费和杂费、补助贫困寄宿生在校期间生活费）政策，使新疆 56 个

---

① 新疆教育光盘编辑部：《新疆教育（概况、大事记、年鉴）》，新疆电子音像出版社 2004 年版。

② "国务院作出关于深化改革加快发展民族教育的决定"，载《人民日报》2002 年 8 月 20 日。

县 205 万名贫困学生享受到了这个优惠政策。2004 年 4 月，新疆“两基”攻坚规划及“牧区寄宿制学校建设工程”规划布置工作会议召开。会议解决了规划“农村寄宿制学校建设工程”、资金说明和正常运转等问题。2005 年 9 月，新疆维吾尔自治区政府转发了《国务院办公厅转发教育部等部门关于进一步做好农村寄宿制学校建设工程实施工作若干意见的通知》（国发办〔2005〕44 号），进一步总体规划和部署了我区农村寄宿制学校（包括牧区寄宿制学校）的建设工程。截至 2008 年年底，新疆已建成 448 所农牧区寄宿制小学，在校学生有 34654 人；598 所初中寄宿制学校，在校学生有 495759 人；276 所高中寄宿制学校，在校学生有 261589 人。① 2009 年 9 月，国家教育督导团检查组对新疆进行“两基”检查后认为，新疆“两基”人口覆盖率达到了 100%。这是新疆教育发展的结果。事实说明，发展新疆农牧区寄宿制学校是符合新疆牧区教育的客观规律的。目前，新疆牧区寄宿制学校基本上稳定在 450 所左右，占全疆中小学总数的 5%，在牧区寄宿制学校就学的学生近 13 万人，占全疆少数民族中小学生总数的 5%。在新疆牧区各项优惠政策的积极落实下，新疆农牧区寄宿制学校基本上满足了广大牧民子女上学的要求。

随着新疆农牧区寄宿制学校的发展和各项教学设施的不断完善，新疆维吾尔自治区党委和政府同时也在加强和领导新疆双语教育工作。1977 年以后，新疆维吾尔自治区教育厅多次下文，明确规定在全疆范围内大力开展汉语教学工作。1978 年，新疆维吾尔自治区党委和人民政府做出重要决定：民族小学从三年级开设汉语课，到 1995 年，高中毕业生要达到“民汉兼通”。1985 年 9 月，新疆维吾尔自治区教育厅发出《关于调整五年制小学部分课程计划的通知》。通知要求全疆城镇民族小学从 1985 年 9 月新学年起，必须开设汉语课，农牧区民族小学积极创造条件，于 1987 年开设汉语课。自此新疆农牧区民族小学从三年级开始正式开设了汉语课。新疆维吾尔自治区党委和人

---

① 李尽晖：“兴办寄宿制学校推进新疆农牧区教育的跨越式发展”，载《现代中小学管理》2011 年第 7 期，第 64 页。

民政府高瞻远瞩的决定，掀开了新疆牧区中小学双语教育新的一页。1987年，新疆维吾尔自治区党委和人民政府提出："要把加强和改革民族学校汉语教学工作作为发展民族教育、提高民族素质、开发振兴新疆的一项战略措施来抓。"这是新疆维吾尔自治区党委和人民政府第一次充分认识到要把双语教育工作提到"战略"的高度来抓。

第四阶段：新疆双语教育探索改进阶段。随着国家教委于1987年2月23日印发的《关于九省区教育体制改革进展情况的通报》中指出："随着国内经济建设的发展，各地区之间的交流日益广泛，大量的政治、经济、文化、科学技术等信息主要是靠汉语传播的。学好汉语文是少数民族人民的共同愿望，也是发展繁荣民族经济文化的需要。同时，按照国家有关法律规定，又要充分尊重少数民族使用和发展自己语言文字的权利。因此，在中小学阶段，既要学好本民族语言文字，又要学好汉语文。有民族语言文字的民族地区，先以学好本民族语言文字为主，逐步过渡到学习汉语文。"于是20世纪80年代末，双语教学在我国各个民族地区开始大规模的实验。1987年，新疆维吾尔自治区教育科学研究所为了给新疆民族中小学汉语教学积累经验，开辟新路，在全疆范围内选择五所民族中学进行了汉语教学改革实验。这五所中学是：乌鲁木齐实验中学、乌鲁木齐十四中、喀什六中、伊犁州一中、伊宁市七中。可以说这次实验标志着新疆双语教育正式进入了探索改进阶段。随后在乌鲁木齐市开展了对乌鲁木齐市"红旗幼儿园"和乌鲁木齐市第二十小学（民族小学）的双语教学实验。20世纪90年代，还陆续在民族小学校开展了实行汉维同步教学实验，即民族学生的汉语教材从一年级起使用汉族学生相应年级的语文教材的教学实验、民族小学校一二年级学生的汉语口语课实验、混合教学实验、浸没式双语教学实验、部分课程用汉语授课的教学实验等。这类试验的目的是通过教学语言的改变来提高民族学生数、理、化的教学质量。从1992年起，在新疆维吾尔自治区教委的组织领导下，乌鲁木齐、塔城、吐鲁番三个地区，共三个初中班的100名少数民族学生开始进行数学、物理、化学三门课（后来加英语，共为四门）用汉语授课，其余的课程用民语授课的双语教学实验。从1998～

2003年，为了及时总结新疆双语实验工作中的经验，探索出新思路、新举措，新疆维吾尔自治区教育厅先后召开了三次大型的全区性双语教学工作会议。针对存在的问题和亟待解决的工作，1998~1999年，首先组织编写了中小学1~10册的《汉语》教材。到1999年年初，新疆开办的双语授课实验的学校已达到27所，近60个实验班，在校学生有2629名。2000年1月，教育部根据国务院85号文件出台了《关于内地有关城市开办内地新疆高中班的实施意见》。2000年3月，新疆少数民族自治区教委根据有关文件出台了《新疆维吾尔自治区关于在内地部分经济发达城市开办内地新疆高中班实施方案（试行）》，规定了内高班的招生模式、招生比例和汉语单科分数线。国务院85号文件拉开了开办内地新疆高中班的序幕，作为又一项新的改革措施，“内高班”对新疆双语教育产生了极大的推动作用。2003年11月，新疆维吾尔自治区人民政府办公厅印发了《关于在乌鲁木齐市等八个城市开办新疆区内初中班的通知》，区内初中班是内地新疆高中班工作的进一步拓展，对推动农牧区汉语教学和双语教育，促进城乡教育协调发展有着十分重要的意义。内高班学生近几年都以90%以上的比例升入大学，内初班毕业生升入内高班的比例也超过85%。2001年，新疆维吾尔自治区党委正式提出了在多民族聚居区要加快民汉合校、民民合校和民汉学生混合编班的步伐。2001年4月，中国少数民族汉语水平等级考试工作会议在北京召开。此次会议的召开标志着“从1996年开始在新疆实行的中国汉语水平考试（HSK）的结束和中国少数民族汉语水平等级考试汉考（MHK）”项目正式启动。

新疆双语教育在探索改进阶段最值得关注并且对新疆双语教育影响较大的是新疆双语教育模式的探索与改进。在经过多年实践经验的基础上，2007年新疆维吾尔自治区教育厅正式下文把新疆双语教育的模式分为三类：

模式一：部分课程（理科各科）用汉语授课，其他学科用民语授课。

模式二：除民语文外，音乐等涉及民族文化的内容，可以用民语授课，其他课程用汉语授课。

模式三：全部课程用汉语授课，开设民语文课程，课程设置方案同汉语授课学校。

其中，模式二与模式三的区别是：一是不开外语课，二是某些涉及民族文化内容的，可以用民语讲授。

2011 年 3 月，自治区政府下文将双语教育的三种模式改成了两种。

模式一，小学汉语、数学、科学、信息技术，初中汉语、外语、数学、物理、化学、生物、信息技术，高中汉语、外语、数学、物理、化学、生物、信息技术和通用技术课程使用国家通用语言文字授课，其他课程使用本民族语言文字授课。

模式二，全部课程使用国家通用语言文字授课，开设民族语文课程；不具备师资条件的学校，体育、音乐、美术课程可以使用本民族语言文字授课。

从 2010 年起，对接受过学前双语教育的少数民族学生，小学起始年级，城市和县城学校一般采用模式二实施双语教育，不具备条件的学校也可以采用模式一实施双语教育；农村学校可根据双语教师及学生的实际，采用模式一或模式二。积极推行民汉合校和民汉学生混合编班，鼓励具备条件的少数民族学生进入汉语授课班级学习。

二、新疆少数民族牧区发展双语教育的有关法律及政策回顾

认真贯彻和落实国家关于双语教育的有关法律和政策规定，是确保少数民族地区双语教育工作健康发展的根本保证。新中国成立以后，党和国家结合民族地区的实际情况，对不同地区和不同时期实施双语教育做出了政策和法律规定。

1953 年，教育部在《关于兄弟民族应用何种语言教学的意见》中倡导少数民族学校“在重视学习和使用本民族语言文字的同时，也

应该重视学习汉语”。[①]《中华人民共和国宪法》规定“各民族都有使用和发展自己的语言文字的自由”。[②]《中华人民共和国民族区域自治法》规定“招收少数民族学生为主的学校（班级）和其他教育机构，有条件的应当采用少数民族文字的课本，并用少数民族语言讲课；根据情况从小学低年级或者高年级起开设汉语文课程，推广全国通用的普通话和规范汉字”，“各级人民政府要在财政方面扶持少数民族文字的教材和出版物的编译和出版工作”。[③]《中华人民共和国教育法》规定“少数民族学生为主的学校及其他教育机构，可以使用本民族或者当地民族通用的语言文字进行教学”，“学校及其他教育机构进行教学，应当推广使用全国通用的普通话和规范字”。[④]《中华人民共和国国家通用语言文字法》规定“各民族都有使用和发展自己的语言文字的自由。少数民族语言文字的使用依据宪法、民族区域自治法及其他法律的有关规定”。[⑤] 改革开放 30 多年来，教育部和国家民委先后提出了《关于加强民族教育工作的意见》和《关于加强民族教育工作若干问题的意见》，这两个意见都明确提出了“发展民族教育要在继承发扬本民族优秀文化传统的同时，积极扩大民族间、地区间的交流，积极吸收和借鉴人类社会所创造的一切文明成果。在使用民族文字教学的地区，要因地制宜地搞好双语文教学，大力推广普通话”。[⑥] 为总结经验，进一步发展牧区寄宿制学校，国家教育部于 1982 年 10 月在新疆伊宁市召开了“全国牧区、山区寄宿制民族中小学经验交流会”。会后形成了《全国牧区、山区寄宿制民族中小学经验交流会纪要》，国家教育部以（82）民教字 002 号文件的形式，于 1982 年 12 月 20 日印发至各省、自治区执行。这次会议，总结出寄宿制民族学校的办学形式有以下几方面的优点：便于集中管理和按教学计划组织教学，

① 《教育部关于兄弟民族应用何种语言教学的意见》（1953 年）。

② 《中华人民共和国宪法》第 4 条。

③ 《中华人民共和国民族区域自治法》第 37 条。

④ 《中华人民共和国教育法》第 12 条。

⑤ 《中华人民共和国国家通用语言文字法》第 8 条。

⑥ 《教育部、国家民委关于加强民族教育工作的意见》1980 年 10 月；《国家教委、国家民委关于加强民族教育工作若干问题的意见》1992 年 3 月。

教学时间有保证，有利于提高教育质量；便于集中使用人、财、物，有利于提高办学效益；便于学校的巩固和提高，有利于学生德、智、体、美、劳全面发展，也有利于培养一定数量的合格毕业生。1992 年 2 月，第四次全国民族教育工作会议召开，会后下发了《关于加强民族教育工作若干问题的意见》。该《意见》的精神成为这一阶段新疆发展牧区寄宿制学校教育的指导思想。2002 年 7 月，教育部、国家民委召开了第五次全国民族教育工作会议。会议在认真总结第四次全国民族教育工作会议以来实践经验的基础上，根据我国科教兴国和西部大开发战略的实施向纵深发展的新形势，进一步明确民族教育改革发展的方针、任务、政策、措施和努力方向。2002 年 8 月国务院作出了《关于深化改革加快发展民族教育的决定》，提出了一系列加快民族教育发展的政策措施。该《决定》指出：在民族中小学逐步形成少数民族和汉语教学的课程体系，在有条件的地方应开设一门外语课。要把双语教学教材建设列入当地教育发展规划，予以重点保障，编写少数民族学生适用的汉语教材。要积极创造条件，在使用民族语授课的民族中小学逐步从小学一年级开设汉语课程。国家对双语教学的研究、教材开发和出版给予重点扶持。[①] 同年，教育部制定并颁布了《全日制民族中小学汉语教学大纲（试行）》，下发了《关于在有关省（区）试行中国少数民族汉语水平等级考试的通知》。2006 年，教育部颁布了《全日制民族中小学汉语课程标准（试行）》，规定在使用少数民族语言文字授课的民族中小学要从小学一年级开设汉语课。我国的少数民族教育从新中国成立初期特别关注少数民族语文教学，逐步发展到既重视少数民族语文教学，同时也强调必须学习和掌握国家通用语言文字——汉语，充分说明了国家对少数民族教育事业未来发展的关心和重视。

新疆维吾尔自治区党委和政府认真贯彻落实党和国家的有关法规政策，结合新疆维吾尔自治区的实际情况，因地制宜地制定并出台了许多切实可行的有效政策，为新疆双语教育的发展奠定了坚实的基

---

① 《国务院关于深化改革加快发展民族教育的决定》（〔2002〕国发 14 号）。

础。1950年，新中国成立后，新疆维吾尔自治区人民政府在《关于目前新疆教育改革的指示》中规定：新疆所有中小学均加授外族语选修课，新疆少数民族班选修国文或俄文，汉族班选修俄文或维文。这一教育改革举措彻底改变了新疆双语教育的面貌，把双语教育纳入了基础教育体系，也奠定了新疆双语教育基础教育模式。1956年召开的新疆少数民族自治区第二届中等教育会议和1960年自治区教育厅下发的《关于改进提高民族中学汉语教学工作的通知》，都对民族中小学汉语教学提出了明确要求，通知规定了汉语课是民族中学主要学科之一，各级各类学校都要保证汉语教学的周课时数，不得随意占用汉语教学的课时，同时还具体规定了汉语教学目标。1976年粉碎“四人帮”之后，新疆各地陆续停办了“马背小学”“流动学校”和“帐篷学校”，逐步开始试办符合教育教学规律的牧区寄宿制学校。1977年，在新疆阿勒泰地区吉尔乃县恰勒什海乡办起了新疆少数民族族自治区第一所牧区寄宿制学校。1978年自治区正式下文件决定在新疆牧区大力发展寄宿制学校。1980年9月，自治区在新疆伊犁哈萨克自治州新源县召开了全疆牧区教育经验交流会。这次会议提出了以“国家公办为主、全日制为主、寄宿制为主、固定教学点为主”的牧区教育新方针。1981年8月22日发布（1981）255号文件，批转了自治区教育厅《关于加强牧区中小学教育工作的意见》。该《意见》明确规定，今后新疆牧区办学以寄宿制学校和全日制固定学校形式为主。该《意见》还规定寄宿制学校以公办为主，免收牧区学生学杂费，边境地区和人均收入在百元以下的地区实行课本免费供应。自治区和各地认真贯彻全国牧区、山区寄宿制民族中小学经验交流会精神和自治区《关于加强牧区中小学教育工作的意见》，集中财力办起一批寄宿制学校。1991年6月8日至11日，自治区教委在阿勒泰地区哈巴河县召开了自治区寄宿制学校管理经验交流会。来自全疆各地州教育部门的领导、部分县（市）主管教育的党政领导、教育局长、寄宿制学校校长、自治区人大、政府、自治区计委、民委、粮食厅、中国民族教育杂志社等单位的160多名代表参加了会议。与会代表对自治区教委提出的我区第一部牧区教育的行政法规性文件——《新疆维吾尔自治区牧区寄宿制学校管理条例（讨论稿）》进行了讨论，并就如何进一步加强牧区寄宿制学校工作提出了意见和建议。会议再次明确了以学生寄宿上学为主的全日制学校是牧区基础教育的主要办学形式。1994年11月，新疆维吾尔自治区党委、新疆维吾尔自治区人民政府为贯彻落实全国教育工作会议精神，召开了新疆维吾尔自治区教育工作会议和"两基"督导工作会议，讨论研究制定包括牧区教育在内的自治区教育改革和发展中的重大问题。1995年1月27日，新疆维吾尔自治区党委、新疆维吾尔自治区人民政府联合下发了《关于贯彻实施〈中国教育改革和发展纲要〉的意见》（新党发〔1995〕6号），其中第26条中规定："增加对牧区教育的投入，继续办好牧区寄宿制学校，保证牧区义务教育的实施。"1998年10月17日至19日，新疆维吾尔自治区教委召开"自治区牧区寄宿制学校建设与管理经验交流现场会"，会议完成了《自治区牧区寄宿制学校暂行管理办法（讨论稿）》的修改工作。这些规定的颁布实施，促进了全疆牧区教育持续、稳步发展。1998年10月17日至19日，新疆维吾尔自治区教委在阿勒泰地区富蕴县召开了"自治区牧区寄宿制学校建设与管理经验交流现场会"，这次会议推广了富蕴县牧区寄宿制学校建设与管理的经验做法。1999年，自治区人民政府正式颁布并实施《新疆维吾尔自治区牧区寄宿制学校管理暂行办法》。这是我区第一部牧区教育的行政法规性文件。该《暂行办法》的颁布实施，对加强牧区寄宿制学校的管理，改善办学条件，提高教育质量和办学效益，使牧区寄宿制学校不断巩固、提高和发展，产生了极其重要的作用。新疆维吾尔自治区政府于2003年5月下发了《贯彻国务院关于深化改革加快发展民族教育的决定的意见》，提出了新时期我区民族教育工作的指导思想、目标任务、基本原则和发展民族教育工作的一系列措施。该《意见》对当前乃至今后很长时间的新疆牧区寄宿制学校教育的各个方面作出了总体规划和宏观指导。2005年9月12日至13日，新疆维吾尔自治区人民政府在伊犁哈萨克自治州尼勒克县召开了"两基"攻坚暨农村寄宿制学校建设工程现场会。教育部副部长陈小娅、时任自治区党委副书记努尔·白克力出席会议并作重要讲话，要求在农村寄宿制学校建设过程中，加强对工程项目资金的管理，严把招投标、建设、验收等工程关，保证工程建设质量。新疆维吾尔自治区党委、人大、政府及教育厅、发改委、建设厅、扶贫办的有关领导和各工程项目地区及所辖各工程项目县的代表参加了会议。这次现场会结束后不久，新疆维吾尔自治区人民政府于2005年9月26日转发了国务院办公厅转发的教育部等部门《关于进一步做好农村寄宿制学校建设工程实施工作的若干意见》。该《意见》指出，实施农村寄宿制学校建设工程，改善我区农牧区寄宿制学校的办学条件，提高教育质量。到2007年，我区“农村寄宿制学校建设工程”项目先后竣工并交付使用，大大改善了农牧区中小学办学条件，进一步加快了牧区教育的发展。

为了改善我区农牧区寄宿制学校的办学条件，国家和新疆维吾尔自治区先后投入大量的财力、物力和人力。寄宿制小学的伙食标准按新教计字（1980）43号、新财事字（1980）020号文件执行，即牧区寄宿制小学伙食费标准每月14元，在校生享受助学金的比例为百分之五十，困难补助费和医药费按中学标准执行。从1995年起，牧区寄宿制学校助学金标准提高到每月25元/生。乡镇政府和农牧场要为牧区寄宿制学校划拨一定数量的牲畜和草场，以提高学校自身发展能力。1979~1982年，新疆维吾尔自治区人民政府拨款3400多万元，用于新建和扩建少数民族聚居的边远山区、牧区的民族中小学和牧区寄宿制学校。少数民族寄宿制教育继续稳步发展，牧区寄宿制学校的发展，促进了牧区初等教育的普及。新疆维吾尔自治区人民政府《关于贯彻实施〈中国教育改革和发展纲要〉的意见》，其中第26条规定：“增加对牧区教育的投入，继续办好牧区寄宿制学校，保证牧区义务教育的实施。从1995年起，牧区寄宿制学校助学金标准由每生每月14元提高到25元。”这大大促进了全区牧区教育的发展。教育部《2003~2007年教育振兴行动计划》也提出，实施国家西部“两基”攻坚计划……以实施“农村寄宿制学校建设工程”。“十一五”期间，中央明确提出要继续实施“农村寄宿制学校建设工程”，2004~2007年，国家安排资金投入100亿元，用于中、西部23省、市、区新建、改扩建寄宿制学校。为切实解决新疆少数民族教育教学中汉语教师严重短缺的困难和问题，提高少数民族教育教学质量，国务院于2002年10月转发了《教育部等部门支援新疆汉语教师工作方案》，内容包括省、直辖市对口支援新疆项目、高校对口支援新疆项目、中小学教师赴内地高校接受培养培训项目、新疆国家级骨干教师培训项目等。这一方案于2003年10月全面启动。国家投资7600万元，新疆维吾尔自治区投资1600万元，用于新疆汉语教师培养培训工作，计划培训总人数为6000余人。2004年，我区实施“两基”攻坚计划，为解决新疆农牧区少数民族学生上学难问题，国家教育部、发展和改革委员会、财政部批复我区“农村寄宿制学校建设工程”，项目资金70703.8万元，其中中央专款6.8亿元，地方配套资金2703.8万元，新建一批以农牧区初中为主的寄宿制学校。建设学校项目共计390所，规划建设面积82.5万平方米，这成为西部新农村建设的一个亮点。仅2006~2008年，国家就安排新疆农村义务教育经费保障机制方面的资金达40多亿元，采取各种有效措施，积极落实“以县为主”的农村义务教育管理体制，加大基础教育投入力度，加快实施“农村初中校舍改造工程”、迎“国检”校舍改造、“寄宿制学校建设工程”奖励资金项目和“新农村卫生新校园工程”建设，边远贫困地区学校布局趋于合理，中小学办学条件得到极大改善。[①] 这大大改善了义务教育办学条件，有力地促进了农村义务教育的快速发展。根据新疆维吾尔自治区少数民族学前和中小学双语教育2010~2020年发展规划，到2015年，中小学少数民族学生基本普及多种模式的双语教育；到2020年，中小学少数民族学生全面普及双语教育，接受双语教育的少数民族中小学生达到261.76万人，少数民族高中毕业生基本熟练掌握和使用国家通用语言文字。近几年，中央和新疆维吾尔自治区不断加大双语教育投入力度，不断提升双语教育发展水平、改善双语教育教学环境。仅2010年，中央和新疆维吾尔自治区投入双语教育的资金就达15亿元，使新疆数百万少数民族学生从中

---

① 李尽晖：“新时期新疆农牧区寄宿教育发展轨迹”，载《和田师范专科学校学报》2010年第3期，第5页。

受益。2014 年 6 月，为了提高新疆高中阶段双语教育教学水平、完善双语教育衔接体系，加快培养民汉兼通的高水平双语人才，国家发改委相继下达 3 笔专项资金，共安排中央预算内投资 5.3 亿余元，支持新疆的双语教育发展。国家发改委还下达中央预算内投资 1.894 亿元，重点支持新疆乡镇以上中小学以及部分集中办学的村级中心学校建设成为双语寄宿制学校，主要用于新建教学用房、生活用房及辅助用房。这些中央预算内投资的下达，对新疆双语教育发展的意义重大，将会有力地促进项目所在县市义务教育的发展，带动新疆双语教育乃至教师教育的全面发展。

第二节　新疆少数民族牧区双语教育现状研究

一、新疆少数民族牧区的主要特点

新疆少数民族牧区的主要特点是：（1）新疆大部分牧业县都地处边境线上，牧区边境线长度达 5000 多千米，占全区边境线总长度的 90% 以上。（2）新疆的大部分牧区高寒缺氧，人烟稀少，交通不便，信息闭塞，自然条件十分艰苦，冬季寒冷而漫长。（3）新疆牧区的牧民们根据山体不同垂直地带的气候、饲草条件和牲畜对生态环境的适应能力，按季节划分为春秋牧场、夏秋牧场和冬春牧场。春秋牧场介于夏牧场和冬牧场之间。在新疆北疆地区主要分布在各大山系中的平原地带，其海拔高度平均在 600 ~ 1500 米。在南疆阿合奇县一带主要分布山地干旱草地、平原荒漠草地以及平原草甸草地等地区，海拔高度在 2800 ~ 3000 米。新疆的春秋牧场一般供水条件都不好，降水量稀少，畜群饮水非常困难。新疆的夏秋牧场和冬春牧场主要分布在天山南坡、昆仑山北坡和塔里木河流域。牧民们在夏秋牧场放牧时间为每年的 6 月初到 10 月底，150 天左右。在冬春牧场放牧时间为 11 月初到翌年5月底，210天左右。牧民们要根据牧业生产常年流动在冬春场和夏秋场之间，大多数牧民至今仍然沿袭着传统的逐草而居的生产方式，随着季节的变更而举家迁移，新疆阿勒泰地区的牧民四季转场迁徙距离一般在五六百千米，迁徙最远的达一千六百多千米，个别牧民迁移的次数每年多达60次以上。[①]（4）新疆牧区自然条件复杂，各类灾害频繁，南疆阿克苏地区的牧区是干旱、地震频发区，阿勒泰地区的牧区是雪灾（风灾）多发区，伊犁哈萨克自治州直各县的牧区是洪水、冰雹泛滥区。由于受上述自然条件和经济条件的限制，牧区教育基础及其支撑能力十分薄弱，在牧区兴办教育的困难是非常多的。长期以来农牧民子女的基础教育问题已成为新疆教育工作的重点和难点。新疆牧区的双语教育经历了60多年，相对于内地其他省份的双语教育，新疆牧区的双语教育存在起步较晚、困难很多、发展缓慢，新疆的双语教育既是个体问题，也是群体问题。可以说，现阶段新疆少数民族牧区双语教育发展问题，是关系到新疆的跨越式发展、社会稳定和长治久安的重大问题，它对于多民族聚居、民族分布广泛的新疆地区来说具有重要的政治意义和战略意义。

二、新疆少数民族牧区双语教育发展的总体趋势

当前，新疆少数民族牧区双语教育发展的总体趋势是整体上为普通教育（城镇民汉合校中不设民族语课的汉语学校教育）、民族双语班（含民考汉）和非民汉合校中的民语普通班（除了汉语课外其他课都用母语授课）交叉发展的格局。截至2013年，全区有各类学校9124所，各类学校在校生462.16万人，其中少数民族在校生293.33万人，占63.47%。全区各类学校向社会输送毕业生达125.70万人，各类学校有教职工38.77万人，其中专任教师32.47万人，有少数民族专任教师18.02万人，占55.49%。另外，内地新疆高中班和区内高中、初中班规模不断扩大。2013年，内高班办班城市达到45个，

---

① 葛丰交："新时期新疆牧区教育面临的困境与对策研究"，载《民族教育研究》2011年第5期，第45页。

办班学校91所，招生9122人，在校生3.09万人。区内初中班办班城市达到13个，办班学校26所，招生8700人，在校生2.23万人。区内高中班办班城市8个，办班学校9所，招生614人，在校生0.13万人。2013年，内地新疆中职班办班城市有9个，办班学校33所，招生2403人，在校生0.84万人。[①] 见表4-1：

表4-1 新疆维吾尔自治区教育情况

项目	学校数（所）	在校学生数	专任教师	学历合格率	生师比	生均图书
普通高中	366	447500	35000	93.43%	12.78∶1	24.8
初中	1102	918500	86124	99.65%	10.67∶1	25.8
小学	3533	1894400	140600	99.84%	13.48∶1	
学前教育	3864	712000	28200			
特殊教育学校	26	5229	547			
双语教育		1826100	86000			

数据来源：新疆维吾尔自治区教育厅编《2013年新疆维吾尔自治区教育事业发展统计公报》整理得出。

新疆一些高校设有双语理科专业，主要培养草原生态、畜牧兽医和技能型等新疆牧区急需的双语人才。与以往相比，新疆少数民族牧区双语教育呈现出以下几个主要趋势。

（一）加大投入，办学条件得到明显改善

自中央新疆工作座谈会召开3年来，新疆教育事业实现了跨越式发展。2010年和2011年，新疆维吾尔自治区财政性教育经费投入占GDP比例分别为5.9%和6.34%，2012年年初步测算为6.5%，连续3年高于全国平均水平。从2010~2012年年底，国家和新疆维吾尔自治区投入50亿元实施的2237所新疆双语幼儿园建设工程去年全部完工。19个援疆省市调整后的援疆综合规划中，教育项目规划投入资金由77.27亿元提高到97.63亿元，所占比例达15.27%。中职教育也发生了可喜变化，2011年，新疆维吾尔自治区启动了内地新疆中职班，为新疆的孩子拓宽了求学路，每年为新疆培养3300名急需的技

① 《2013年新疆维吾尔自治区教育事业发展统计公报》。

能型人才。2013 年全疆教育总投入达到 527.46 亿元，比上一年增加 36.6 亿元。落实中职教育基础能力建设资金 5.39 亿元，支持了 14 所项目学校建设，落实中央财政资金 5.74 亿元，实施了一系列高校建设规划，还落实了 4.96 亿元资金支持直属高校改善办学条件，2013 年高校还获得了 5.36 亿元科研经费。在学前教育方面，投入双语教育发展保障经费 7.47 亿元，44.85 万名幼儿享受了补助。为了解决贫困学生就学问题，2013 年新疆共发放助学金 18.09 亿元，资助各级各类学生 166 万余人。2012 年，新疆投入 4.7 亿元对家庭经济困难大中专学生进行生活补助；安排资金 27.3 亿元，为近 38 万名农牧区义务教育家庭经济困难寄宿生提供生活补助，为 243.6 万名农牧区义务教育阶段学生和城市部分中小学生提供免费教科书。投入 5.3 亿元资金，启动农牧区义务教育阶段的学生营养改善计划，对 87.3 万名学生提供营养膳食补助。投入资金 1 亿元，免除 64.7 万名城市义务教育阶段学生学杂费。投入资金 1.2 亿元，实施免费师范生教育。投入资金 2.2 亿元，使 10.5 万名中职学生享受免学费政策。2014 年中央下达新疆双语教学建设专项资金 2.371 亿元，用于新疆双语师资培训基地建设和重点支持新疆 19 所农牧区义务教育双语寄宿制学校建设。由于教育资金的大量投入，对新疆普及教育、提高教育质量、巩固教育成果起到了积极的作用。经过 15 年的努力，新疆维吾尔自治区于 2009 年 3 月就全面完成了“两基”攻坚任务，新疆“两基”地方人口覆盖率达到 100%。2009 年 9 月，新疆维吾尔自治区“两基”工作以优异的成绩通过国家督导团检查验收。目前，为了使新疆城市与县乡牧区教育均衡发展，进一步加强新疆在统筹义务教育均衡发展中的责任。为确保教育公平，明确到 2015 年，新疆维吾尔自治区 30% 左右的县（市、区）实现县域内义务教育发展基本均衡，到 2020 年，全区要实现县域内义务教育发展基本均衡。伊犁哈萨克自治州昭苏县作为新疆农村义务教育阶段学生营养改善计划试点县之一，自 2012 年 5 月起，全县已有 1.4 万名农村义务教育阶段学生吃上了营养餐，每年投入经费达 800 多万元。

（二）新疆牧区教育教学质量大幅提高

双语教育教学体系已在全疆农牧区全面普及，各级各类学校的教学质量正在不断提升，农牧区的教育普及率、儿童入学率、升学率不断提高。截至2013年10月，2013年，全区幼儿园有3864所，比上年净增154所；在园幼儿71.20万人，净增3.55%；其中少数民族在园幼儿49.39万人，占68.7%。全区有小学3533所，在校生189.44万人，其中少数民族在校生132.21万人，占69.79%，小学学龄儿童净入学率达99.81%。全区接受学前和中小学（含职业高中）双语教育的少数民族双语班（含民考汉）学生达182.61万人，比上年净增8.79%，占学前和中小学少数民族在校学生的70.93%，比上年提高4.32个百分点。其中学前三年接受双语教育的幼儿达47.66万人，占少数民族学前教育幼儿的64.61%；中小学（含职业高中）接受双语班（含民考汉）学生达134.95万人，占中小学少数民族在校学生的64.4%。内地新疆高中班和区内高中、初中班规模不断扩大。2013年，内高班办班城市达到45个，办班学校91所，招生9122人，在校生3.09万人。区内初中班办班城市达到13个，办班学校26所，招生8700人，在校生2.23万人。区内高中班办班城市8个，办班学校9所，招生614人，在校生0.13万人。2013年，内地新疆中职班办班城市有9个，办班学校33所，招生2403人，在校生0.84万人。[①]“民考民”本科录取分数线文科一般院校由2000年的304分，提高到2014年的424分，重点院校由2000年的330分，提高到2014年的456分；理科一般院校由2000年的290分，提高到2014年的327分，重点院校由2000年的324分，提高到2014年的359分。2014年新疆高等教育毛入学率达到了80%。2013年，新疆普通高等学校和成人高等学校共有43所，其中，普通本科院校13所，高职（专科）院校23所，成人高等学校7所。全区共有研究生培养单位13个，在读研究生16867人，比上年增长9.13%；其中博士生1129人、硕士生15738人，分别比上年增长33.77%和7.71%。2004年6月，首届内

---

① 《2013年新疆维吾尔自治区教育事业发展统计公报》。

高班975名毕业生在全国8个省（市）的13所办班学校参加了高考。其中，民考民考生575人，民考汉考生299人，汉考汉考生101人；报考文史类的考生255人，理工类考生718人，综合类考生2人。本、专科录取人数960人，录取率达98.48%。其中，本科录取916人，占93.94%。录取内高班考生的高校共106所，其中重点院校84所，一般本科院校22所。[①] 可以说，目前新疆教育开启了新的历程。

（三）双语教育模式趋于定型

新疆学者从20世纪90年代初对双语教育的类型和模式进行了系统的研究，20世纪90年代的有木哈白提（1994）、廖泽余（1996），21世纪初的有赵德忠、李儒忠、方晓华、刘军、艾力·伊明等。经过不断研究，反复实践，长期总结，在多年各地实践经验的基础上，2007年新疆维吾尔自治区教育厅下发文件把新疆双语教育的模式分为三类：

模式一：部分课程（理科各科）用汉语授课，其他学科用民语授课。

模式二：除民语文外，音乐等涉及民族文化的内容，可以用民语授课，其他课程用汉语授课。

模式三：全部课程用汉语授课，开设民语文课程，课程设置方案同汉语授课学校。

模式二与模式三的不同之处，一是不开外语课，二是某些涉及民族文化内容的，可以用民语讲授。

2011年3月，新疆维吾尔自治区政府正式下文将双语教育的三种模式改成了两种模式。这两种模式是：

模式一：小学汉语、数学、科学、信息技术，初中汉语、外语、数学、物理、化学、生物、信息技术，高中汉语、外语、数学、物理、化学、生物、信息技术和通用技术课程使用国家通用语言文字授课，其他课程使用本民族语言文字授课。

---

① 李儒忠、曹春梅："新疆少数民族'双语'教育千年大事年表（之三）"，载《新疆教育学院学报》2009年第4期，第6～7页。

模式二：全部课程使用国家通用语言文字授课，开设民族语文课程；不具备师资条件的学校，体育、音乐、美术课程可以使用本民族语言文字授课。

模式一是普及模式，模式二为目标模式。从 2010 年起，对接受过学前双语教育的少数民族学生，小学起始年级，城市和县城学校一般采用模式二（目标模式）实施双语教育，不具备条件的牧区学校可根据双语教师及学生的实际，采用模式一（普及模式）或模式二（目标模式）。在双语基础较好的地区积极推行民汉合校和民汉学生混合编班，鼓励汉语水平好的少数民族学生进入汉语授课班级学习。

（四）新疆牧区教育规模得到优化，寄宿制学校基本普及

新疆的教育事业在党和国家的深切关怀和大力支持下，取得了巨大的成就，发生了翻天覆地的变化。“1949 年全疆只有一所规模很小、残破不全的高等学校——新疆学院，学生只有 379 人。那时，大多数青少年都得不到上学的机会，学龄儿童入学率也只有 19.8%。为推动农牧区义务教育科学健康发展，新疆维吾尔自治区提出优化农牧区中小学校点的布局，明确永久性保留学校、过渡性保留学校和撤并学校。2004 年，学校布局结构调整取得了明显成效。2012 年，新疆维吾尔自治区教育厅下发《关于进一步优化农牧区中小学校点布局的通知》，要求在人口较少且交通不便的山区、牧区、留守儿童较多的地区以及双语教育薄弱地区，加紧布局建设寄宿制学校；在多民族聚居区，在有条件的前提下，推进民汉合校、民民合校、混合编班工作，改善办学条件，加强学校管理，提高办学效益和质量。同时，按照小学就近入学、初中相对集中、优化教育资源配置的原则，合理规划和调整学校布局，农牧区小学和教学点要在方便和满足学生就近入学需求的前提下合并。要把确需保留的村小学和教学点，纳入学校基本建设规划。保留的规模较小学校和教学点加大经费投入和经费保障水平，使较小规模学校达到标准化学校的基本要求。同时，改善寄宿制学校办学条件，鼓励有条件的县（市）为寄宿制学校购买公交校车，解决寄宿生回家往返的交通问题。

从表 4-2 可以看出，2007 年新疆普通中学有 1830 所，到 2012

年优化为1497所，减少了333所。其中，高中从454所优化为366所，减少了88所；小学从4589所优化为3535所，减少了1054所。

表4－2　新疆维吾尔自治区主要年份各级各类学校数①　（单位：所）

年份	普通高等学校	中等学校	普通中等专业学校	普通中学	高中	职业高中	技工学校	小学	特殊教育学校
2007	32	2040	74	1830	454	75	61	4589	9
2008	32	1973	75	1759	444	82	57	4159	10
2009	32	1832	80	1610	413	82	60	3651	10
2010	32	1772	81	1545	385	83	63	3598	13
2011	32	1766	96	1525	368	71	74	3536	15
2012	34	1744	95	1497	366	69	83	3535	19

以新疆伊犁哈萨克自治州尼勒克县为例，布局调整后全县保留了中小学校43所，其中高级中学1所，职业中学1所，完全中学1所（县三中），初级中学1所，九年一贯寄宿制学校4所，县直小学3所，寄宿制中心小学7所，镇中心学校1所，村级小学24所，教学点15个。具体做法是：

初（高）中部分，以提高义务教育普及水平和办学效益为前提，总体相对稳定，个别适当调整，原则上一个乡保留一所初中，覆盖人口在12922人左右。对规模较小的乡现有的初中部进行了撤并，如下所示：

（1）在县城新建一所高级中学，校名为尼勒克武进高级中学（县东环路南侧，县一中迁至尼勒克武进高级中学，在原有2353名学生的基础上扩招1647人，达到在校生为4000名高中学生的规模）。

（2）在县城新建尼勒克县第三中学（辖县二中1078名学生、苏布台乡85名学生、加哈乌拉斯台乡244名学生、克令乡572名学生、科蒙乡520名学生、喀拉托别乡347名学生、胡吉尔台乡314名学生、共辖3160名学生）。

① 数据来源：《新疆统计年鉴2013年》整理得出。

(3) 在县城设一所初级中学，校名为尼勒克县第一中学（将县二中搬迁至县一中，其中原二中学区 1200 人在县一中就读，1078 人分流至县三中就读）。

(4) 在县城西部喀拉苏乡设 1 所九年一贯制中心学校，辖本乡 1518 名中小学生。

(5) 在县城东南部木斯乡设 1 所九年一贯制中心学校，辖本乡 1045 名中小学生。

(6) 在乌拉斯台乡设 1 所九年一贯制中心学校，辖本乡 1174 名中小学生。

(7) 在县城东部种蜂场设 1 所九年一贯制中心学校，辖本场 749 名中小学生。

小学部分，小学充分考虑学校的位置、交通、服务人口、走读半径、地理特点、学生生源、学生自理能力、办学基础与人文历史等因素，确定小学学生就近入学。全县设小学 35 所，其中 3 所县直学校，7 所寄宿制中心小学，1 所镇中心小学，24 所村级小学，设 15 个村级教学点。小学共 35 所，分别为：县一小；县二小；县四小；尼勒克县苏布台乡寄宿制中心小学；尼勒克县喀拉苏乡克什喀拉苏希望小学；尼勒克县苏布台乡套苏布台小学；尼勒克县加哈乌拉斯台乡寄宿制中心小学；尼勒克县喀拉苏乡加林郭勒小学；尼勒克县加哈乌拉斯台乡套乌拉斯台小学；尼勒克县乌赞乡塔尔克特小学；尼勒克县乌赞乡乌赞小学；尼勒克县乌赞乡军民寄宿制中心小学；尼勒克县克令乡克令小学；尼勒克县克令乡黑山头小学；尼勒克县克令乡群吉寄宿制中心小学；尼勒克县克令乡阿克托别克小学；尼勒克镇二小；尼勒克县镇中心小学；尼勒克县科蒙乡中心小学；尼勒克县科蒙乡吉仁台小学；尼勒克县科蒙乡寄宿制中心小学；尼勒克县科蒙乡卡哈那木小学；尼勒克县科蒙奇林托海小学；尼勒克县科蒙乡马场小学；尼勒克县胡吉尔台乡寄宿制中心小学；尼勒克县科蒙乡东买里小学；尼勒克县胡吉尔台阿克塔斯牧场小学；尼勒克县胡吉尔台乌兰布鲁克小学；尼勒克县木斯乡石油希望小学；尼勒克县喀拉托别乡寄宿制中心小学；尼勒克县木斯乡巩乃斯学校；尼勒克县木斯乡阿克吐别克小学；

尼勒克县木斯乡托铁小学；尼勒克县乌拉斯台乡巴音沟小学；尼勒克县乌拉斯台乡阿尔斯郎小学。

布局调整后尼勒克县基本形成了高中学校在县、初中学校基本在县，小学及幼儿园在乡、村就近入学的布局模式，达到资源共享、规模办学、提高效益的目标。见表4－3：

表4－3 2012年新疆维吾尔自治区各级各类学校在校学生数 （单位：人）①

地区	普通高等学校	中等职业学校	普通中学	高中	小学	特殊教育学校
总 计	268716	235277	1383886	440717	1900844	4909
乌鲁木齐市	158680	72770	150991	58326	184287	616
克拉玛依市	4198	802	25031	9311	22641	54
吐鲁番地区		3761	31962	9876	50791	81
哈密地区		3366	32440	13850	32268	204
昌吉回族自治州	21869	13171	82173	34729	79023	183
伊犁哈萨克自治州	14478	22081	243434	90616	335122	768
伊犁州直属县（市）	14478	12699	151483	52037	218657	522
塔城地区		3126	60763	25456	69627	186
阿勒泰地区		6256	31188	13123	46838	60
博尔塔拉蒙古自治州		802	22014	9636	27201	79
巴音郭楞蒙古自治州	4369	12911	70736	27879	96616	209
阿克苏地区	2891	13285	140231	37848	215103	291
克孜勒苏柯尔克孜自治州		2496	34427	11643	56367	98
喀什地区	11552	28749	249006	54883	411061	1094
和田地区	5472	22767	112491	13197	188250	880
生产建设兵团	39140	36490	169141	58877	189662	302
自治区直辖县级市	6067	1826	19809	10046	12452	50
石河子市	6067	1826	19704	10046	12113	50
阿拉尔市			105		339	

① 数据来源：《新疆统计年鉴2013年》整理得出。

（五）双语教育教学规模不断扩大

新疆各族人民深切认识到只有双语甚至是多语人才才能适应全球一体化发展的大趋势，也才能跟上时代的步伐。因此，新疆各族人民掀起了主动学习双语，接受双语教育的高潮。新疆维吾尔自治区随着基础教育的普及，双语教育也得到了迅速的普及，全疆接受双语教育的人数达到了前所未有的规模。新疆从 1985 年起，民族中小学从小学三年级开设汉语课，直到高中毕业。而今，随着双语幼儿园的建立，双语教育实现了“从娃娃抓起”的愿望。一些少数民族学生自愿进入汉族学校就读，出现了许多民考汉学生和双语班毕业的学生。见表 4－4：

表 4－4 2010～2013 年新疆学生接受双语教育教学人数统计 （单位：万）

年份	双语班（含民考汉）学生	学前三年接受双语教育幼儿	中小学（含职业高中）接受双语班（含民考汉）学生	内高班学生	区内初中班学生	区内高中班学生	内地新疆中职班学生
2010	119.87	37.16	82.71				
2011	140.84	40.99	99.85	0.74	0.68		0.28
2012	167.86	45.50	122.36	0.83	0.74	0.66	0.32
2013	182.61	47.66	134.95	0.91	0.87	0.66	0.24

从表 4－4 可见，2010 年，全区学前和中小学（含职业高中）少数民族接受双语教育和民考汉的学生 119.87 万人，占学前和中小学少数民族在校学生数的 48%，2011 年，全区学前和中小学（含职业高中）少数民族接受双语教育和民考汉的学生达 140.84 万人，占学前和中小学少数民族在校学生的 55%。2012 年新疆小学生人数是 190.08 万人，全区学前和中小学（含职业高中）少数民族双语班和民考汉学生达 167.86 万人，占学前和中小学少数民族在校学生的 66.6%，其中：学前三年少数民族双语班和民考汉幼儿达 45.5 万人，占学前三年少数民族适龄幼儿的 65.5%，中小学（含职业高中）少

数民族双语班和民考汉学生达122.36万人，占中小学少数民族在校学生的59.3%。2013年，全区接受学前和中小学（含职业高中）双语教育的少数民族双语班（含民考汉）学生达182.61万人，比上年净增8.79%，占学前和中小学少数民族在校学生的70.93%，比上年提高4.32个百分点。其中学前三年接受双语教育幼儿达47.66万人，占少数民族学前教育幼儿的64.61%；中小学（含职业高中）接受双语班（含民考汉）学生达134.95万人，占中小学少数民族在校学生的64.4%。新疆在内地兄弟省市的大力支持下，从2000年开始全国各地中学陆续设立了内高班。从最初分布在东部的13所学校，经过十余次的大规模扩招，现已扩大到了93所，内地14个省的45个城市承担了新疆学生的培养任务。截至2013年，内高班和内地新疆中职班学生就达到了1万多名。

（六）教材已基本形成体系

教材决定着教学的基本内容，体现着教学的基本原则和方法，是规范教学活动的蓝本，对教学质量起着基本的保证作用。新疆维吾尔自治区教育行政部门、学者和出版社都把汉语教材建设作为一项基础性工作来抓，经过长期的不懈努力，教材编写取得了巨大的成绩。2005年年底到2008年7月，采用教材编写与投放教学实验点同步进行的路径，我区开展了少数民族幼儿学前双语教材的编写工作。2007年，国家相关部门《关于进一步加大对少数民族文字出版事业扶持力度的通知》的颁布，使得少数民族双语教材的出版有了国家和地方的资金支持。2008年9月，国家和新疆维吾尔自治区陆续投入37.5亿元的专项资金用于加强新疆少数民族学前双语教育。2009年12月国家财政部正式批复《自治区少数民族学前“双语”教育发展保障规划》，按此规划，到2012年，国家计划投入40.2亿元，这为新疆农牧区乡（镇）以下普及性建立现代化幼儿教育机构提供了强有力的支持。而继续使用内容含量少、以汉语教学单科性活动设计为主的原版幼儿双语教材，明显难以满足新疆快速发展的形势需要。目前，各地州学前双语教育机构迫切要求新疆维吾尔自治区编写出更符合农牧区实际的幼儿双语教育教材，更好地与小学双语教学相衔接。[①] 2008 年 12 月初，新疆维吾尔自治区学前双语教材编写组采取内引外联、开放式编写模式，集中了幼儿教育理论专家、幼儿教材编写编辑专家、幼儿教育一线教师三支力量，合理配置人力资源，共同进行《新疆维吾尔自治区农牧区“双语”幼儿园教材》的编写工作。自治区远教中心先后完成了中小学“双语”教学课堂实录小学《汉语》《数学》《美术》《思想品德》等 4 个学科教材的光盘制作工作，翻译制作了中小学民语言系列学科教学资源和教师学习资源，取得了较好的社会效益。自治区远程教育中心与喀什、伊犁等地州分别合作开发维吾尔语言和哈萨克语言教育教学资源，与北京语言大学联合开发了适合双语教师培训使用的《发展汉语——中级汉语口语教程》远程资源，与新疆大学联合开发用于双语教师培训的《汉语入门》DVD 教学光盘。

目前，新疆各地民族中小学双语教育主要使用三套教材：（1）由新疆教育出版社出版的普通中小学《汉语》教材，这套教材主要供部分双语教育相对落后的少数民族牧区学校使用，这些学校大多采用模式一，全部课程用少数民族语授课，加授汉语的教学模式使用。（2）由自治区教育厅统一和指导下编写的，由人民教育出版社出版的《汉语》教材，这部教材主要是供部分课程使用少数民族语授课，理科等部分课程使用汉语授课的教学模式使用。（3）由新疆教科所刘军老师主编新疆教育出版社出版的少数民族学前双语教育读本，主要供学前双语幼儿园使用。

新疆维吾尔自治区教育工委书记、教育厅党组书记赵德忠介绍，在新疆推进双语教育过程中，双语教材问题已严重困扰新疆双语教育的发展，亟须编写一套适应新疆双语教育实际的双语教材。新疆维吾尔自治区党委、政府高度重视双语教材建设工作，专门设立专项资金 5310 万元，用于教材编写和审定。为了充分考虑新疆的师资水平、学生汉语水平的现状，新疆维吾尔自治区教育厅现已成立了专门的教材

---

① 李欢欢、张彬：“民汉幼儿双语教材编制新思路——以《新疆维吾尔自治区农牧区‘双语’幼儿园教材》为例”，载《新疆师范大学学报》2010 年第 1 期，第 112 页。

建设领导小组，携手拥有基础教育教材研究与编写优势的人民教育出版社共同编写新疆双语教育专用学科教材——《语文》（人教版新疆专用）。这本教材，在起始年级的教科书中加编汉语听说训练内容，在保持人教版教材特色的基础上增加了新疆特色文化、自然景观、民风民俗等内容。

（七）教师队伍建设进一步加强

百年大计，教育为本，教学大计，教师为本。教师是教育系统中的一大重要群体，对整个人类社会的发展起着承前启后的作用。教师的素质决定教育的质量，学生成长的速度与所达到的水平主要取决于教师的素质。近年来，虽然通过面向社会招聘教师、补充教师考试、特岗教师考试、选派优秀教师下乡支教等方式招收了大学毕业生充实到牧区教师队伍。2012 年新疆学前和中小学双语教育岗位教师 7.63 万人。其中学前双语教育岗位教师 1.36 万人，少数民族教师 1.06 万人；中小学双语教育岗位教师 6.27 万人，少数民族教师 5.6 万人，占 89.3%。2013 年全区学前和中小学双语教育岗位教师 8.6 万人，比上年增长 12.71%；其中学前双语教育岗位教师 1.55 万人，少数民族双语教师占 76.77%；中小学双语教育岗位教师 7.06 万人，少数民族双语教师占 89.66%。从 2006 年起，新疆从大学生中开始招聘特岗教师的招聘，至今已有 9 批特岗教师分赴农牧区学校，为农牧区学校注入了新鲜血液和青春活力。特岗教师的招聘，为农牧区学校补充了大批合格师资，加强了师资力量，缓解了农牧区教师队伍结构性矛盾，为巩固推进“普九”、推进义务教育均衡发展提供了师资保障，促进了义务教育均衡发展和教育公平。特岗教师对农牧区教育来说无疑是雪中送炭，大批高学历、高素质人才被输送到农牧区，改善了农牧区教师队伍的学历结构。由于特岗教师学历高、起点高、能力强、整体素质高，目前特岗教师中的不少人已经成为学校的骨干，而且以创新的教学理念在短时间内提高了学生成绩，受到学生和家长的欢迎。2003～2008 年，国家和新疆维吾尔自治区投入大量资金，加大了新疆双语师资培训工作力度，启动实施了国家《支援新疆汉语教师工作方案》和《新疆中小学少数民族双语教师培训工程》等重点双语师资培训项目，4 年已累计投入汉语、双语师资培训经费 1.3 亿元（其中，新疆维吾尔自治区投入 5700 万元），已培养、培训少数民族汉语和双语教师 1 万多名，其中，安排 6385 人参加了国家、自治区级的“一年制”双语培训。为培养和培训学前双语教师，截至 2012 年年底，国家和新疆维吾尔自治区已累计投入双语师资培训资金 3.4 亿元，1.97 万名教师参加了国家级、自治区级培训。其中 1.62 万名教师已完成培训任务，绝大多数已成为双语教学的骨干，实现了盘活双语教师存量与扩充双语教师增量的统一。①

第三节　新疆少数民族牧区双语教育存在的问题

新疆民族教育是我国教育事业的重要组成部分，也是我国民族工作的重要内容。民族教育是提高少数民族整体素质，培养各类少数民族人才的重要途径，也是促进新疆政治、经济、文化、社会和谐发展的基础性工程。新疆民族教育的关键是农牧区教育，而重点和难点是双语教育。制约新疆少数民族牧区双语教育发展的突出问题是教育教学经费、双语师资队伍建设、教学质量、教育效益和学校布局，民族教育表现出“三差”——质量差、条件差、效益差，不均衡、大差距、无出路等突出问题。

一、新疆少数民族牧区教育资金短缺，教学设施严重不足

（一）从横向比较新疆财政用于教育支出的比例与国家以及内地大部分省份的平均水平来看仍然很低，新疆各级各类学校尤其是牧区的教育经费存在严重不足的事实

《国家中长期教育改革和发展规划纲要（2010～2020 年》中指

① 新疆日报网 http://www.xjdaily.com.cn/xinjiang/002/828266.shtml，访问时间：2016 年 1 月 1 日。

出，教育投入是支撑国家长远发展的基础性、战略性投资，是教育事业的物质基础，是公共财政的重要职能。这充分说明国家义务教育经费投入比例的多少是衡量党和政府对教育事业重视程度的主要指标，对义务教育阶段科学合理的经费投入对社会、政治及经济稳定具有重要的作用，而国家对边远农牧区义务教育经费稳定、合理、持续增长的投入则具有更为重要的作用。

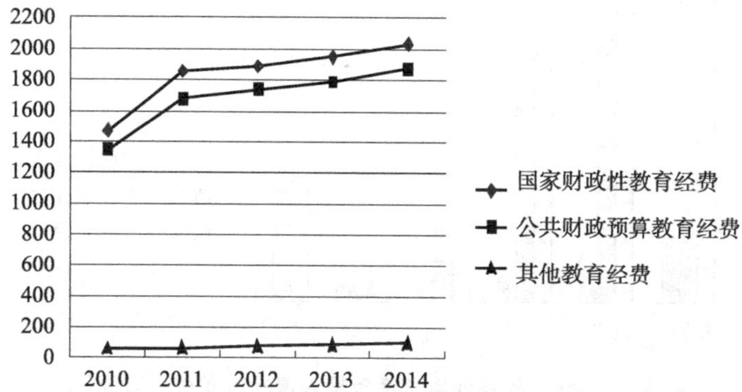

图 4－1　国家教育经费投入情况（单位：万元）①

2013 年中央的国家财政性教育经费是 15634144 万元，公共财政预算教育经费是 14413470 万元，其他教育经费是 1359380 万元；江苏的国家财政性教育经费是 11768474 万元，公共财政预算教育经费是 9974984 万元，其他教育经费是 734106 万元；江苏的国家财政性教育经费是 11768474 万元，公共财政预算教育经费是 9974984 万元，其他教育经费是 734106 万元；浙江的国家财政性教育经费是 8732600 万元，公共财政预算教育经费是 7081452 万元，其他教育经费是 570246 万元；甘肃的国家财政性教育经费是 3129282 万元，公共财政预算教育经费是 2938828 万元，其他教育经费是 35468 万元；青海的国家财政性教育经费是 1469582 万元，公共财政预算教育经费是 1398060 万元，其他教育经费是 13836 万元；新疆的国家财政性教育经费是 4183426 万元，公共财政预算教育经费是 3879766 万元，其他教育经

① 数据来源：据《中国统计年鉴 2014 年》整理所得。

费是 112410 万元。甘肃、青海和新疆三个西部省份不论是国家财政性教育经费，还是公共财政预算教育经费都比江浙等经济发达地区低很多。新疆仅比甘肃和青海要高一点。

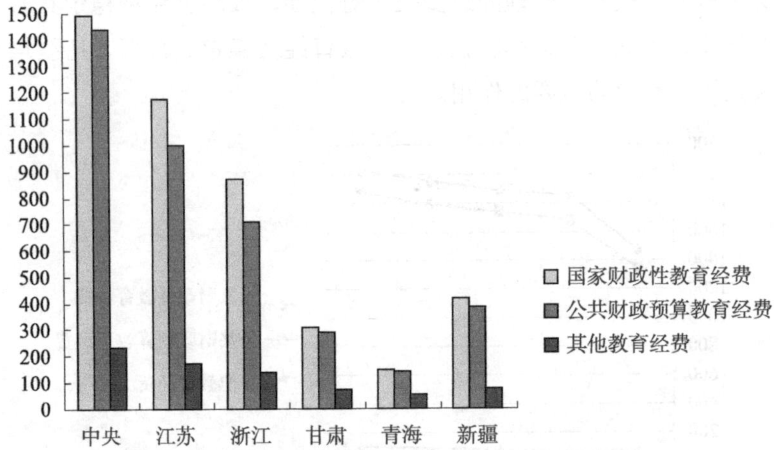

图 4－2 2013 年各地教育经费投入情况（单位：万元）①

根据国家公布的全国教育经费执行情况统计数据，对新疆义务教育投入比例现状进行相关分析如下：

根据国家统计局公布的数据将 2008～2014 年预算内教育经费以及财政性教育经费占 GDP 的百分比描绘为如图 4－3 所示曲线不难看出，自 2008 年以来，预算内教育经费的变化曲线是平滑状态，虽然总体上呈现着上升的趋势，但是波动幅度却非常小。这说明长期以来预算内教育经费的增长速度相当缓慢。在 2014 年，预算内教育投资及财政性教育投资的比例的差异明显在缩小。这表明国家在教育经费投入中增加了预算内教育经费的投入，预算外教育经费的比例在减少。如图 4－4 所示“预算内教育投入占财政支出比例”曲线总体变化趋势不难看出，在 2009 年明显下降，之后又分别呈现上升趋势。新疆预算内教育经费占财政支出比例变化曲线呈较稳定的逐年增长趋势，但增长比例不大，一直在 20% 左右徘徊。目前，随着国家经济的

① 数据来源：据《中国统计年鉴 2014 年》整理所得。

发展，国力的增强，国家也加大了对教育的投入。尤其是近年来国家加大了对新疆不论是预算内教育经费还是预算外教育经费的投入，但是从预算内教育经费占GDP比例的增幅明显大于预算内教育经费占财政支出比例的增幅，这说明政府对新疆教育投入比例仍然很低。

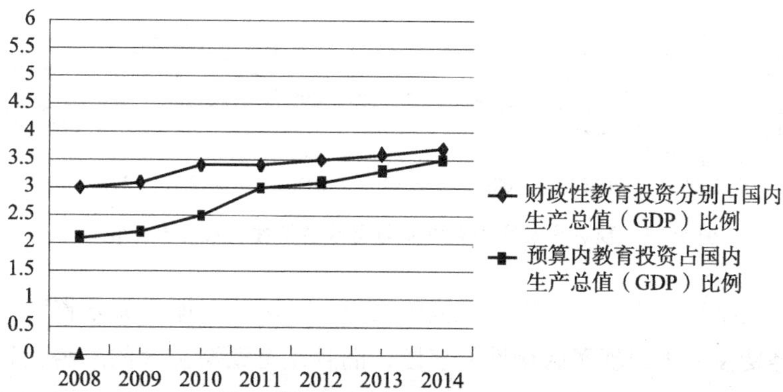

图4-3　预算内教育投资及财政性教育投资分别占国内生产总值（GDP），比例（%）①

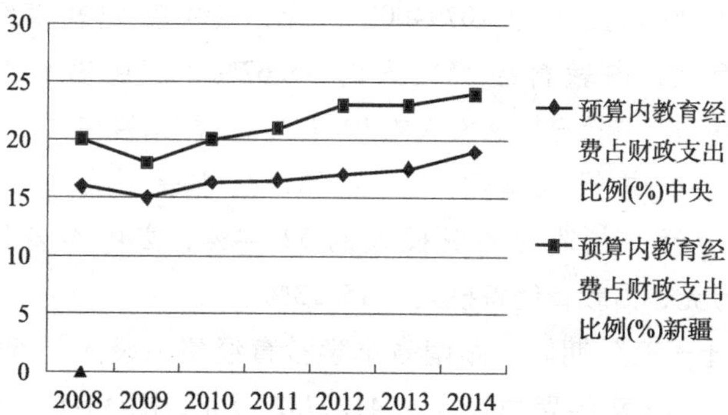

图4-4　预算内教育经费占财政支出比例（%）

如图4-5所示，通过对中央预算内教育拨款增长与财政经常性收入增长幅度的比较可以看出，新疆预算内教育拨款增长和新疆财政经常性收入增长的比例是不协调的，这说明了新疆对教育的投入总体

① 数据来源：据《中国教育年鉴（2008~2014）》整理所得。

上不足，除2007～2009年外其他年份变化的幅度较小。另外，图4－5中还显示出中央在教育财政拨款上承担了主要责任，同时也说明预算内教育投入占GDP的年均增长比例变化不大，国家范围内的教育出现了不均衡的发展态势。[①]

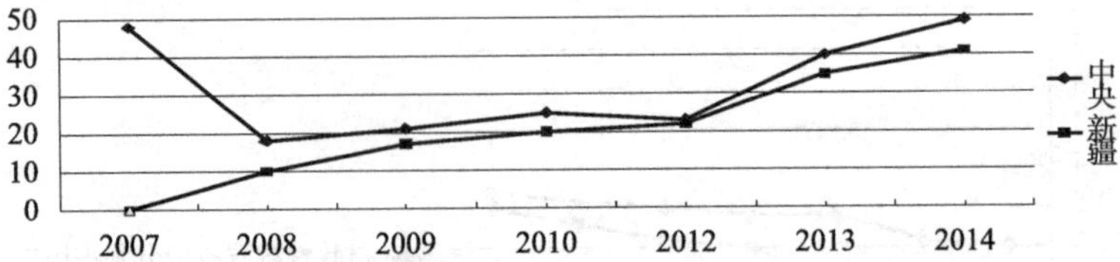

图4－5 预算内教育拨款增长与财政经常性收入增长（%）[②]

近年来，由于经济发展程度的差异，新疆与内地大部分省份在教育经费投入上出现了区域性的差距，而且还有逐渐扩大的趋势。2010年湖南省有各类学校共26488所，其中小学12692所，初中3933所，普通高中622所。[③] 2010年新疆维吾尔自治区有各类学校7955所，其中小学3598所，初中1160所，高中634所。新疆在“十一五”期间，教育经费总投入为10794002万元，其中基础教育经费投入7088641万元，占教育经费投入的65.67%，高中教育经费投入1400262万元，占教育经费投入的12.97%。[④] 湖南省在“十一五”期间，教育经费总投入22507226万元，其中基础教育经费投入11803255万元，占教育经费投入的52.44%，高中教育经费投入3450249万元，占教育经费投入的15.33%。

在“十一五”期间，湖南省小学教育经费总投入是6703670万元，新疆小学教育经费总投入是4122732万元，图4－6对湖南省与新疆小学教育经费在2006～2010年进行了对比分析，从图4－6可以

① 孙毅婷、蔡文伯：“新疆义务教育经费投入比例探析”，载《高等函授学报》2011年第8期，第91～92页。

② 数据来源：据《中国教育年鉴（2007～2014）》整理所得。

③ 李永可、王金涛：“新疆教育经费投入现状分析”，载《科教导刊》2014年第10期，第15～16页。

④ 新疆教育年鉴编委会：《新疆教育年鉴2010》，新疆教育出版社2010年版。

看出，新疆小学教育经费投入与湖南省相比还存在着一定的差距。在“十一五”期间，湖南省普通高中教育经费总投入 3450249 万元，新疆普通高中教育经费总投入 1400262 万元，图 4－7 对湖南省与新疆普通高中教育经费在 2006～2010 年进行了对比，从图 4－7 可以看出，近几年虽然新疆普通高中教育经费有所增加，但投入的经费与湖南省相比仍然存在着很大差距。

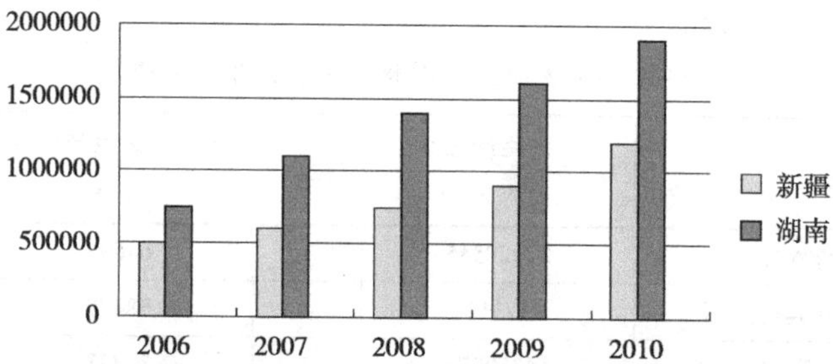

图 4－6 新疆与湖南普通小学经费投入情况（单位：万元）

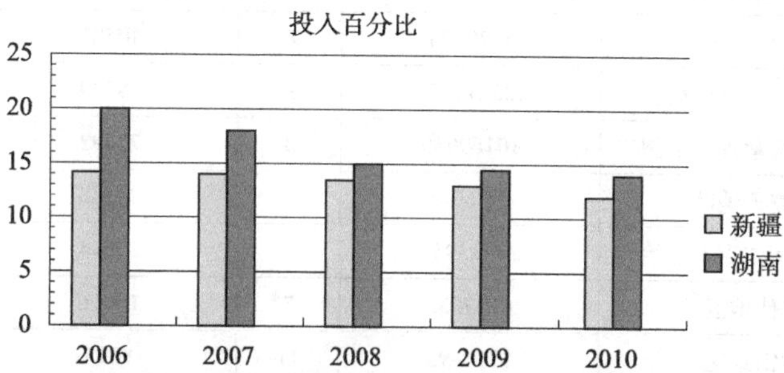

图 4－7 新疆与湖南普通高中经费投入情况（%）

（二）从纵向比较看，新疆经济发展总体缓慢，工业基础薄弱，财政收支入不敷出，新疆大部分地区处于赤字状态，人均收入低，人们的生活水平落后

从图 4－8 可以看出，2013 年新疆各地、州、市生产总值情况。例如阿勒泰地区、和田地区和克孜勒苏柯尔克孜自治州的生产总值分别为 2109364 万元、1716493 万元和 778395 万元，分别居于最后三位。在人均生产总值中，阿克苏地区、伊犁州直属县（市）、喀什地区、克孜勒苏柯尔克孜自治州和和田地区的排名也均靠后。这样的经济发展水平，使绝大多数贫困牧区无力顾及文化教育事业，教育经费投入严重不足使得文化教育事业长期处于停滞不前的状态。尽管国家对新疆实施西部大开发的优惠措施，但由于新疆对经济结构进行调整，新疆经济增长速度却相对缓慢。从总体上来说，新疆教育支出占GDP的比例仍然很低，甚至低于全国平均水平。下面对新疆城乡教育投入经费进行分析。

表4－5 新疆2013年各地、州、市生产总值①

地　区	地区生产总值（万元）	位次	人均地区生产总值（元/人）	位次
乌鲁木齐市	22028545	1	64695	2
昌吉回族自治州	9373116	4	58479	3
伊犁哈萨克自治州	14350077	2	30328	7
伊犁州直属县（市）	6811619	6	24567	9
阿勒泰地区	2109364	10	33945	6
塔城地区	5429094	8	40587	5
博尔塔拉蒙古自治州	2221707	9	45579	4
巴音郭楞蒙古自治州	10169959	3	72492	1
阿克苏地区	6926045	5	28535	8
克孜勒苏柯尔克孜自治州	778395	12	13694	11
喀什地区	6173033	7	16076	10
和田地区	1716493	11	8025	12

从图4－9来看2013年新疆各类学校教育经费投入情况：普通高中国家财政性教育投入经费是572108万元，预算内教育投入经费是500441万元，农牧区高中国家财政性教育投入经费是26496万元，预算内教育投入经费是18650万元；普通初中国家财政性教育投入经费是1355329万元，预算内教育投入经费是1252952万元，农牧区初中国家财政性教育投入经费是683064万元，预算内教育投入经费是

① 数据来源：据《新疆统计年鉴2014年》整理所得。

646561 万元；普通小学国家财政性教育投入经费是 1969679 万元，预算内教育投入经费是 1859579 万元，农牧区小学国家财政性教育投入经费是 1221309 万元，预算内教育投入经费是 1177066 万元。从图 4－8 和图 4－9 可以明显看出，2013 年新疆各类学校教育经费投入情况与 2012 年没有多大变化，尤其是新疆城乡学校的教育投入差距十分明显，2013 年与 2012 年基本是一样的。

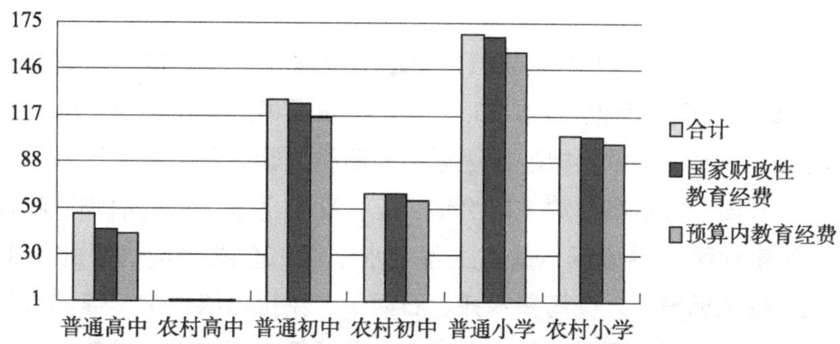

图 4－8　新疆 2012 年教育经费情况（单位：万元）①

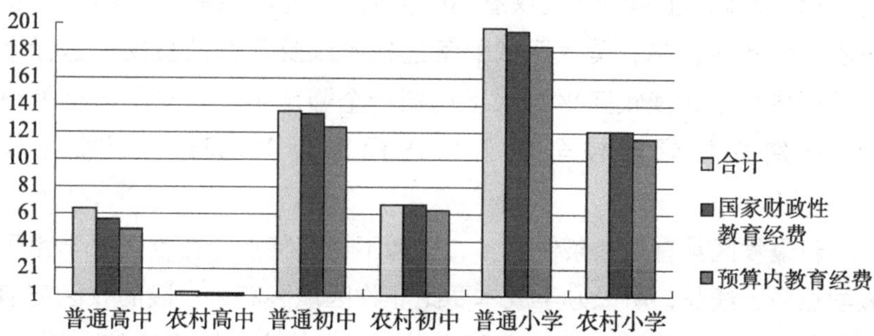

图 4－9　新疆 2013 年教育经费情况（单位：万元）②

新疆牧区的生产力水平低下，科技教育缺口大、人员少、质量差，教育投入的不足最终导致人口素质整体低下，从而使新疆牧区长期存在的“越穷越愚，越愚越穷”的现象。经济发展将直接影响到教

① 数据来源：据《中国教育年鉴（2012）》整理所得。

② 数据来源：据《中国教育年鉴（2013）》整理所得。

育的发展。新疆牧区教育发展水平要想实现与全国和其他地区的同步发展，就必须要大力发展新疆的经济，以经济促教育，使教育提高人们的整体文化素质，使人们摆脱愚昧，摆脱宗教思想的束缚，使新疆牧区的人们过上文明健康和谐的生活，也只有这样才能实现新疆的社会稳定和长治久安。

（三）新疆牧区基础教育办学条件较差，中小学办学条件仍需优化完善

根据2014年统计资料显示，全疆小学体育运动场馆面积达标率为52.8%，而和田地区仅有10.12%。音乐器械配备达标率、体育器械配备达标率、美术器械配备达标率和理科试验仪器达标率这四项指标中，和田、博尔塔拉蒙古自治州、克孜勒苏柯尔克孜自治州、喀什和阿勒泰地区水平偏低，基本上各项水平仅占全疆平均水平的1/4。校园网校达标率，只有乌鲁木齐、石河子、克拉玛依、伊宁等城市的小学校有校园网，至于牧区由于资金、环境等方面的因素仍然没有建立校园网；新疆普通中学的体育器械配备达标率为68.76%，牧区平均为65.15%，而和田地区仅有20.87%。体育器械配备达标率、音乐器械配备达标率、美术器械配备达标率以及理科试验仪器达标率这四项指标中新疆牧区平均水平均低于全疆水平，也与全国相差很远。在建立校园网校全疆平均达标率为19.83%，而牧区仅为10.64%。

新疆牧区具有自然条件恶劣、交通不便等特点。在牧区办学由于教学点多、线长，所以办学成本要比非牧区地区高，一般的牧区寄宿制学校办学所需的经费就相当于非寄宿制学校高出四至五倍。例如：牧区寄宿制学校要聘用生活指导员、管理教师、保安、炊事员、保洁员、保育员和医护人员等教学辅助人员，而这些人员大多没有编制，也就是说他们的工资不能由财政出，那么这个负担就压在聘用学校的头上了。另外，为了保障学生的安全，每逢寒暑假牧区学校还要出钱接送寄宿生，这也是一笔不少的开支。如克孜勒苏柯尔克孜自治州阿克陶县县中是一所寄宿制中学，有2000多名住宿生就需要租用40多辆车，学生离校最近的奥依塔吉镇有75千米，最远的塔尔民族乡有

420 多千米。克孜勒苏柯尔克孜自治州三中寄宿生离家最远的阿合奇县库兰萨日克乡有 600 多千米，往返就是 1200 千米。乌恰县实验中学每天用大连市赠送的 5 辆大轿车接送县城周围十几公里的牧区学生，所需费用相当高，而克孜勒苏柯尔克孜自治州教育部门和学校的经费紧缺，无法承担这些费用。伊犁哈克自治州昭苏县喀夏加尔镇中心学校现有教学班级 34 个，在校学生 1413 人，其中：中学 11 个班级，学生 486 人；小学 23 个班级，小学生 927 人。全校校舍面积共 12332 平方米，按照标准化办学要求缺少 7650 平方米。教学仪器 596 套，缺 878 套（其中生物仪器 109 套，缺 314 套；物理仪器 103 套，缺 337 套；化学仪器 146 套，缺 68 套；科学仪器 206 套，地理仪器 32 套，缺 159 套）。教学设备 1057 套/件，缺 512 套/件（其中音、体、美、劳共 202 套，缺 424 套/件；计算机 118 台，缺 88 台；数字化教学设备 31 套；学生课桌椅 706 套）。学生图书 19904 册，缺 18500 册。该校按照昭苏县教育局的统一规划，需要修建一栋面积为 3150 平方米的综合教学楼，国家配套资金 573 万元；2013 年修建了面积为 2950 平方米的学生宿舍楼、食堂、厕所锅炉，国家配套资金 586 万元；昭苏县教育局计划修建塑胶运动场 16200 平方米，预计资金 750 万元。修建学生生活区警卫室、煤房各一间，面积 140 平方米，预计资金 6.4 万元。根据学校实际情况，学校需要硬化校园 2300 平方米，绿化校园 8340 平方米，粉刷教室 4789 平方米，修建学生生活区围墙 428 米，维修学校大门，更换为自动推拉封闭大门；以上建设预计所需资金 77.7 万元。学校的教学仪器所缺数量由教育局统一采购配置，购置学生课桌椅 150 套，住宿学生高低床 80 套和学生衣物柜 52 套。购置 2 吨锅炉常压卧式锅炉一台，预计资金 32.1 万元。学校校园文化建设预计资金 26 万元。目前除国家项目投资的 1159 万元外和教育局统一配发的设备设施外，该校标准化建设资金缺口还有 132.2 万元。而对于一个偏远牧区学校来说，筹措这笔资金何其困难。下面两张照片是伊犁哈克自治州昭苏县上喀拉苏牧业寄宿制学校学生课间休息的情景。

图 4 -10　伊犁哈萨克自治州昭苏县上喀拉苏牧业寄宿制学校

目前，新疆维吾尔自治区牧区义务教育阶段新增学生不断增加，校舍不足，加之全疆牧区学校校舍危房面积大。大多数牧区寄宿制学校没有洗澡设备，卫生条件差，在学校住校容易传染疾病，家长也很不放心。牧区基本没有教师周转房，有些牧区学校在国家和自治区拨款的情况下，建了教师周转房，但由于资金不足，教师周转房是建起来了，可是没有配套资金，相应的配套设施如：自来水、下水管道、锅炉等没有跟上，教师们仍然无法住进去。

图 4 -11　新疆尼勒克县种蜂场九年制学校

图4－11是新疆尼勒克县种蜂场九年制学校教师周转房，建筑面积是2647.95平方米，总造价是352.6万元，结构类型为砖混，开工时间是2012年6月20日，计划竣工时间是2012年10月30日。可当笔者2015年9月前往该校调研时，该楼仍未竣工。据该校负责人塞尔江副校长说：该工程现在还需要至少50万元的配套资金来完成自来水、电、下水管道、锅炉等配套设施，可是尼勒克县是国家级贫困县，这将近50万元的配套资金如果上级不拨款，需要种蜂场学校自己解决。而依靠一个离县城80多千米的种蜂场年收入不到10万元，教师们至少还有5年才能住进这栋外观漂亮的周转房。

二、新疆少数民族牧区双语教师队伍存在的主要问题

（一）新疆双语教师队伍数量不足

发展新疆双语教育是保障实施新疆社会稳定、长治久安战略的需要，而加快高素质双语教师队伍建设是发展新疆双语教育关键所在。教育的关键在于教师。从2006年开始，新疆通过招聘双语特岗教师等措施，使农牧区教师问题开始逐步得到缓解。2012年，新疆共招聘双语特岗教师13968人、农牧区双语幼儿园教师3754人。2006～2012年，新疆维吾尔自治区七年累计招聘特岗教师3.7万人。2013年计划面向社会公开招聘11316名中小学教师、2134名农牧区双语幼儿园教师。中小学教师招聘岗位中义务教育阶段学校教师岗位6660名（农牧区义务教育阶段学校双语教育岗位5250名、义务教育阶段学校非双语教育岗位1410名），普通高中学校岗位4656名。2014年新疆小学特岗教师招聘6084人。也就是说，从2006年至今，先后有9批近5万余名特岗教师分赴全疆各地的农牧区学校，为学校注入了新鲜血液和青春活力。特岗教师对农牧区教育来说无疑是雪中送炭，大批高学历、高素质人才被输送到农牧区，改善了农牧区教师队伍的学历结构。由于特岗教师学历高、起点高、能力强、整体素质高，目前不少人已经成为学校的骨干，而且以创新的教学理念在短时间内提高了学生成绩，受到学生和家长的欢迎。特岗教师的招聘，为农牧区学校补

充了大批合格师资，促进了城乡义务教育均衡发展和教育公平。在农牧区学校教学条件逐步得到改善并实行义务教育“两免一补”的基础上，招聘的大学生到师资紧缺的农牧区学校任教，加强了师资力量，缓解了农牧区教师队伍结构性矛盾，为推进义务教育均衡发展提供了师资保障。

虽然新疆从2006年以来每年都在招聘双语教师，但是目前新疆各地少数民族学生学习汉语的需求日益高涨，双语教师数量严重不足、质量不高与新疆双语教育发展的速度的矛盾日显突出。农牧区师资紧缺的问题由于长期受地方财力、编制等影响仍然得不到实质性的解决。不少地区呈现的是学校建得宽敞明亮，却缺乏数量足够、质量过硬的师资。

新疆双语教师队伍中存在着数量严重短缺，汉语水平低、教育教学水平低，非双语教师向双语教师转型难的“一缺二低转型难”问题。截至2013年，新疆学前和中小学双语教育岗位教师8.6万人，其中学前双语教育岗位教师1.55万人，少数民族双语教师占76.77%；中小学双语教育岗位教师7.06万人，少数民族双语教师占89.66%。在新疆城乡和农牧区出现师资数量分布严重不均的现象，南北疆也存在师资数量分布严重不均的现象，城市好于农牧区、北疆好于南疆是一个不争的事实。

表4-6 新疆主要年份各级学校教师负担学生数 （单位：人）

年份	普通中学		小学	
	教师数	平均每个教师负担学生数	教师数	平均每个教师负担学生数
2006	106975	14.7	134718	15.57
2007	108232	14.13	133626	15.41
2008	108729	13.64	132797	15.15
2009	110842	13.04	134263	14.7
2010	113990	12.48	133963	14.45
2011	116501	12.1	135182	14.2
2012	118299	11.7	136130	13.96
2013	121129	11.28	140561	13.48

从表4－7中可以看出，小学每一教师负担学生数全疆为13.48，而阿克苏、喀什、和田分别高达15.66、15.2和15.67。普通中学每一教师负担学生数全疆为11.28，而昌吉回族自治州、伊犁州直属县（市）、阿克苏地区和喀什地区等地区都高出平均值。从表4－7和图4－12柱状图可以明显得出，每一教师负担学生数普通中学的情况要好于小学，其中昌吉回族自治州、伊犁州直属县（市）、阿克苏地区、喀什地区和和田地区等地区距离平均值相差较远，说明这些地方师资数量存在不足。伊犁哈萨克自治州昭苏县克西克洪纳海小学是一所牧区小学。该校现有13个教学班，共498名学生。其中民族学生429名，专职教师75人，其中双语教师13名。通过对以上数据的比较、分析可知，双语教师与双语班学生的比是1:40，即一个双语教师要负责40个学生的双语学习，不难发现该校的双语教师压力大，且在数量上相对匮乏。然而，通过调查发现该校25%的教师从事着专业教学，而75%的教师进行非专业教学，他们一般不懂专业学科知识，懂专业学科知识的教师双语水平又有限。就双语教师问卷调查显示，仅有5%的教师经常参加双语培训，60%的教师参加过一两次双语培训，35%的教师从来没有参加过培训。由此可知，该校现有的双语教师基本上没有接受过专门的、系统的双语理论学习与技能培训。而我们在对100名学生中进行的关于教师的教学方法是否合理的调查中，发现有30%的学生认为合理，24%的学生认为还可以，46%的学生认为不合理。由于绝大多数双语教师未能掌握、运用双语教学的有效方法，致使“双语教学”成效低迷。

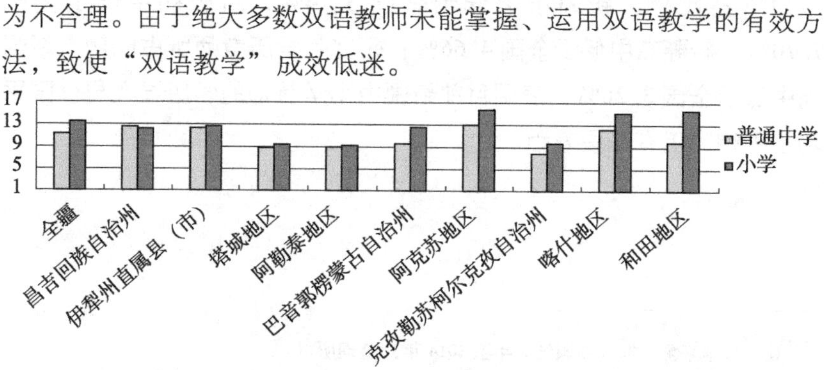

图4－12　2013年新疆中小学每一个教师负担学生数柱状图

表 4－7　2013 年新疆中小学每一个教师负担学生数①

地区	全疆	昌吉回族自治州	伊犁州直属县（市）	塔城地区	阿勒泰地区	巴音郭楞蒙古自治州	阿克苏地区	克孜勒苏柯尔克孜自治州	喀什地区	和田地区
普通中学	11.28	12.57	12.39	8.84	8.8	9.57	12.98	7.94	12.3	9.91
小学	13.48	12.22	12.73	9.47	9.10	12.49	15.66	9.77	15.2	15.67

（二）新疆双语教师整体质量不高，结构不合理

学历结构是指教师群体中每个成员接受不同层次专业教育的比例，它不仅可以反映教师业务素质的高低，而且是衡量教师队伍发展潜力的重要标志。② 国家根据教育事业发展的需要，对教师的学历层次提出了新的标准，即小学教师应具有专科以上学历，初中教师应具有本科以上学历，高中教师除必须具备本科以上学历外，还应有一定比例的研究生学历的教师。

从表 4－8 可以看出，2014 年新疆小学教师以专科学历为主，占小学教师的 60.65%，专科学历以下的教师仍占有 12.4%；初中和高中主要以本科学历的为主，分别占 64.54% 和 90.65%。初中本科学历以下的教师占有 35.09%，高中本科学历以下的教师占有 7.43%，高中研究生学历的教师仅有 1.92%。与全国相比，本科及以上学历的教师所占比例，新疆小学低于全国 3.14%，新疆初中低于全国 7.70%，新疆高中低于全国 4.66%；研究生学历教师所占比例，新疆高中低于全国 3.28%。表明目前新疆中小学教师的学历层次与全国平均水平相比仍有一段差距。

---

① 数据来源：据《新疆统计年鉴 2014 年》整理所得。

② 林永柏、李德才、张福全："我省中小学教师队伍状况及师范教育发展战略研究"，载《现代教育科学》2003 年第 3 期。

表 4-8　2014 年新疆与全国中小学教师学历所占比例对比情况　（单位：%）

学历	小学		初中		高中	
	全国	新疆	全国	新疆	全国	新疆
研究生学历	0.36	0.07	1.24	0.37	5.2	1.92
本科学历	29.74	26.89	71.37	64.54	92.03	90.65
专科学历	55.87	60.65	26.65	34.78	2.74	7.32
高中学历	13.9	12.3	0.75	0.3	0.03	0.1
高中以下学历	0.13	0.1	0.01	0.01	0	0.01

数据来源：新疆维吾尔自治区教育厅编《新疆维吾尔自治区教育统计年鉴》（2014 年）

新疆城镇和农牧区的中小学教师学历层次也存在着显著的差异，在师资队伍配置上也存在着不对等情况，农牧区缺少高学历的教师。见表 4-9。

表 4-9　2014 年新疆中小学城镇和农牧区专任教师学历所占比例对比情况　（单位：%）

学历	小学		初中		高中	
	城镇	农牧区	城镇	农牧区	城镇	农牧区
研究生学历	0.1	0.03	0.53	0.1	1.97	0.67
本科学历	38.14	18.29	71.37	52.54	91.03	85.65
专科学历	56.45	63.34	27.89	46.87	6.91	13.48
高中学历	5.21	18.18	0.2	0.48	0.08	0.2
高中以下学历	0.1	0.16	0.01	0.01	0.01	0

数据来源：新疆维吾尔自治区教育厅编《新疆维吾尔自治区教育统计年鉴》（2014 年）

从表 4-9 可以看出，2014 年新疆中小学专任教师中专科及以上学历的比例，农牧区低于城镇 13.03 个百分点；初中专任教师本科及以上学历的比例，农牧区低于城镇 19.26 个百分点；高中专任教师本科及以上学历的比例，农牧区低于城镇 6.68 个百分点，表明新疆城镇和农牧区中小学专任教师的学历层次存在着明显的差异。

从表 4-10 中可以看出，2014 年新疆农牧区小学教师学历中专科生所占比例较大，其中伊犁州直属市、县、喀什地区、和田地区、阿克苏地区、阿勒泰地区的小学教师中无研究生学历；本科生所占比例阿克苏地区、喀什和和田地区分别为8.90%、5.91%和6.49%；农牧区小学教师中高中生所占的比例喀什和和田地区高达46.70%和42.51%，比全国平均水平13.9高出了许多，说明喀什、和田等地的小学教师基本上以高中学历为主，以上数据说明新疆农牧区小学教师学历整体情况是严重偏低的。

表4－10 2014年新疆农牧区小学教师学历情况 （单位:%）

地　区	研究生所占比例	本科生所占比例	专科生所占比例	高中生所占比例	高中以下所占比例
全国	0.36	29.74	55.87	13.9	0.13
新疆	0.07	26.89	60.65	12.3	0.1
昌吉回族自治州	0.98	25.79	55.95	17.04	0.24
伊犁州直属县（市）	0.00	14.97	60.20	24.13	0.70
阿勒泰地区	0.00	15.54	63.97	20.29	0.20
塔城地区	0.02	11.45	67.90	20.41	0.22
博尔塔拉蒙古自治州	0.03	19.62	60.59	18.60	1.16
阿克苏地区	0.00	8.90	69.03	21.27	0.80
克孜勒苏柯尔克孜自治州	0.02	12.00	55.89	32.02	0.07
喀什地区	0.00	5.91	46.62	46.70	0.77
和田地区	0.00	6.49	50.31	42.51	0.69

数据来源：新疆维吾尔自治区教育厅编《新疆维吾尔自治区教育统计年鉴》(2014年整理所得)

新疆双语教师的职称结构与双语教育的发展存在明显的不协调。2014年新疆小学高级及以上教师占专任教师总数比例，城镇高于农牧区16.72个百分点；初中高级职称教师占专任教师总数比例，城镇高于农牧区47.29个百分点，表明高级职称的教师主要在城镇，而农牧区中小学教师在评聘高级职称时遇到种种条件的限制，很难评上高级职称，缺少高级职称教师。新疆男女教师的比例严重失衡，教师队伍女性化令人担忧。见表4－13。

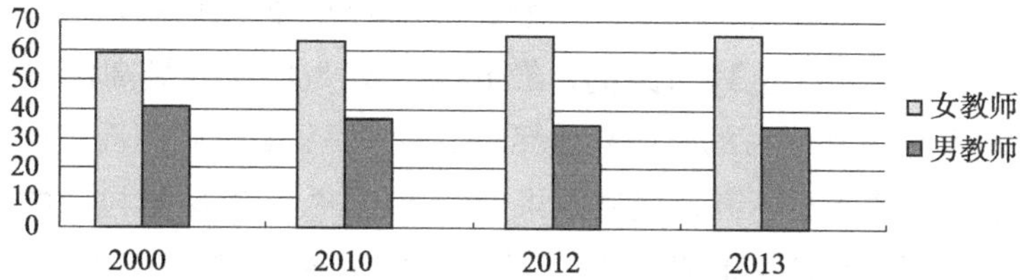

图 4-13　全疆主要年份男女教师占教师总数的比重

从图 4-13 可以看出，全疆女教师占教师总数多于男教师，而随着年份的增加女教师所占比重越来越多。在新疆中小学教师队伍中，女教师占了很高的比例，尤其是小学和初中。新疆中小学教师队伍性别结构不合理，这不利于中小学学生的认知发展。2013 年，新疆有中小学教职工 26.17 万人。其中，小学女性教职工占 69.57%；中学女性教职工占 62.08%。这样继续下去，将使学生性格缺乏灵活性和多向性，不利于学生在认知方面的全面发展。

在新疆中小学双语教师队伍中，教师的民族结构也存在着失衡。由于历史和新疆特殊的地理环境，在新疆，尤其是农牧区少数民族双语教师占了很大的比例。2013 年，新疆学前和中小学双语教育岗位教师 8.6 万人。其中学前双语教育岗位教师 1.55 万人，少数民族双语教师占 76.77%，汉族双语教师占 23.23%；中小学双语教育岗位教师 7.06 万人，少数民族双语教师占 89.66%，汉族双语教师仅占 10.34%。在农牧区这个比例还要高。例如新疆伊犁哈萨克自治州昭苏县哈拉苏乡阿合奇教学点共有教师 7 名，均为哈萨克族，没有一名汉族教师。在该校根本没有汉语语言环境，许多汉语课无法开展。在这种环境下，学生的汉语水平上不去，甚至连教师的成长也受到了影响。由于新疆农牧区客观存在汉语文环境薄弱的现象，如果不彻底改变这种现象，就不利于在民族地区实施“双语教育”政策。

（三）新疆教师结构性超编与缺编的问题是较为普遍的现象，导致新疆双语教师良莠不齐，整体教师数量不足

表面超编、实则缺编，北疆超编、南疆空编，城市超编、农牧区空编，民语言学校超编、汉语言学校空编等现象是目前新疆中小学双语教师队伍普遍存在的矛盾。据统计，一些地方的双语教师占中小学（幼儿园）教职工总数的比例，最低的只有8.81%，最高的也只有30%，而且其中60%的双语教师都是由原来民语教师转型而来的，他们大部分汉语水平不高，授课效果难以保证。① 农牧区学校中的个别教师借调到乡镇机关单位去工作，但同时还占着学校的编制，笔者于2014年9月在新疆伊犁哈萨克自治州昭苏县调研期间，昭苏县教育局正在全面普查个别教师借调到乡镇机关单位去工作的情况，据昭苏县教育局人事科科长海拉提说，在昭苏县这种现象是普遍的，每所学校都至少有3~4名教师在乡镇机关单位工作，而且时间还不短。有些教师甚至在乡镇机关单位已经工作了5~6年，现在要把这些教师清理回学校，不要占着教师的编制而没有从事教育工作。

新疆教师结构性超编与缺编的问题还出现了许多负面影响，比如有的教师工作很辛苦，有的教师却很清闲，上课教师的工作积极性受到了严重的挫伤。而不能上课的教师，大多数是中老年教师，由于种种原因一时又解决不了他们的转岗问题，个别地方甚至采取了“养起来”的办法。这造成的直接后果就是年轻的大学毕业生双语教学能力强，但想进进不来；老教师的双语教学能力弱，想退又退不出去，教师年龄梯次出现断层，影响了牧区学校的长远发展。

目前，新疆农牧区学校少数民族音体美及生物等专业的双语教师比较缺乏，而且汉语水平也非常低，音体美及生物等课程的教学效果与质量也受到了严重的影响。少数民族音体美及生物教师由于汉语水平不达标，不能使用汉语授课，造成虽有少数民族学校双语音体美及生物等专业教师但不能上岗的事实，一些牧区学校的相关课程就此而不能开设。

（四）教师退出机制不健全

笔者在调研过程和与部分农牧区中小学校长访谈中了解到，由于目前新疆在整体上是稳定压倒一切的大局面，而且新疆属于少数民族

---

① 顾红霞：“双语教师队伍建设问题与对策探讨”，载《新疆职业教育研究》2012年第4期。

居多的自治区，教师的人事制度仍然带有浓厚的地方特色。又由于人情因素影响严重、考核测试评价体系单一、教师的退出标准又缺乏规范等种种客观因素，所以教师是不能够随意退出的，特别是牧区的双语教师更不能够随意退出。笔者在新源县坎苏牧业寄宿制学校调研时，据该校巴哈尔古丽·胡尔曼校长说，新源县坎苏牧业寄宿制学校是一所距离县城70多千米，地处偏僻的九年一贯制牧区学校。学校现有教师60名，全是哈萨克族教师，没有一名汉族教师，其中42名教师是中专学历，20名教师是大专学历，获得高级职称的只有5名教师，获小教一级的教师有34名，小学现有524名学生，其中住宿生168名，总共767名学生，师生比是1:12.79。由于没有汉族教师，所以出现了许多困难。诸如不能像其他学校那样采取民汉同室办公，民族教师的汉语水平提高不上去，造成了一些汉语课无法开设。一些不能胜任双语教学的教师，又无权进行解聘，因为教师的解聘是教育行政机关统一管理的。这些不能胜任双语教学的教师整天无所事事，还拿着薪酬，也影响了其他上课教师的积极性，有时候这些教师，也因工作量增加却没有得到相关的待遇补偿会怨声载道。个别教师出去培训了一年或者两年，回校后也还是与之前一样上不了课。另外，就是目前教师考核测试评价体系单一，我们只是把教师资格证和学历作为退出的考量标准，这是很不科学的。有些临时聘用的双语教师，虽然是临时聘用的但是实际的教学水平和业务能力却很高，他们只是因为没能取得教师资格证而无法转正，却因为退出标准欠缺和退出对象的界定不合理，反而成了要退出的胜任教师。巴哈尔古丽·胡尔曼校长的看法虽是一己之见，却是目前新疆牧区双语教师队伍普遍存在的现象，应值得大家高度重视。这些现实存在的问题若不能得到很好地解决，将会直接影响新疆少数民族牧区双语教育的发展。

（五）教师培训机制尚不健全

为了发展民族教育，国家宪法明确规定支持和帮助少数民族发展教育，陆续出台了《关于深化改革加快发展民族教育的决定》《中小学教师继续教育规定》《国家教育事业发展“十一五”规划纲要》《2009～2012年中小学教师国家级培训计划》等一系列纲领性政策文件。国家在投入6000万元实施第一期“国家支援新疆汉语教师工作方案”之后，2009年又投入4470万元启动了“第二期方案”。新疆4年内就有近2900名教学一线的“双语”骨干教师到内地高水平的大学接受了为期一年的培训和提高。教育部启动了一系列重大的教师培训项目，支持民族地区的教师培训工作。教育部采取对口、定点、包干负责的方式和办法落实支援新疆汉语教师工作项目。比如，2003～2006年，新疆包括新疆师范大学、新疆教育学院等部分高校，为全疆培训了小学教师近1000名、初中教师3000名、高中教师1664名。2004～2007年，北京师范大学等6所部属师范院校，每年招收100名内地新疆高中班应届毕业生，定向为和田、阿克苏、喀什、克孜勒苏4地州培养中学汉语教师。自2003年教育部启动“国家支援新疆汉语教师工作方案”以来，国家层而的双语教师培训得到了强有力的支持。2004～2006年，北京大学、西安交通大学承担了培训600名新疆高校、中学教师的任务，每期培训时间为1年。北京语言大学2003～2005年，承担了培训645名新疆中学汉语、英语教师的任务，每期培训时间为45天。与此同时，新疆维吾尔自治区党委和人民政府也下发了《关于大力推进双语教学工作的决定》和《关于加强少数民族学前“双语”教育的意见》，启动了“新疆中小学少数民族双语教师培训工程”。

虽然国家为新疆“双语”教师培训做了大量的工作，花费了大量的财力、物力，但新疆“双语”教师培训工作仍然存在许多问题。张浩、陈丽认为，新疆中小学少数民族双语教师培训中存在的问题主要表现在培训的激励和考核机制不够完善，忽视了培训对象的需求差异性，培训者缺乏资质认定，培训观念呈现滞后性，培训目标发生偏离，培训方式呈现单一性，培训内容脱离教学实际。[①] 顾红霞认为，双语教师的培训应强化目标与层次，培训重点应放在提高受训学员的民汉兼通语言表达能力和实际教学能力上。要紧紧围绕强化学员汉语

① 张浩、陈丽：“对新疆中小学少数民族‘双语’教师培训现状的若干思考”，载《民族翻译》2011年第1期。

授课能力训练和测试、强化学员实习。培训课程除专业课外，还要增加汉文化方面的内容。对偏远农牧区，应给予重点倾斜和扶持。从双语教师培训达标时限、培训比例、培训周期、培训模式、课程体系、培训教材、评价标准等方面，有针对性地开展科学研究，制定不同标准，不搞整齐划一。坚持“以人为本”、因材施教、因人施教，不断探索适合不同民族、不同地区双语教学的模式和方法。[①] 王阿舒、陈光提出，双语教师培训最大的问题是文化培养方面的不足；对参训者语言能力的考核极为重视，对其文化素养的考察不够；承训单位教师队伍的力量相对不足；课程设置不够科学，文化课程本身授课的难度较大。[②] 梁云通过调研得出，新疆少数民族双语教师培训中存在的主要问题是课程设置及课时安排不够合理；教材选用不科学；忽视了汉语的语言环境；过分强调以汉族教师、民考汉教师作为双语教师；教学实习、教学工作的安排未得到应有的重视。[③] 吕青认为，目前新疆双语教师培训的研究工作相对薄弱；一些中小学校的党政领导对教师培训的重要性认识不到位，在选派教师上配合不够，也影响了培训效果；新疆中小学少数民族双语教师培训教材建设比较滞后。[④] 以下是笔者对新疆伊犁师范学院进行培训的教师进行的调研情况，足可以窥一斑而知全貌。

1. 伊犁师范学院作为新疆维吾尔自治区 2013～2018 年地区级双语教师培训的承训单位，具有办学条件完善，教学、生活及安全保卫设施齐全等培训条件。伊犁师范学院作为北疆基础教育师资培养、培训的重要基地和伊犁州教师继续教育中心，在教师培训方面从加强领导、制度建设、细化管理、创立校内外相结合的教研体系、教学相长

① 顾红霞：“双语教师队伍建设问题与对策探讨”，载《新疆职业教育研究》2012 年第 4 期。

② 王阿舒、陈光试：“论双语双文化少数民族双语教师培养中存在的问题与对策”，载《民族翻译》，2012 年第 2 期。

③ 梁云：“新疆少数民族中小学双语教师培训的现状及对策研究”，载《民族教育研究》2007 年第 7 期。

④ 吕青：“新疆双语教师培训的跨越式发展”，载《北京教育学院学报》2012 年第 1 期。

等多方面形成了自有的培训特色，已具有较完备的保障措施和管理制度，校级层面和各教学院系都设有专门负责教师培训的机构和人员，积累了比较成熟的管理经验。近 3 年，完成了 6253 名中学教师继续教育培训和 2 期（80 人）贫困地区少数民族汉语教师普通话培训任务。学院办学用地 852 余亩，教学用计算机 1448 台；另有 12 个实验中心，87 个实验教室；教学科研仪器设备总值达 5700 多万元；图书馆总面积 15000 平方米，馆藏文献 93. 34 万册；拥有集教学、科研、管理为一体的校园局域网。伊犁师范学院现有 503 名专任教师，其中，高级职称教师为 193 人；具有硕、博士学位的超过 300 人。有享受国务院特殊津贴、全国模范教师、新疆维吾尔自治区级教学名师等专家学者近 20 人。伊犁师范学院设有 18 个教学实验中心，下设 87 个实验分室。有一级学科硕士点 3 个，国家级特色本科专业 1 个，新疆维吾尔自治区级重点实验室 1 个，新疆维吾尔自治区重点学科 2 个，新疆维吾尔自治区重点培育学科 1 个，新疆维吾尔自治区级实验教学示范中心 3 个，新疆维吾尔自治区级精品课程 7 门。学院重视科学研究，建有 9 个研究机构和科研平台，1 个新疆维吾尔自治区重点人文社科研究基地，4 个新疆维吾尔自治区产学研联合培养研究生示范基地，1 个新疆工程技术研究中心等；近 3 年，获得省部级以上科研项目 102 项，资助经费超过 1300 万元，实现了“973 重大项目子课题”“国家自然科学基金项目”“国家社会科学基金项目”等 16 个项目类别立项零的突破。目前，学院十分注重全面提高教育教学质量、科研水平和社会服务能力，各项事业呈现出蓬勃发展的良好局面。

2. 新疆伊犁哈萨克自治州教育局和伊犁师范学院对培训教师提出的培训目标：通过两年系统的培训，使参训教师提高思想政治觉悟与职业道德水平，强化汉语水平和汉语授课实践能力，了解中学课程改革的精神，拓展专业知识，能整体把握学科课程内容主线，能抓住学科的本质进行教学，能熟练运用信息技术辅助教学，能够熟练运用汉语进行教材分析和教学设计，并能流利地运用汉语讲授学科课程，胜任“双语”教学岗位要求。总之是要培训出政治合格、业务精湛的初中学段各学科少数民族“双语”教师。培训的内容是：根据新疆中小学少数民族双语教师“两年制”培训教学指导方案的目标和要求，结合参训教师的专业水平和汉语能力，尤其是新课改对少数民族双语教师素质的需求，将整个培训课程设计为公共课、汉语课、学科专业课、教学实践四个板块。课程内容注重教育理论与教育实践相结合，使学员掌握系统的学科教育理论知识，深刻理解学科课程标准的基本理念。同时，通过教育实践，使学员了解双语教学的过程，提高学员课堂教学能力。另外，注重加强学员教材分析、教学设计、评课说课以及运用现代信息技术等技能的训练，突出实用和引领提高，提高培训的时效性。总之，要针对少数民族学前及中小学教师的特点和教学实际需要，着力提高参训教师的汉语授课水平及教学能力。培训的方式是：针对双语教师的特点、发展需求，科学地制订教学计划、确定培训内容、保证培训效果。健全培训制度，开展多种途径，多种形式的培训活动；在培训过程中，既有培训单位教师的讲授灌输，也有参训教师登台讲课；还有中学一线教师和教研员的经验总结；适时去实习基地观摩、实习。在双语教师培训上要能够突出体现差异性教学的理论与策略，因人施教，有的放矢，重视学员间的各种差异，通过教学方法和教学手段的改革，注重培养不同层次上学生学习和运用理论知识解释实际问题的能力，使双语老师能在各自的原有基础上得到较好发展。加强对培训工程的管理和检查，建立与之相对应的奖惩激励机制，使培训过程务实，培训绩效真实有价值。

3. 2013 年 7 月 8 日，为了认真贯彻落实新疆维吾尔自治区党委、人民政府《关于大力推进双语教学工作的决定》《教育部等十部门关于推进新疆双语教育工作的实施意见》(教民〔2010〕8 号) 精神，新疆维吾尔自治区教育厅下发了《关于组织实施 2013 年新疆中小学少数民族双语教师培训工程地区级培训项目的通知》，根据通知精神，于 2013 年秋季组织实施第二期《新疆中小学少数民族双语教师培训工程》地区级培训项目，计划培训 1102 人。

伊犁师范学院负责承训初中物理双语教师的任务，计划培训 30 人。培训对象：具备一定汉语基础、母语为非汉语的使用国家通用语言文字教学的学前和中小学少数民族教师；年龄在 35 岁以下，但对于师德良好且有志于新疆维吾尔自治区双语教学工作的教师，年龄可放宽至40岁；已参加过一年期以上培训的不再列入培训范围，对于确需培训提高的，可按照程序选送参加“跟班驻校”培训。两年期全脱产培训，一年半集中学习，半年教学实践实习；培训采取小班化教学，每班不得超过25人；必修课教材由教育厅指定，选修课教材由培训单位从各中小学教材目录中选定。

培训经费：参训教师费用，人均年培训经费标准为6000元，其中培训费4000元、住宿费700元、教材费400元、交通费300元、实践实习费600元。参训学员伙食补助费由所在县（市）财政承担或由派出学校从公用经费中支出，每月按100元补助，一年按10个月计算，年均补助1000元，两年补助2000元。参训期间，教师工资待遇、职称评定、福利、医疗费在原工作单位不变，由在原工作单位承担。

4. 伊犁师范学院承训的初中物理双语教师培训班现有学员实际共21人，其中物理专业10人（初中9人、高中1人）；数学专业2人（初中）；化学专业1人（初中）；语文专业3人（小学、哈语）；历史专业1人（初中）；汉语专业3人（初中）；美术专业1人（小学）。其中本科毕业生12人、大专毕业生5人、中专毕业生4人。21名学员因来源不同（有的来自城市，有的来自县城，有的来自农村）和学历不同，参加教育教学工作的层次不同，在政治素质、职业道德、专业知识水平、汉语水平、科学素质、人文素质、社会素质等各方面存在着很大差距。学生到校报名开始正式上课前，进行了汉语水平摸底考试和物理专业水平摸底考试，发现差距最大的是专业上的差距和汉语水平上的差距。有些学员刚来的时候汉语水平很差，利用汉语无法表达自己的想法，汉语听、说、写、读都有很大问题，多数学员从来没有参与过双语教学，21名学员当中参加本次培训之前只有2人通过了MHK三级甲等，而且是在大学学习期间通过的，其余的学员虽然参加过几次MHK考试，但都没有通过。经过一年的努力，初中物理双语教师培训班的全体学员，在各方面有了明显进步，有些学员进步很大。全体学员基本上达到了汉语写、说、听、读的基本要求，基本上能用汉语表达自己的想法；物理专业的 10 名教师基本上能运用汉语授课，其中 5 人基本上达到了新疆维吾尔自治区教育厅的汉语水平具体目标。上学期全体学员参加了 MHK 考试，其中 1 人通过了 4 级甲等，5 人通过了 3 级甲等，3 人通过了 3 级乙等。

2014 年伊犁师范学院承训的初中汉语双语教师培训班现有学员实际共 20 人，其中，汉语专业 10 人（初中 6 人、小学 4 人）；数学专业 4 人（小学）；哈语文 3 人（小学、哈语）；体育 1 人（小学）；音乐 1 人（初中）；信息技术 1 人（初中）。

2014 年伊犁师范学院承训的初中生物双语教师培训班现有学员实际共 12 人，其中，生物专业 2 人（初中）；美术专业 1 人（小学）；地理专业 1 人（小学）；数学专业 2 人（小学）；计算机专业 1 人（初中）；物理专业 1 人（初中）；汉语专业 1 人（小学）；思想品德专业 2 人（小学 1 人、初中 1 人）；哈语文 1 人（小学）。

通过问卷的方式在对伊犁师范学院承训的汉语、数学、生物等专业的教师学员的调研中发现：（1）自愿来参加培训的学员只占 20%，个别自愿来的教师有些是因为家在伊宁市，便于照顾孩子，图个家庭短期的"团聚"。而大部分学员是学校安排来的。（2）来到伊犁师范学院参训的教师学习目的不端正，大部分学员都抱着休息的目的，甚至还有其他目的。这些学员完成一到两年的培训结业后，回到原学校并未安排双语教学岗位，有些甚至仍然不能从事双语授课，这在一定程度上影响了现有学员学习的积极性，同时也造成了国家培训资源的严重浪费。

5. 从伊犁师范学院承训的初中双语教师培训班的学员来看，最大的问题是：（1）专业不对口，物理双语教师培训班现有学员 21 人中，物理专业只有 10 人；汉语双语教师培训班现有学员 20 人中，汉语专业也只有 10 人（初中 6 人、小学 4 人）；生物双语教师培训班现有学员 12 人中，生物专业只有 2 人。个别学校确实存在为完成选派指标安排非教学人员来参加培训的现象，有些学员的专业根本不对，本身是汉语专业的却进到数学专业进行培训。一些学校的骨干教师因无人顶岗，校长就不派其出来培训。有些牧区的教师都上岗十几年了，连一次培训都没有参加过，这些教师本身专业知识就有限，又没有机会进行系统的培训，教学观念陈旧、思想僵化、教学理念落后就不言而喻了。（2）伊犁师范学院承训的本来是初中教师，而来伊犁师范学院培训的教师学员大部分却是小学教师。

6. 培训考核。参训教师结业考核分为三部分：（1）参训教师在培训期间参加全国统一组织的汉语水平考试（MHK 考试）。（2）参加新疆维吾尔自治区“两年制”双语教师培训的中小学少数民族教师，采取与自学考试相挂钩的办法提升学历。即参训教师在完成培训院校教学计划的同时，在自愿的基础上，参加由新疆维吾尔自治区高等教育自学考试办公室统一组织的面向新疆维吾尔自治区“两年制”培训学员的“双语教育专业”高等教育自学考试，成绩合格者，其学历可在原有层次上得到提升和认可，即已取得中专学历证书的发放大专毕业证书；已取得国民教育系列大专学历证书的发放本科毕业证书；已取得国民教育系列本科毕业证书的，可获得本科第二学历证书。根据新疆维吾尔自治区参训“双语”教师汉语水平低、专业水平低、汉语教学能力低的现状，将“双语教育”自学考试《汉语口语》统考科目成绩与培训期间学员必须参加的汉语水平考试（MHK 考试）成绩一起，作为“双语”教师培训考核的硬性指标，与“双语”教师培训结业证书挂钩，即参训“双语”教师必须在汉语水平考试（MHK 考试）中成绩达标，必须参加“双语教育”自学考试《汉语口语》科目的考核并取得合格成绩证明，必须在参训院校组织的其他相关考核合格的基础上，方可取得培训结业证书。（3）参加新疆维吾尔自治区“两年制”双语教师培训的中小学少数民族教师，除了参加《政治理论与职业道德》《汉语精读》《汉语口语》《专业汉语》4 门课程外，还要参加新疆维吾尔自治区统一组织的教学技能的测试。《教学技能考核》考核方式为面试，具体步骤如下：第一，考生在考前一周根据网址打印考试通知单，随机抽取两个试讲题目。第二，考生根据抽取的试讲题目，分别准备教案、各设计一个课时的完整教学内容。第三，教案各准备一份，手写，其余两份可以复印。第四，考核试讲时，考生现场抽签确定一个试讲题目，在 20 分钟时间内将教学内容的重点和主要部分展示出来，专家根据考生展示情况评分。详见下表4－11。

表4－11　高等教育自学考试“双语教育”专业《教学技能考核》评分表

学员姓名		准考证号		身份证号	
测试项目	评分内容			分值标准	赋分
汉语表达（25分）	语言流畅、发音准确，表达自如			20～25	
	语言比较流畅、发音比较准确，表达比较清楚			15～19	
	语言不太流畅、发音不太准确，表达基本清楚			8～14	
	语言不流畅、发音不够准确，表达不够清楚			1～7	
汉字板书（5分）	板书规范，笔顺错误少			4～5	
	板书基本规范，错别字较少			2～3	
	板书不规范，错别字多，笔顺错误多			0～1	
专业知识（30分）	学科专业知识扎实，教学过程中无科学性错误			21～30	
	学科专业知识较扎实，教学过程中无明显的科学性错误			11～20	
	学科专业知识不扎实，教学过程中出现科学性错误			1～10	
教学设计（10分）	教学目标符合课标要求，切合学生实际，教学重难点把握准确，教学各环节设计得当，有利于学生的发展			7～10	
	教学目标基本符合课标要求，较为切合学生实际，教学重难点把握较准确，教学各环节设计较好，有利于学生的发展			4～6	
	教学目标不符合课标要求，脱离学生实际，教学重难点把握不太准确，教学各环节设计不够合理，教学不利于学生的发展			1～3	
教学过程（20分）	讲课思路清晰，教学过程完整，教学环节灵活。能引导学生积极参与到学习活动中，注重学生三维目标的培养，适应学生各种能力的发展			14～20	
	讲课思路比较清晰，教学过程比较完整，教学环节较灵活。能有意识地引导学生积极参与到学习活动中，比较注重学生三维目标的培养			7～13	
	讲课思路不够清晰，教学过程不完整，教学环节不灵活。没有关注学生三维目标的培养			1～6	

续表

<table>
<tr><td>学员姓名</td><td></td><td>准考证号</td><td></td><td>身份证号</td><td colspan="2"></td></tr>
<tr><td>测试项目</td><td colspan="4">评分内容</td><td>分值标准</td><td>赋分</td></tr>
<tr><td rowspan="3">教学方法（5分）</td><td colspan="4">教学方法灵活多样，教学手段得当。能合理有效地使用教具、学具及现代化的教学媒体辅助教学，教学效果好</td><td>4～5</td><td rowspan="3"></td></tr>
<tr><td colspan="4">教学方法较灵活，教学手段较得当。能使用教具、学具及现代化的教学媒体辅助教学，教学效果较好</td><td>2～3</td></tr>
<tr><td colspan="4">教学方法简单，教学手段单一。不能合理有效地使用教具、学具及现代化的教学媒体辅助教学，教学效果一般</td><td>0～1</td></tr>
<tr><td rowspan="3">教态（5分）</td><td colspan="4">教态大方、自然</td><td>4～5</td><td rowspan="3"></td></tr>
<tr><td colspan="4">教态比较大方、自然</td><td>2～3</td></tr>
<tr><td colspan="4">教态不大方、自然</td><td>0～1</td></tr>
<tr><td>总分</td><td colspan="4"></td><td></td><td></td></tr>
</table>

（六）新疆牧区教师待遇差，教师队伍不稳定

“国将兴，必贵师而重傅。”百年大计，教育为本；教育大计，教师为本。提高教师的薪酬待遇是吸引优秀教育人才的前提，教育能否吸引优秀人才、留住人才、发挥人才是教育成败的关键。只有调动了教师的积极性，新疆牧区的教育才有希望。在新疆牧区的学校，由于受到条件的限制，教师评定职称相应较难，不少县没有一个特级教师，这在不同程度上严重挫伤了教师的积极性和上进心。新疆牧区学校大多地处偏僻地区，条件十分艰苦，环境非常恶劣，教师们的生活枯燥无味，几乎与现代社会隔绝。再加上在牧区学校工作与在县城工作的工资相差甚多，所以绝大多数教师不愿在牧区学校工作，会想尽各种办法离开牧区学校。

笔者在新疆伊犁哈萨克自治州昭苏县教育局调研时，该县教育局主管双语教育的副书记巴图尔说，每年昭苏县的双语骨干教师都有被党政机关挖走的，教师们嫌待遇差，就想办法到政府机关部门去工作，甚至每年新招录来的特岗教师刚到昭苏县，看到条件艰苦、环境恶劣后连名都没有报就走了，个别的教师等拿了编制后也想办法离开了。巴图尔副书记最后无奈地建议，自治区在招录特岗教师时最好优

先考虑生源地的考生，因为生源地考生的家在这里，他们的父母在这里，同时对他们的出生地有感情，所以这类考生可以留得住。

众所周知，日本从20世纪70年代开始通过大幅度提高教师工资待遇，很快使教师的职业成为热门，于是吸引了大批优秀的人才进入教师队伍，日本的崛起正是依赖于其基础教育的良好发展。

三、新疆少数民族牧区双语教育在维护文化安全中的现状及问题

（一）新疆少数民族牧区双语教育与文化安全教育脱节

新疆牧区地处偏僻，交通不便，信息闭塞，加之教师们业务素质的限制，在从事双语教学的过程中，大多只注重语言教学，而没有注重语言与文化的关系，忽视了在新疆开展双语教育的意义和目的。文化和语言一样，可以后天习得。学生通过双语教育了解和掌握文化是完全可能的，并且是可以做到的。[①] 双语教育是指“以两种语言作为教学媒介的教育系统，其中一种语言常常是但并不一定是学生的第一语言”。[②] 对于新疆少数民族而言，双语教育是新疆民族教育的重要举措，也是新疆少数民族以教育求发展的必要途径。在新疆多元文化背景下，少数民族地区双语教育目标只有充分认识到民族文化平等性和差异性并上升到中华民族文化认同高度才能真正实现双语教育的目的。在双语教育过程中对文化冲突问题的重视与解决对于培养“双语双文化人”的目标意义重大。[③] 因此，新疆大力开展双语教育的目的不仅仅是把学生培养成为双语人，更要把他们培养成为优秀的双文化人。

---

① 董霄云：《文化视野下的双语教育——实践、争鸣与探索》，上海教育出版社2008年版。

② ［加拿大］M. F. 麦凯、［西班牙］M. 西格思：《双语教育概论》，光明日报出版社1989年版。

③ 蔡文伯、杜芳：“冲突与整合：对新疆双语教育与中华民族文化认同的几点思考”，载《兵团教育学院学报》2011年第4期。

（二）在教师培训工作中忽视了对少数民族双语教师文化自觉意识的培养

在新疆牧区的双语教师中，绝大部分是少数民族双语教师，汉族双语教师很少，甚至个别牧区学校连一个汉族双语教师都没有。新疆伊犁哈萨克自治州新源县坎苏乡牧业寄宿制学校1957年建校，已走过近60年的历程，双语教育也开展了多年，现有767名学生，教职工62名，这62名教职工中都是哈萨克族，无一名是汉族双语教师。在调研中笔者发现，在许多牧区学校里，仅有的汉族双语教师大多不懂双语，即学生的母语，而懂学生的母语的汉族双语教师是非常受学生欢迎的。对于双语教师来说，他们既是文化知识的传递者，也是本民族文化知识的传承者，双语教师必须具备多元文化观。在双语教学的实践中，要将民汉文化有机地统一起来，将传承本民族文化的责任与中华民族文化发展使命统一起来。如果汉族双语教师不懂双语而仅仅传授汉语知识，是达不到这一目的的。目前在新疆双语培训过程中，忽视了对双语教师文化自觉意识的培养，双语教师培训课程仅限于提升双语教师教育教学知识、技能水平和能否顺利地通过（MSK）汉语水平等级考试上，没有有效地开展受训双语教师之间文化交流，提高受训双语教师对双文化环境的适应能力；没能积极树立正确的民族观、教育观以及双文化态度，增进对中华民族文化历史渊源与发展的了解和客观评价；没能从真正意义上使受训双语教师明白新疆开展双语教育是实现和培养双语、双文化人的必然途径，也是保存每个民族语言文化和促进中华民族文化发展的唯一途径。在培训过程中，忽视了文化的价值和社会的影响，甚至造成了双语教育意义被政治化的倾向。在新疆多元文化背景下，少数民族地区双语教育目标只有充分认识民族文化平等性和差异性并上升到中华民族文化认同高度，才能真正实现双语教育的目的。①

---

① 蔡文伯、杜芳：“冲突与整合：对新疆双语教育与中华民族文化认同的几点思考”，载《兵团教育学院学报》2011年第4期。

（三）在新疆许多牧区学校里爱国主义思想和民族团结的教育还没有真正落实到位

近年来，新疆公安机关和国家安全机关查获了大批“伊扎布特”组织在各级各类学校的宣传品，说明新疆分裂主义势力正在思想意识方面，拉拢、腐蚀和危害着新疆少数民族青少年，试图从“娃娃抓起”，培养他们成为今后的骨干成员。无怪乎，新疆分裂主义势力提出了“要提高分裂主义势力的文化层次，着重从具有宗教和科学文化知识的青少年人中发展力量”① 的口号。因此，在新疆的学校尤其是偏远的农牧区学校是民族分裂势力进行意识形态渗透的重要领域，我们必须加以高度重视和警惕。但目前在牧区少数民族双语教学中，对在意识形态领域反分裂教育的重要性的认识还不够明确，措施方法不到位，甚至包括学校领导、教师都没有意识到它的重要性，只是在新疆某地发生暴乱后才组织师生学习一下文件，开几个座谈会批评一下，或者在班会上讲一讲就了事，等下次暴乱发生后再学、再批。学校领导和教师们根本没有从教学计划、课程设置以及教学的各个环节来突显意识形态领域里民族团结教育的重要性，教育行政部门和学校也都没有建立一套长效稳定的文化安全机制。

（四）在牧区学校里对党和国家宗教政策的宣传力度不够

个别人包括一些国家公务员和教师的民族感情往往演变成了一种狭隘的民族情绪，在对新疆的民族关系、非法宗教活动的理解上没有形成正确的认识，在大是大非面前含糊其辞，甚至抱有同情的思想，致使党和国家的宗教政策不能宣传到位、落实到位，同时也助长了非法宗教活动和新疆各地经文学校的开办。据 1990 年 1 月调查，新疆私人擅自办的经文班（点）就有 938 个，共带塔里甫（满拉）10742 人。其中最多的是喀什地区，350 个经文班约 4000 人。参加学经的人，大部分是城镇初、高中待业青年，初高中学生。自 1990 年起每年查禁各种经文学校 1000 余所，其中许多是在校学生。这些在校学

---

① 中共中央文献研究室、中共新疆维吾尔自治区委员会编：《新疆工作文献选编（1949～2010 年）》，中央文献出版社 2010 年版，第 474 页。

生或晚上学经文，或半天上学半天学经文，有些甚至辍学全天学经文。1990年新疆巴仁乡反革命武装暴乱的许多骨干分子就是喀什地区叶城县经文学校培养出来的，1997年“伊宁事件”就是由地下传教热潮中的极端主义观念发展为信众在伊宁街头的暴力恐怖行为。从20世纪80年代开始，新疆一些民族分裂主义分子通过结婚时不给念“尼卡”（穆斯林结婚时的一种教法仪式），死后不送葬，过节不拜节等做法，向不参加宗教活动的人包括党员干部施压，使其在本族人中被孤立，强迫其信教。宗教信仰常常成为民族分裂势力破坏新疆民族团结、分裂祖国统一的工具，许多信教群众不辨是非，盲目跟从，最后走向了一条不归路。而至今在新疆各级各类的学校里，尤其是在新疆广大的牧区学校里，宗教政策的宣传仅仅停留在书本上，未能采取更为有效的形式和措施，教育和正确引导广大的学生树立良好的宗教观、民族观和人生观，这需要党和政府以及各级学校予以高度重视。

（五）在牧区学校里很多教师和学生，对新疆的历史演变和多元民族文化交融等历史事实的认识仍然不够清晰

新疆自古以来就是一个多民族聚居的地区，新疆是我国统一的多民族国家不可分割的一部分，新疆辉煌灿烂的文化历史是中华各民族共同创造的，她也是中华民族的共同历史的一部分。新疆是各民族共同生活的大家园而不是哪一个民族的家园。[①] 新疆自古以来拥有的多民族聚居、各种文化交融、多宗教信仰并存的历史，造就了以中华民族为核心的一体多元的文化格局。新疆各族人民是中华民族的一分子，新疆自古以来就是中国不可分割的一部分。面对这么重要的认识，至今仍停留在表面和书本上，没有达到人人知道，根深蒂固，生根发芽，没有形成正确的认同，没有真正根植于教师和学生的心中。

① 马大正：“新疆历史纵论”，载《中国边疆史地研究》2002年第9期，第10页。

四、新疆少数民族牧区双语教育发展的个案研究——以尼勒克县为例

新疆尼勒克县地处北疆西部中天山西段，伊犁地区东北部，东西长243千米，南北宽70千米，呈柳叶状，总面积10305平方千米。地形东高西低，海拔800～4590米，年平均气温5.8℃，平均降水量为350毫米，属典型的温带大陆性气候。全县总人口为17.92万人，由哈、汉、维、蒙、回等28个民族组成。由于自然条件的限制和历史原因，尼勒克县是一个以牧为主的偏远山区县，草场1016.4万亩，其中可利用草场980.8万亩。1986年，尼勒克县被列为全国贫困县，1988年被列为国家、自治区重点扶持的牧业贫困县，2001年又被列为全国重点扶持县。因此，对尼勒克县牧区双语教育进行探索和研究是有代表性的。

（一）新疆尼勒克县牧区双语教育的基本情况

尼勒克县现有36所学校和6所公办幼儿园及民办幼儿园开设了双语教学班，2014年该县少数民族学生总数为23952人，其中双语教学班已达到400个班，学生有10955人，占少数民族学生总人数的45.7%；民考汉学生有9967人，占少数民族学生总人数的41.61；普通民语班学生2859人，占少数民族学生总人数的11.9%。学前双语及幼儿园111个班，4199名学生，民考汉学生884人，共占少数民族幼儿总人数的100%。小学双语278个班，6402名学生，民考汉学生5857人，共占小学少数民族在校生总人数的98.18%；初中双语11个班354名学生，民考汉学生2852人，共占初中少数民族在校生总人数的74%；高中民考汉学生374人，共占高中少数民族在校生总人数的34.6%，职业高中双语6个班，学生171人，占职高少数民族在校生总人数的100%。牧区学校基本上采取单独编班。

1. 尼勒克县牧区学前教育基本情况。目前，尼勒克县共有10所幼儿园（公办幼儿园6所，民办幼儿园4所），其中42所小学附设了学前班；幼儿园教职工共有118人（其中公办幼儿园教职工在编有20

人，民办幼儿园教职工有41人）；尼勒克县在园幼儿及附设在小学学前班幼儿有3495人，学前三年毛入园率是54.9%，学前一年毛入园率是97.8%。

2. 尼勒克县牧区义务教育基本情况。小学适龄儿童入学率99.79%，初中适龄少年入学率100%，残疾儿童少年入学率为83.33%。小学辍学率为0.04%，初中辍学率为0.63%。文盲率为0。

3. 尼勒克县牧区高中阶段教育的基本情况。目前，尼勒克县未普及高中阶段教育，高中阶段教育学校有一所高级中学、一所职业学校。2009年尼勒克县初中毕业生2155人，升入县内高中828人，升入县内职业学校43人，升入县外职业学校及高中600人，县内高中阶段毛入学率为40.4%。2005年，尼勒克县委、县政府通过布局调整将尼勒克县一中、二中、三中、四中、五中的高中部合并，成立了以汉、哈、维、蒙四种语言合校的全县唯一一所寄宿制高级中学。学校占地面积70亩，建筑面积共13533平方米，现有教职工187人，学生2123人，教学班46个（其中汉语班26个，哈语班12个，维语班6个，蒙语班2个）。

4. 尼勒克县牧区教师的基本情况。尼勒克县有教职工2507名，专任教师2286人。高中教职工187名，初中教职工745人，小学教职工1541人，幼儿园教职工20人，职业学校教职工14人。其中民汉比例为汉语教师1055人，民语教师1452人。

（二）尼勒克县牧区双语教育存在的困难和问题

1. 尼勒克县牧区双语教育发展不均衡。主要表现在以下几个方面：一是广大的农牧区教育资源配置不足，以致学校设备差、师资力量差、学生很难继续深造。特别是在牧区，由于自然条件的限制，中小学校布局点多面广，办学规模较小，难以集中投入改善办学条件。二是城镇学校生源增加，牧区学校生源萎缩。在资源配置、教育质量、自我发展能力等方面的差异以及学生家长的择校心理，造成城镇学校班额过大，而牧区生源不断萎缩，出现了许多微型学校和微型班级。三是教育资源浪费与教育资源紧缺并存。一方面部分牧区学校布局调整后出现了部分校舍闲置，另一方面部分学校教学用房、教辅用房不足，财务无力投入改善。四是教育系统基层组织建设及学校领导班子队伍亟待加强。

2. “双语”师资严重短缺。目前尼勒克县牧区共有教师2507人，双语教师缺岗187人，尼勒克县牧区教师的总量满员与各语种之间、各学科之间超缺矛盾突出。汉语学校缺编，特别是数学、艺术及信息技术等学科教师短缺，民语学校总体超编，但“双语”教师不足，担任“双语”班教学任务的教师基本上是合同教师和临编教师。虽然有些民语教师取得较高级别的（HSK）汉语水平证书，但是不能胜任“双语”教学任务。教师队伍建设存在的突出问题及原因分析：(1) 师资结构不合理。音体美等专业教师缺乏；师资的年龄、学历、职称结构不尽合理，从年龄结构来看，师资年龄呈超年轻化趋势；从学历结构看，学历还有待于进一步提高；从职称结构看，高级职称的教师还较少。(2) 教师整体素质有待进一步提高。教师队伍的业务素质还不能完全适应现代科学技术发展与教育改革的需要。主要表现在中青年教师拔尖人才不多，学科带头人、骨干教师数量不足，有的教师的教学方法和手段不能适应教育改革发展的需要，有的青年教师缺乏授课经验，极少数教师缺乏勤奋工作和刻苦学习的精神。(3) 师资队伍的流失问题没有从根本上得到解决。一方面学校培养能力有限，另一方面，由于教师周转房以及其他待遇相对较低，不及公务员，吸引和留住人才的良好氛围尚未形成，不少优秀人才流向外县市或公务员队伍，师资得不到及时补充，特别是教师结构性缺编、年龄老化和学科结构失衡三大问题，造成师资紧缺和教育资源短缺现象。

3. 尼勒克县牧区学校教育经费严重不足。2007～2009年尼勒克县财政经常性收入分别为6694万元、8784万元、11429万元，增长率分别为76.34%、31.22%、30.11%。预算内教育拨款分别为11499万元、14280万元、22219万元，增长率分别为47.33%、24.18%、55.60%。虽然每年的教育经费都在不停增长，但是2007年、2008年“三个增长”缺口资金仍有3038万元的缺口，这个数字对于经济发达地区可能不算什么，但对于一个偏远的国家级贫困县来说可就是一个庞大的数字。况且新疆牧区学校面广、点多、线长，由于牧区学校需要更多的教学辅助人员，所需经费比其他地区的学校所需的经费要高四五倍。

4. 新疆大量使用的是人教版的各学科教材，人教版《语文》很自然地成了双语教学中汉语课的首选教材。人教版的《语文》教材的特点是内容繁多、识字量大。如人教版小学一年级1、2册《语文》每册要求识字量都在470字以上，小学低段的前两年基本要达到1800字以上的识字要求，为进入中段以后的阅读教学打好基础，小学和初中语文教材中还有古诗词、文言文的学习要求。由于牧区学校受自然条件等因素的限制，大多数汉语教师自身汉语言文学、文字和文化功底上都是薄弱的。学生来自牧区，从小就没有语言环境，日常接触汉语的机会非常有限，加之校园与家庭均缺乏支持语文教学的基本环境，因此学生从第二语言转向第一语言的学习就会遇到听不懂、也不会说流利汉语的天然障碍。人教版《语文》教材在牧区学校使用就出现了教材难度大、学生难以理解等问题。

5. 牧区学校的个别领导、教师对"双语"教育教学的理念不深，幼教理念相对滞后，传统的教学观点对少数民族牧区学校的约束很强。由于少数民族牧区基础教育长期以来处于封闭状态，教学参考资料的奇缺，教师和学生被束缚在教科书中使广大教师的教育探索意识弱化，主体意识被削弱，难以接受消化现代的先进教学理念。所以，有些学校因地制宜地利用现有条件创建有利于学生创新性意识的能力较弱。这些问题的存在对推进少数民族牧区的双语教育和提高双语教学效果有很大的负面影响。

6. 牧区学校缺乏教学研究的教学管理方法，没能使教学科研人才发挥作用，也没能建立起通过教学实践不断提高教师队伍的素质、培养优秀教育研究人才的机制。另外引进利用教育科研人才缺乏计划性，教学研究脱离了提高教学质量的需要，难以在培养人才方面发挥作用。还有教学改革缺少长期的规划，造成了教学质量始终在低水平徘徊的不良局面。

7. 双语类图书严重缺乏。双语图书是双语教师组织课堂教学阅读、讨论以及学生课内外自行阅读的主要辅助性教材。尼勒克县种蜂场九年制学校双语图书共有 9060 册，其中文学类图书有 7092 册、科学类图书有 752 册、政治类图书有 559 册、工具书类图书有 389 册、教师用书类图书有 268 册、双语类图书有 0 册；纯汉语类书籍 5719 册、蒙古语类书籍 183 册、纯新疆少数民族语类书籍 1322 册、纯哈萨克语类书籍 1836 册、双语类图书 0 册。汉语类图书丰富，约占总书籍的 70%；文学类书籍相对较多，科普、工具类的图书相对匮乏和双语类图书严重缺乏。再加之该校的图书主要来源是社会的捐赠，学校几乎没有资金投入购书，就更谈不上有规划地引进相关门类的书籍了。总之，不管从数量上来说，还是从种类来讲，许多学生都希望学校能有更多的双语图书资源，拥有更能拓宽他们视野和培养双文化类的双语图书资源，而不是那些陈旧的、不能反映世界发展动态的、有限的非双语类书籍。

第四节　加强和维护国家文化安全双语教育的国际经验与启示

近年来，随着全球经济一体化、政治多极化、国家安全尖锐化和文化多元化进程的不断深入，各国家间的相互依存和交流越来越密切。而语言作为人类重要的交际工具已成为人们关注的热点。为了适应国家的安全稳定、民族的团结、全球化的经济发展需要，英美等发达国家把双语教育看作提高国际竞争力、国际安全意识的重要工具，各个国家相继从战略的高度制定了各自的双语教育政策和规划，在具体实施双语教育的实验过程中取得了丰硕的成果。通过对国外双语教育的现状、教学的内容、教学方式以及相应的双语教育政策的了解，可以对我们新疆牧区开展双语教育有所启发和指导。

一、世界各国双语教育发展的历史与现状

（一）美国双语教育

美国是世界上最早实施双语教育的国家之一，迄今为止，美国实施双语教育已有四百多年的历史了。

1. 1965 年，美国政府从国家和法律的角度制定了《中小学教育法》并得到了美国国会的通过。1968 年，美国《中小学教育法》促成了《双语教育法》（Bilin - gual Education Act）的诞生。《双语教育法》的诞生开启了美国法定双语教育的历史，被称为“美国双语教育的里程碑”。《双语教育法》是美国历史上第一个由政府资助双语教育，以法律的形式保障少数种族语言与英语在教育中的平等地位的法案。美国 1968 年的《双语教育法》以法律的形式规定了资助双语教育的具体拨款数目、如何批准、如何分配、拨款的使用范围及使用条件。该法规定双语教育的拨款是专款专用，数目从 1968 年法案颁布之日起先拨 3000 万美元，逐年增加，到 5 年后的 1973 年须达到 1.35 亿美元。对家庭年人均收入低于 3000 美元的，家庭总收入在家庭资助计划水平以下且有学生的，在州计划批准通过的《社会安全法》的中规定的水平以下的家庭要给予资助。该法案还对印第安居留地学校的学生实施双语教育计划等事宜进行了具体说明，并指出要专门成立双语教育咨询委员会。此外，政府的拨款还要用来提供教辅人员的岗前培训、教学设备与器材的添置。还有一部分拨款用于设立地方双语机构部门、建立双语教育部门等，制定各类政策，包括财政预算、报告经费等，以维护和确保拨款真正产生效果。美国 1968 年的《双语教育法》，目的在于强调通过政府的资助，使美国各个地方教育机构能够在移民中小学开发和实施双语教育计划，满足移民学生提高英语语言水平的特殊需求。

2. 在总结经验与教训后，为体现平等教育的机会，1974 年，美国国会对 1968 年的《双语教育法》进行了修正，修正后的法案明确了为英语能力有限学生服务的教育目的和宗旨，进一步扩大了双语教

育针对的群体。为进一步推进美国的少数民族教育事业，美国国会于1978年再次修订了《双语教育法案》，1978年的双语教育修正案使界定更为清晰，内容更加完备。目的在于强调学生在听、说、读、写以及运用、理解等认知领域的需求，进一步扩大有资格参加双语教育的人群范围。在拨款方面，“凡是符合条件的学校都可以申请联邦或州政府资金，并且联邦政府所拨的资金可以用于学校，州政府无权干涉”，[①] 真正实现了专款专用。另外，该法案规定，如果英语熟练程度的学生达到一定数量的地方教育机构就“必须建立双语教育计划”。这实际上是把以往学校可以自由选择是否使用双语教育的方法改变为强制执行，体现了政府对双语教育的重视。

3. 美国国会于1984年、1988年、1994年又分别通过了三次修正案，细化了以前的法案。例如，1984年的法案“不再要求用学生母语进行教学，各学区可以选择他们认为最适合非英语学生的学习方法，只要他们能拿出证据，标明所用方法是最适合的”。[②]

4. 国家安全既是美国制定双语教育政策的起点，又是其目标的终点。美国实施双语教育自始至终都贯穿着国家安全的战略考虑。美国的这一进程始于1958年颁发的《国防教育法》，美国的《国防教育法》首次从国家安全的战略高度，将双语教育提高到与数学和科学教育同等重要的位置上。在美国《国防教育法》的推动下，1965年，美国的《高等教育法》又进一步提出：双语教育在保障美国未来经济发展方面至关重要。该法案鼓励美国商界与双语教育计划合作，建立相互促进的共生关系，以利于国家未来经济利益的最大化。1984年，美国《经济安全教育法》授权美国政府为双语教育拨款。1993年，美国国会通过了《国家安全教育法》，目的是为美国情报机构和外交部门提供更多熟练的双语工作人员，同时决定为大学拨款以改进文化和语言的训练，为美国大学生和研究生在其他国家学习语言提供奖学金。由此，美国大中小学的双语教育的数量和质量都得到了很大

---

① 王斌华：《双语教育与双语教学》，上海教育出版社2003年版。

② 同上。

提高。

5. 美国双语教育的实施情况。美国的双语教育的类型主要有：过渡式双语教育模式、沉浸式双语教育模式、双向双语沉浸教育模式、保留式双语教育模式四种。

（1）过渡式双语教育模式是借助学生的母语来进行双语教学，随着学生英语水平的不断提高再逐渐过渡到用英语教授其他课程。实施这种模式的班级一般由母语相同的学生组成，学生的母语在这种模式下只是过渡，最终的目的是使学生尽决融入英语授课的班级。

（2）沉浸式双语教育模式是用母语教授学生的所有课程，母语不再作为单独的语言课程。教师在讲授自然科学、社会科学等课程时，可以借助各种工具、姿态语言、图片等方式来帮助学生习得语言。

（3）双向双语沉浸模式是为了培养学生的双语能力和发展学生的跨文化交际能力而把两种不同语言文化背景的学生安排在一起学习。这种模式的最大特点是把英语和其他语言有机地结合起来，提供共同的教学语言，其中英语和其他语言是平衡的。参与这种模式的学生都是自愿参加的，主要在小学进行。一般在学到四年级的时候，就能达到两种语言的平衡。

（4）保留式双语教育模式指学生在初学语言时，同时学习第一语言（母语）和第二语言，其目的是使学生能够熟练地掌握和使用两种语言，使少数民族学生和移民学生在提高英语水平的同时，也同时提高他们的母语水平，而不至于使学生忘记母语，使学生的母语逐渐消失。

6. 美国双语教育的教学方法主要有母语法（MNL）和转换法（TESL）。母语法（MNL）通常是先让学生学习母语，待学生充分掌握了母语后，再教学生的第二语言——英语；转换法（TESL）是让学生直接接触英语的学习方法，转换法主要接受了沉浸式双语教育的方式，让学生离开课堂，离开学校，采取社会实践的方法培养学生英语能力的“脱离式教学”。

7. 美国非常重视双语教师的选拔和培训，规定了双语教师应具备的条件和培训机制。

（1）美国双语教师应具备的条件。美国政府要求双语教师除了必须具备职业道德、扎实的专业知识、丰富的文化知识等专业素质外，还应符合下列条件：首先，双语教师必须是双语者和双语文化者。即双语教师必须具备两种较高的语言水平，要熟悉两种文化，还有跨文化交际能力；必须经过专门的培训，有政府颁发的资格证书，只有持有证书的人才能申请双语教师的职位。其次，必须具有从事双语教育的综合能力。比如，如何准备课前资料、如何使用教学策略、如何设计有效的教学、如何进行教学评价等。①

（2）双语教师必须定期参加双语师资培训。美国的双语教师培训方式有两种：一种是脱产到大学接受双语教师培训。在大学教师主要接受语言知识、多元文化知识、教学技能等课程的培训。第二种是在职双语教师培训。教师主要在任教的学校进行，主要内容包括针对不同教学对象的双语教育技巧训练，旨在提高教学能力。

（二）英国双语教育

由威尔士、英格兰、北爱尔兰和苏格兰四部分组成的英国，其官方语言为英语。英国开展双语教育的历史悠久。由于各地区所处环境不同、民族成分和语言文化的差异，造成英国的双语教育因地区而异。为了能够使外来移民等少数民族子女掌握英语，将来可顺利融入主流社会，在英格兰地区采用了过渡性双语教育。而为了更好地保护和发展当地少数民族语言和文化，在威尔士、苏格兰和北爱尔兰三个地区就采用了实施的双语教育属于保留性双语教育。

在英国的威尔士，因使用威尔士语的人数达到了50万，所以其官方语言除了英语外，还有威尔士语（Welsh）。在威尔士开展双语教育是大势所趋，其成果也尤为显著。

1. 在英国的威尔士地区开展的双语教育，准确地说应该是一场抢救性的双语教育。由于历史的原因，除由于英国的语言政策外，随着英语的推广普及，加之当时工业化和移民潮的强烈冲击，人们对威尔士语开始产生了偏见，许多家长都希望子女掌握英语以融入主流社

---

① 陆敏、孔娜："美英德法四国的双语教育"，载《新疆教育学院学报》2009年第3期。

会，使用威尔士语的人逐年锐减，致使年轻人只会听说而不会读写威尔士语。面对这种状况，为了遏制和扭转威尔士语的衰势，1906 年，为满足威尔士人提高威尔士语在教育中的地位的要求，英国政府在教育部设立了威尔士司，在威尔士地区开始实施双语教育。在 20 世纪中期，威尔士人要求政府立法保护威尔士语。1967 年，威尔士中央教育顾问委员会（Central Advisory Council for Education）出版了《威尔士初等教育》报告。该报告要求，在威尔士的小学阶段全面推行双语教育，在学校英语和威尔士语均作为教学语言使用。《威尔士初等教育》的发表，确立了威尔士语在学校课程中的核心地位。同年，在威尔士通过了《威尔士语言法》，该法的通过标志着威尔士开始从法律上给予双语教育保障。该语言法规定：在威尔士地区，以威尔士语发表的任何法案、任何书面文字形式，与英文发表的具有同等效力。1993 年，威尔士政府又推出了新《威尔士语言法案》，该法案确定在威尔士地区的官方语言是威尔士语和英语。该法案还规定：在威尔士地区的公共机构必须提供双语服务；在法庭内，威尔士人民拥有使用威尔士语的权利；设立威尔士语言委员会，负责监督有关法规的实施。

2. 目前，通过立法，威尔士越来越多的儿童进入了以威尔士语为教学语言的幼儿园就读，同时扩大了中小学对威尔士语教学的需求。在具体实施双语教育的过程中，威尔士政府根据使用威尔士语的人口比重划分三个不同地区，采取不同的方式进行双语教育。

（1）在威尔士语区，凡是有 45% ~55% 的学生使用威尔士语的地区，小学（幼儿部）以威尔士语为唯一的教学语言，中学可以选择威尔士语或英语作为各门课程的教学语言。

（2）在混合语区，凡是有 20% ~45% 的学生懂威尔士语的地区，指定的威尔士语小学大部分课程以威尔士语为教学语言，普通中学可以选择威尔士语或英语作为数学和科学的教学语言，双语中学英语和威尔士语同为教学语言。

（3）在英语区，学生语言多数以英语为语言背景，以英语为媒介语的学校威尔士语是一门第二语言课程，以威尔士语为媒介语的威尔士语学校威尔士语在教学中有所应用，双语学校英语和威尔士语同为教学语言。

（4）在威尔士语区，学生人数超过700人的中学，要求所有教师都是双语者，根据学生的威尔士语水平，学校要有30%～50%课程用威尔士语教学，由英语授课逐步过渡到双语授课。威尔士语区学生人数低于600人的中学，威尔士语占主导地位，同样要求所有教师都是双语者。对写、说威尔士语能力较强的学生，70%或更多的教学用语采用威尔士语；对初学威尔士语的学生，开始两年沉浸于威尔士语学习，以后逐渐用威尔士语作为教学语言。

在语言混合区学生人数低于600人的中学，母语为威尔士语的学生占很少一部分，要求部分教师讲威尔士语。对威尔士语水平较高的学生，70%或更多的课程用威尔士语教学；对威尔士语水平一般的学生，30%～50%的课程用威尔士语教学；另外一部分学生，采用双语教育。

3. 在英国，除了威尔士地区的双语教育是为了能够使外来移民等少数民族子女掌握英语，将来顺利融入主流社会而采用了过渡性双语教育外，英国还意识到了外语教育在社会发展和经济发展中的作用。目前，英国人已经认识到，英国国民的整体外语素质落后于欧洲其他国家，而且开始影响经济发展。于是在2002年英国教育技能部（Department for Education and Skills）颁发了一个战略性的规划文件——“语言学习”（Language Learning），这个规划的目的就是提高英国国民外语素质。随后又根据“语言学习”提出了具体的实施方案，即《外语教育发展战略》（Languages for All：Languages for Life—A Strategy for England）。这个方案实质上是改变了英国外语教育政策上的战略调整，强调了英国国民只有掌握了外语，才能在国际交往中真正克服语言障碍，才能积极推进和促进经济贸易活动。英国人只有学习英语以外的语言，才能拓宽交流渠道，而且还有利于自己心智、思维能力、认知能力的发展；要想深入了解世界上各个民族的传统文化、风俗习惯、思想观念，就必须学习其他民族的语言；要想挖掘学生的学习潜力和热情也必须为孩子们提供学习外语的机会，这充分反映了英国人对外语教育的最新认识。

（三）澳大利亚双语教育

澳大利亚是英联邦国家，其通用语言是英语，1985年，澳大利亚就开始了双语教育。目前，在澳大利亚开展的是英语与法语、德语、汉语、希腊语、印度尼西亚、日语、意大利语、土耳其语等多种语言之间的双语教育。澳大利亚双语教育的目的主要是提高学生非英语语言的交际能力。在澳大利亚，双语教育指的是使用和促进两种语言的教育以及为语言少数民族儿童实施的教育。这个概念包括了广义的双语教育和狭义的双语教育。广义的双语教育指的是学校中使用两种语言的教育，狭义的双语教育指的是学校中使用第二语言或双语来教授部分科目的教育。①

1. 澳大利亚双语教育主要有三种模式：过渡性双语模式、保留性双语模式和浸入式双语模式。过渡性双语模式是把澳大利亚土著语言的听、说、读、写等技能迁移到英语，目的是让土著学生尽快地融入主流社会。最初采用学生的母语作为教学语言，随着学生年级的升高，学生母语教学科目逐步减少，英语教学的科目不断增多，最终英语成为主要的教学语言。保留性双语模式是因为政治和文化的因素，为了防止和保护少数民族英语文字的消亡或衰退而实施的。浸入式语言教学是指运用第二语言教授这种第二语言和重要教学领域的双重教学。② 澳大利亚的学校通常采用部分浸入式双语模式。在澳大利亚，一般情况下，是否参加浸入式模式由学生自己决定。

2. 澳大利亚非常重视双语师资的培训工作，比如澳大利亚昆士兰州政府就规定：所有中小学教师必须是澳大利亚居住者；教师必须接受至少三年的师资培训；非英语的教师必须达到昆士兰州教师注册委

---

① Mieheledeeourcy, Policy Challenges for Bilinal and Immersion Edueation in Anstralia: Literaey and Language Choices for Users of AboriginalLanguages, Auslanand Italian, International Journal of Bilin al Education and Bilin alism, Vol. 8 (2) (3), 2005. 转引自吕华："澳大利亚双语教育研究"，南京师范大学2006年硕士学位论文。

② Simone Smala, Introducing: Content and Language Integrated Learning. University of Queensland, 2009.

员会规定的英语水平，并在昆士兰州教师注册委员会注册登记。[①] 昆士兰州政府还规定，所有双语教师都必须是精通英语和学生目的语（第二语言）的双语者。澳大利亚在师资培训模式方面的创新之处是通过浸入式教学来培养浸入式教师。这样，被培训者就容易掌握如何使用浸入式教学法来上课了。[②] 在澳大利亚，还非常注重双语教师各种语种的培养，尤其是针对从事一些小语种教学的双语教师。

3. 澳大利亚双语教育的方法灵活多变，强调教师提供丰富的、学生能够理解的信息来激发学生积极参与课堂教学的兴趣。在教学中，教师还可根据需要采取图文并茂的方法，使学生很快掌握教学内容。教师在讲解法语时，鼓励学生运用推断和猜测等方法。浸入式双语教育的一项主要原则就是将语言和文化知识视为一种资源，知道得越多，学起来就越轻松。[③] 学生在学习过程中一定会遇到一些新的知识，教师要求学生根据已学过的知识去推断或猜测。教师还给学生提供各种运用目的语学习的机会，譬如，让学生回答问题、在教室进行对话表演、角色变化、集体讨论和交流等。另外还安排学生住在当地目的语居民的家里，一边参观旅游，一边在当地学校接受教育。而对于那些双语成绩较好的学生，学校则邀请大学的教师为他们开设讲座、大学课程等。

4. 澳大利亚对学生的双语教育有非常科学可行的评价技术和方法。学生在完成中学阶段的所有课程后即可获得毕业证书，但在最后一个学年须参加校外的“核心技能测试”（the Core SkillS Test）。澳大利亚的大学在录取新生时，主要依据学生十一年级、十二年级的学生成绩和校外统考“核心技能测试”的成绩。[④] 由于明文规定，如果双

---

① 王斌华：《双语教育与双语教学仁》，上海教育出版社 2003 年版，第 207 页。

② 余强：《国外双语教育的理论与实践》，陕西人民教育出版社 2006 年版，第 332 页。

③ Tara W. Fortune. What Parents Want to Know About Foreign Language Immersion Programs, http://www.cal.org/resources/digest/0304fortune.html,（August 2003）2010 - 4 - 7.

④ 姜宏德：“关于双语教育评价的理性思考”，载《教育发展研究》2005 年第 6 期，第 58 页。

语班学生的成绩不如常规班学生的成绩，那么学校将不再办双语班。这在很大程度上激励了双语班学生的学习积极性，所以在每次双语班学生与常规班学生参加的数学测试中，双语班学生的数学成绩都远远高于常规班学生，另外双语班学生的目的语的听、说、读、写技能都明显优于常规班。同时，为了提高少数民族学生高校的入学率，澳大利亚教育部门规定高考中要加入民族语文的考试。在高考总分500分中，英语考试成绩只占50分，而学生选择的民族语言考试可计入100～150分。这在分数上就可以看出澳大利亚教育部门是非常重视少数民族学生的民族语言的。

5. 澳大利亚双语教育的显著特点：

(1) 完善的双语教育理论为澳大利亚双语教育的成功奠定了坚实的理论基础。在澳大利亚有许多学者从语言学、社会学、人类学、心理学、教育学、儿童发展学等多个角度来研究双语教育，并取得了显著的成果。如墨尔本大学语言学家麦考·克林教授认为："双语教育在促进儿童认知方面具有很多优势，双语儿童的思维更加发散。如果双语儿童通过一种语言途径无法解决某个问题，他们就会去尝试另一种方式。"同时他也研究发现，"双语儿童绝对不会产生语言混淆，因为他们懂得自己在说另一种或两种甚至多种语言，这样也有助于儿童母语的学习"。大量研究证明，"即使孩子参加了一个极其有限的双语教育模式，也能够有助于促进他的英语能力的提高，因为他懂得了语言是如何发挥作用的，也就很快变成了读写的快手了"。①

(2) 具有强有力的政策保障是澳大利亚双语教育取得成功的关键。澳大利亚联邦政府支持移民社区的双语教育，为各个学校开设英语以外的其他语言，特别是常规学校里的非英语语言教学提供专门的基金，在资金方面全力支持双语教育，使澳大利亚的双语教育没有后顾之忧。除了政府的支持外，澳大利亚双语教育还得到了包括家长、学校、社区、社团、教师等的积极支持。社区通过开办"少数民族学

① 吕华："澳大利亚双语教育研究"，南京师范大学2006年硕士学位论文。

校”“周末学校”“社区学校”或“社区语言学校”[①] 各个社区的居民常常自愿为各级语言学校提供免费的服务。

（3）良好的社会环境促进了澳大利亚双语教育的发展。在澳大利亚随处可以见到非英语语言的报刊，可以收听或收看各种语言的广播电视节目，在各个书店和公共图书馆，可以买到或收集到各种民族语言的书籍和资料。此外澳大利亚联邦政府还为英语水平较差的人们提供包括印刷资料、媒体信息和翻译人员等各种各样的语言服务。

（四）德国双语教育

德语为德国的官方语言及主要通行语言，为 23 个欧盟官方语言之一，并为 3 个欧洲联盟委员会的工作语言之一。德国由于外来移民等原因，人口增速非常快，截至 2014 年 6 月，德国现有 8263 万人，其中 95% 的人以德语为第一语言，还有部分人使用少数民族语言。德国所承认的少数语言包括丹麦语、低地德语、索布语、罗姆语及弗里西语，并受欧洲区域或少数民族语言宪章保护。移民使用的语言主要为土耳其语、库尔德语、波兰语、巴尔干地区语言及俄语。大多数德国人都在学校学习英语作为第一外语。有时第一外语可能为法语或拉丁语，但通常情况下这两种语言是作为第一外语英语之外的第二外语或第三外语。学校也经常根据自身所处的地理位置选择教授俄语、意大利语、西班牙语、波兰语、荷兰语、古希腊语或其他语言。现在 67% 的德国公民能用一种外语沟通，而 27% 能运用两种或以上外语。

德国作为欧盟的成员国，它的双语教育政策的历史演变与欧盟双语教育政策的演变是一致的。德国目前大部分州都在小学阶段开展了第二语言的教学，且从 2003 年起，德国学生就从三年级起开始学习英语。

法德双语教育起源于 20 世纪 60 年代初，在德国英语作为教学语言则起于 20 世纪 70 年代初，截至 2002 年，德国开展双语教育的学校有 300 多所，其中把英语作为教学语言的学校就有 200 多所，把法语

---

① Beatriz Cardona, Greg Noble, Bruno Di Biase. Community Languages Matter – Challenges and Opportunities Facing The Community Languages Program In New South Wales, University of Western Sydney, 2008: 15.

作为教学语言有 80 所。

在德国的初中学校里，学生入学（10 岁）后先参加一个语言预备班，每周上 2～3 节的语言课来提高语言能力，然后再选择是否接受双语教育。到了 7 年级（12 岁），才正式开始接受双语教育，一般是接受英语和法语的双语教育，根据要求也可接受意大利语、西班牙语、俄语和波兰等语种的双语教育。在德国的学校里可同时以多门语言作为双语教育的教学语言。

（五）加拿大双语教育

加拿大是一个英法文化相互交融并存的国家，英语和法语同为加拿大的官方语言。截至 2013 年年底，加拿大人口数量达到 3523 万人，主要为英、法等欧洲后裔，英裔居民约占 42%，法裔居民约占 26.7%，其他欧洲人后裔占 13%，土著居民（印第安人、米提人和因纽特人）约占 3%，其余为亚洲裔、拉美裔、非洲裔等。来自印度、巴基斯坦和斯里兰卡的南亚移民人口达到 130 万。由于在 20 世纪 60 年代前，大量英语移民迁移来到加拿大后，在唯英语思想的影响下，英语在加拿大逐渐占了上风，而先前法语的主导地位受到了冲击，法语家庭的子女由于无法获得学习法语的机会，被迫接受英语教育，法语面临着被英语文化同化的处境。在魁北克省，尽管有 80% 的当地居民说法语，然而，法语的地位却是一直屈居英语之下，没有得到应有的重视，这就导致了民族主义情绪的高涨和分裂倾向的加剧。① 为了平息法语民族中的不满情绪，消除社会的不稳定因素。加拿大政府于 1969 年通过了《官方语言法》，宣布英语与法语同为官方语言，以法律形式确保法语与英语享有同等的地位，加拿大政府在政策、财力、物力、人力等方面全力支持英法双语教育，从而使英、法双语教育成为加拿大的一项国策。

1. 沉浸式双语教育的概况。沉浸式双语教育（Immersion Bilingual Education）源于 1965 年加拿大蒙特利尔的圣兰伯特（S. t Lam - bert）

① Kalin, R, and Berry, J. W. Ethnic and Civic Self - iden - lily in Canada: Analyses of 1974 and 1991 National Surveys. Canadian Ethnic Studies, 1995 (3): 1 - 15.

的双语教育实验，也被译为“浸入式双语教育”“浸润式双语教育”或“浸泡式双语教育”。[①] 沉浸式双语教学模式是加拿大首创，被誉为“在加拿大教学史上开展研究最深入、最广泛、最细致的一个项目”。[②] 加拿大圣兰伯特沉浸式双语教育的实施原则是学生接受沉浸式双语教育完全是自愿的，而不是被强迫的；学生早期法语浸入式课堂是从学前班开始，中期法语浸入式课堂是从小学四年级开始，晚期法语浸入式课堂则从七年级以后加强法语学习，沉浸式双语教育的最低年限为4~6年；法语是学校所有科目或绝大多数学科的教学语言，使用法语的比例保证在50%~100%，在历史、地理、物理、音乐、心理学、体育等课程都作为教学语言，学生这门学科的知识也就基本掌握了在该学科的法语知识；在沉浸式教育课堂中，教师不但用第二语言教授第二语言本身，还用第二语言讲授学科内容。因此，第二语言不仅是学习的内容还是学习的工具，从而培养出母语和第二语言一样精通的人才。[③]

2. 加拿大语言管理特色。加拿大已经形成了较强的双语制的观念。加拿大政府对工作场所的语言管理体现了以人为本的人性化设计和对工作人员语言权利的尊重，在加拿大的各个工作场所、机场、车站、学校以及街道等公共服务领域，都使用英语和法语两种语言。单位在招聘新员工、考核和升职加薪等环节都把双语能力作为重要的标准。加拿大联邦政府部门的每一个岗位都对语言有严格要求，其中三分之一的岗位是双语岗位，而在加拿大的首都等重要城市双语岗位更是高达63%。加拿大公共服务委员会用分级术语对每一个双语岗位进行相应的语言能力要求的描述，同时负责对公务员进行语言测试。[④] 加拿大立法规定，凡是加拿大的公民，不管是公务员还是公司雇员，

---

① Brinton, D., Snow, M. A., &Wesche, M. Content - based Second Language Instruction. New York: Newbury House, 1989. 7 - 8.

② 俞理明、韩建侠：“渥太华依托式课程教学及其启示”，载《外语教学与研究》2003年第6期，第465页。

③ Mohan, B. Language and Content. Reading, MA: Addison Wesley, 1986. 1 - 4.

④ 秦悦：“加拿大官方双语政策的执行及实施”，载《昆明冶金高等专科学校学报》2011年第6期，第87~90页。

都可以任意选择并使用他们工作语言的权利，相应的各部门都要向公民提供官方双语服务。

二、各国双语教育的先进经验与启示

（一）美国是一个以英语为官方语言的移民国家

美国的双语教育开展既不受联邦政府的绝对控制，也不受州政府的完全左右，只是通过财政拨款、法令法规来具体实施。在美国社会政治经济和日常生活一直是以英语为主导，非英语人口始终处于弱势。为了使少数民族学生融入美国的主流社会，美国采用统一的英语替代少数民族语言的方式。美国的双语教育要服从或者说服务于政治主导势力和经济发展趋势，要服从或服务于国家安全稳定。

（二）英国进行双语教育的目的有两种

第一是保护威尔士语。可借鉴的地方是威尔士的双语教育没有模仿任何一个现有模式，而是汲取众家之长，开创一条适合自己的双语教育之路。第二是为了积极推进和促进经济贸易活动，拓宽交流渠道，深入了解世界上各个民族的传统文化、风俗习惯、思想观念，挖掘学生的学习潜力和热情，提高学生的思维能力和认知能力，开展英国以外的语言。这对于长期以来自认为英语已成为世界语的英国人来说，不能不说是一个很大的进步，这对于我们新疆少数民族学生加强汉语学习无疑是一个很大的鼓舞。

（三）澳大利亚双语教育的成功在于坚实的理论基础、政府大量资金的保障和良好的双语教育的环境

澳大利亚政府既要求英语为母语者学习一门社区语言或双语，又为土著居民和移民提供学习英语的机会。这使澳大利亚人学到了全面融入社会的语言技能和思维方式，提高了澳大利亚人的整体素质，同时也增强了他们的国际竞争力。另外值得借鉴的经验还有：（1）澳大利亚把语言看作一种资源，在国家语言政策中把语言与国家的统一、国家的经济利益和民族文化多元化相联系并明确语言优先的政策，澳大利亚国家语言政策充分考虑和尊重所有澳大利亚居民的语言权利，

在大力加强英语为母语教学提高全民英语交际能力的同时，尊重社区语言和土著语言及其文化，为挽救和保护濒危语言和文化提供政策及经济支持，努力维持语言生态平衡。这对免于因语言问题而引起民族冲突或社会问题是极为重要的，也是建设和谐的多语和多元文化社会所必不可少的。(2) 澳大利亚根据本国国情，同时借鉴别国的先进经验，走出了一条符合本国国情的双语教育模式。采取双语教师待遇优厚的原则，严格聘用懂双语、知双文化、专业素质高的双语教师，双语教师的教学方法灵活多样。

（四）德国开展双语教育的目的是增强德国在欧盟的竞争力

德国人认为双语教育可以增进德国在欧盟背景下的跨文化理解力，提升学生在欧盟国家的就业能力，可以为学生学业和就业提供更好的机会，双语教育更容易培养学生的语言能力和跨文化交际能力。

（五）加拿大双语教育成功的原因主要有三个方面

第一，国家政策的支持是加拿大双语教育成功的主要原因之一，加拿大通过立法确立了英语和法语具有同等的法律地位。同时国家在实施双语教育的过程中，在政策、财力、物力、人力等方面对各级学校给予了大力支持。第二，良好的双语教师队伍是加拿大双语教育的顺利实施的保证。良好的双语使用环境、以人为本的人性化的语言管理、学生家长的积极支持使加拿大双语教育取得了良好的教学效果，产生了重大的社会效益，为加拿大培养出合格的双语人才打下了坚实基础。第三，加拿大依据科学有效的双语教学理论，主张语言学习从娃娃抓起的观念，教学中强调以“学习者为中心”的教学方法，充分发挥儿童天然语言学习的能力，为加拿大双语教育取得成功提供了语言理论上的支撑。这些都值得我们认真借鉴和学习。

总而言之，在具体实施双语教育的过程中，各国都是根据本国的历史背景、实际情况和社会的需求进行了充分的调查研究和实验论证后开展的，都得到了政府的大力支持，并在政府的倡导下制定了切实可行的法律法规，有一套较完善的双语评价机制和双语教师招聘、考核制度，而且得到了社会、学生以及学生家长的全力配合后取得的成功。鉴于此，新疆少数民族牧区双语教育也应该在理论上汲取世界各国双语教育的先进经验教训，在实践中通过全面评估调查、实验取证，在具体操作中设立和健全相关组织，加快制定和完善相关教育政策和法规，探索出适合新疆少数民族牧区情况的双语教育模式，为新疆少数民族牧区培养出更多合格的双语人才。

第五章　新疆少数民族牧区双语教育发展策略与维护国家文化安全

第一节　新疆少数民族牧区双语教育发展策略

在具体实施双语教育过程中，世界各个国家都是在根据本国的历史背景、实际情况和社会的需求进行了充分调查研究和实验论证后开展的，均得到了政府的大力支持，并在政府的倡导下制定了切实可行的法律法规，都有一套较为完善的双语评价机制和双语教师招聘、考核制度，而且得到了社会、学生以及学生家长的全力配合后取得的成功。鉴于此，新疆少数民族牧区双语教育也应该在理论上汲取世界各国双语教育的先进经验教训，在实践中通过全面评估调查、实验取证，在具体操作中设立和健全相关组织，加快制定和完善相关教育政策和法规，探索出适合新疆少数民族牧区情况的双语教育模式，为新疆少数民族牧区培养出更多合格的双语人才。必须加大农牧区教育投入，推进教育布局科学化，加强教师队伍建设，制定编制标准，妥善处置闲置校产，加快教师周转房建设，加强双语教学，构建寄宿制学校管理科学化的长效机制。本着推动农牧区学校现代教育技术教学水平的目的，推进农牧区学校教育信息化建设进程。①

一、加大对农牧区教育投入

加大党和政府对教育的投入，着力夯实基础，高起点、高水平实施新疆牧区寄宿制学校软硬件建设的步伐，配置校舍、设备、图书等资源。面对新疆牧区自身经济能力薄弱，教育经费投入不足，硬件设施长期滞后，学生不能享受现代优质教育资源的实际情况，务必想方设法地确保新疆城乡和农牧区教育均衡发展，推动城乡教育均衡发展。

根据新疆维吾尔自治区少数民族学前和中小学双语教育2010～2020年发展规划，到2015年，中小学少数民族学生基本普及多种模式的双语教育；到2020年，中小学少数民族学生全面普及双语教育，接受双语教育的少数民族中小学生人数达261.76万人，少数民族高中毕业生基本熟练掌握和使用国家通用语言文字。近几年，中央和新疆维吾尔自治区不断加大对双语教育投入力度，改善双语教育教学环境。仅2010年，中央和自治区投入双语教育的资金就达15亿元，使新疆数百万少数民族学生从中受益。2014年6月，为了提高新疆高中阶段双语教育教学水平、完善双语教育衔接体系，加快培养民汉兼通的高水平双语人才，国家发改委相继下达3笔专项资金，共安排中央预算内投资5.3亿余元，支持新疆的双语教育发展。国家发展改革委还下达中央预算内投资1.894亿元，重点支持新疆乡镇以上中小学以及部分集中办学的村级中心学校建设成为双语寄宿制学校，主要用于新建教学用房、生活用房及辅助用房。这些中央预算内投资的下达，解决了新疆双语教育发展的燃眉之急，有力地促进了项目所在县、市义务教育的发展，带动了新疆双语教育乃至双语教师教育的全面发展。新疆在中央新疆工作座谈会之前，每年投入的教育经费是200多亿元，而在中央新疆工作座谈会之后，每年平均投入的教育经费是

---

① 闰良、杨生柱："加快农牧区学校教育信息化建设刻不容缓"，载《基础教育参考》2014年第8期。

500多亿元，财政性教育经费支出占GDP的比例连续高于4%的国家规定目标。实施农牧区义务教育薄弱学校改造计划、农牧区中小学校舍维修改造等建设项目，近5年累计投入资金105亿元，新建、改建校舍面积1200多万平方米，在全国率先建立学前两年双语教育经费保障长效机制。2013年，新疆维吾尔自治区针对南疆四地州的实际情况，在全国率先实现了14年免费教育。2015年又在高校招生中单列南疆计划，满足了南疆各族学生上大学的愿望。对农牧区义务教育阶段家庭经济困难寄宿学生给予生活费补助，补助标准5年翻了一番，惠及学生200多万人次；启动农牧区义务教育学生营养改善计划，覆盖新疆35个县及内初班所有学生，惠及学生500多万人次。可以说，近几年来新疆维吾尔自治区对教育的投入力度是空前的，新疆各级各类学校的面貌发生了翻天覆地的变化，大多数农牧区幼儿园、中小学成为当地最美的建筑、最靓的风景，教育经费保障水平跃居西部前列。

虽然几年来，国家、新疆维吾尔自治区增加了教育的投入，实施了农牧区寄宿制学校建设工程，初步改善了牧区的办学条件，但是新疆的21个牧业县中贫困县就占到了11个，16个半农半牧县中贫困县就占到了3个，而且这些牧业县和半农半牧县绝大多数都地处新疆偏远贫困、经济欠发达的边境地区。大部分牧区自然条件十分艰苦，绝大多数校舍标准低、配套不全、教学设施奇缺，不能满足学校师生的教学需求。加之个别地区冬季寒冷而且十分漫长，导致学校的取暖费用偏高，学校的经费大部分用于取暖。例如，位于高寒地带的阿勒泰地区，采暖期长达7个月。新疆哈萨克自治州阿勒泰市阿苇滩镇寄宿制学校冬季住宿生有400多人，学校教室、办公室每天的取暖和学校食堂、教学设施用房等用煤至少需要2.5吨以上；按照每吨最低350元、一年按180天来计算，共需15.75万元。而上级政府每年只能下拨给阿勒泰市阿苇滩镇寄宿制学校4.5万元的取暖补助费，这样一来就有11.25万元的缺口；而阿勒泰市阿苇滩镇寄宿制学校每年的办公经费只有15.9万元，这些办公经费很大部分都用在取暖费贴补上了。

因此，严重影响了阿苇滩镇寄宿制学校正常的教育教学的开支。[①] 而且这种情况在新疆伊犁哈萨克自治州的昭苏县以及塔城地区的托里县的农牧区寄宿制学校里都非常普遍。

针对目前新疆牧区教育出现的特殊情况，特提出如下建议。

第一，各级政府和教育行政部门要认真落实张春贤书记于2015年6月3日在新疆维吾尔自治区党委教育教师工作会议上的讲话精神，多渠道、多方面的筹措资金，在充分发挥自己的主观能动性的情况下，努力多争取中央以及对口援疆省市对新疆牧区教育资金的投入，把对牧区教育和牧区寄宿制学校的投资看作一项战略性的投资。各级政府和教育行政部门要在重点领域优先保障牧区教育的财政支出，在全面提高教育经费投入的前提下，进一步完善各级政府和教育行政部门教育经费投入的机制，保障新疆偏远贫困牧区寄宿制学校稳定的办学经费，制定并逐步完善各级各类学校人均经费基本标准和人均财政拨款基本标准。在经济稳定发展和人民生活水平日益增长的前提下，确保逐年增加牧区教师的工资和生均公用经费，依法确保国家财政性教育经费支出占国内生产总值的比例保持在4%以上，并加大力度向新疆农牧区、边远贫困地区和教学条件薄弱的学校实行教育专项拨款，实行专款专用。

第二，在全面落实“两免一补”政策的基础上，各级政府和教育行政部门为农牧区经济困难家庭的子女建立一套完整的资助政策；凡是新疆牧区的孩子不论在何地就学均实施12年义务教育的措施，使牧区的孩子享受更优惠的政策；逐步提高新疆农牧区寄宿制学校学生的生活费，将新疆农牧区低保户、老弱病残等家庭就学的孩子的补助标准由现在的每生每月100元提高到每生每月250元，对他们的教学辅助资料费也要实行减免的办法，并随着物价的上涨而向上浮动。同时，把牧区义务教育全面纳入公共财政保障范围，将农牧区中小学生全部纳入新型农牧区合作医疗保障范围，从而保障学生的基本医疗需

---

① 李尽晖：“兴办寄宿制学校推进新疆农牧区教育的跨越式发展”，载《现代中小学教育》2011年第7期。

求，减轻学生家庭的经济压力。

第三，新疆地域辽阔，大部分牧业县都地处高寒缺氧地区，人烟稀少，交通不便，信息闭塞，灾害频繁，自然条件十分艰苦，冬季寒冷而漫长。南疆主要是山地干旱草地、平原荒漠草地，海拔高度在2800～3000米，一般供水条件都不好，降水量稀少，畜群饮水非常困难。新疆牧区是雪灾（风灾）多发区，伊犁哈萨克自治州各直县的牧区是洪水、冰雹泛滥区。由于受自然条件和经济条件的限制，牧区教育基础及其支撑能力十分薄弱，在牧区兴办教育的困难是非常多的。长期以来农牧民子女的基础教育问题成为新疆教育工作的重点和难点。新疆牧区财政本身就非常困难，牧区的各个领域与发达地区以及新疆维吾尔自治区区域内的差距在不断拉大，教育领域更是如此，这严重影响了社会的公平正义。中央政府和新疆维吾尔自治区党委政府应确保新疆各地、各级、各类学校达到基本同步发展，以缩小城乡、农牧区和牧区之间教学条件的差距。在具体实践中，既要缩小南北疆教育差距，也要缩小农牧区各地的区域间教育差距，避免因行政区域不同造成新的不平衡。鉴于此，对全区的农牧区学校进行全面的调研、排查，有针对性地加强牧区学校的硬软件设施建设，按照高标准实施新疆牧区寄宿制学校校舍配套设施建设。大力兴建或改扩建符合国家标准的学生公寓楼、教学实验室、学生运动操场、生活锅炉房、浴室（防止集体传染病，培养卫生意识）、厕所、学校围墙、师生食堂（厨房电气用具）、配备生活用车等，扩大牧区寄宿制学校建设的规模。对于所有的建设项目都要严格实行政府招标采购，严把验收关，不合格的项目绝对不能投入使用。以此，进一步改善牧区学校的办学条件，想方设法给牧区的孩子们创造一个良好的、舒适的学习和生活环境。为了在真正意义上实现新疆城乡、农牧区和牧区之间的教育公平和教育均衡发展，让牧区孩子同城里孩子一样享受优质的教育教学资源，必须按标准给牧区寄宿制学校配备数量足够的多媒体教室、语音室、电教室、远程网络教育（包括双语教学的网络资源建设）、现代教学仪器、体育器材和民族文化设施等教学设施和仪器，为牧区学校适应现代教育创造条件，从而优化教育资源配置。

第四，加快新疆农牧区学校教育信息化建设。没有牧区教育的信息化，就没有新疆全面的教育现代化。新疆少数民族教育的重点和难点在农牧区，尤其是新疆农牧区寄宿制学校。由于受到经济条件、自然条件、牧区人才缺乏等因素的限制，造成了新疆农牧区寄宿制学校信息化建设的许多困难。为了实现新疆整体教育的均衡发展，我们都要认真落实《全国教育信息化工作会议的召开和教育信息化十年发展规划（2011～2020年）》[①] 中指明的方向，必须提高认识，转变观念，把握机遇，抓住农牧区学校教育信息化建设的重点，加快推进农牧区学校信息化建设水平，缩小差距；大力推动学校信息化领导力体系的建构，培养大批对教育信息化建设与应用具有坚定信念和持续有效推进能力的学校领导者；持续提升教师的信息化教学能力，提高教师、学生、家长的信息素养。[②] 基于这种认识，为了加快新疆农牧区学校教育信息化建设，当务之急必须做好以下两点：（1）把握区情，务实强干，认真落实。国家和新疆维吾尔自治区党委政府以及各级教育行政部门对农牧区学校的教育信息化建设和使用维护方面给予政策性倾斜，特事特办，安排专项资金，实行专款专用。如果资金不足，政府还可以出台更加优惠的政策，鼓励全社会各界爱心人士、各类企业都来关心农牧区学校教育信息化的发展，吸收社会资金支持牧区学校的信息化的建设，以弥补国家和新疆维吾尔自治区党委政府以及各级教育行政部门资金投入的不足。（2）教育信息化建设离不开教师，教师在推进新疆农牧区学校教育信息化建设过程中占有重要的地位。在《关于大力推进农牧区义务教育教师队伍建设的意见》中就明确指出："发展农牧区义务教育，办好农牧区学校，关键在教师。"[③] 所以，在全面推进新疆农牧区学校教育信息化建设过程中，还要进一步完善和

---

① 教育部《教育信息化十年发展规划（2011～2020年）》教技〔2012〕5号。

② 李玉顺："信息技术与教育教学融合的关键问题与实践途径"，载北京师范大学教育技术学院副教授在中国教育发展战略学会教育管理信息化专业委员会第一届理事会第四次工作会议上的讲话。

③ 五部委《关于大力推进农牧区义务教育教师队伍建设的意见》教育部、中央编办、国家发展改革委、财政部、人力资源社会保障部，教师〔2012〕9号。

健全新疆牧区学校关于农牧区学校教育信息化建设的各种管理和评价机制，加强牧区学校教师教育信息化队伍的建设。可以采取单科培训的方式，把负责农牧区学校教育信息化建设的教师送到有关高校和培训机构进行培训；在牧区学校教师继续教育期间完成计算机课程的培训，计算机课程不达标不颁发继续教育证书。还可以把市、县级现代技术教学优秀的教师派到牧区学校去对口支援，丰富城乡学校结对帮扶的形式和内容。努力提升城市中小学和牧区中小学对口支援的层次和水平，制定并落实对口支援、结对帮扶学校教学和管理工作的正常化、制度化和务实化，为新疆牧区学校现代信息化技术管理和教学的发展注入活力。通过传、帮、带的方式来提高牧区教师现代教育技术的水平。总之，通过各种办法加快步伐，使农牧区学校的教师把现代信息技术融合在教学中，积极开展课程改革和教学研究，以学校现代信息化技术建设为契机，利用现代信息技术手段为牧区学生创造良好的学习环境，让牧区学生和城市里的学生一样充分利用先进的现代信息手段和技术去开拓视野、多渠道获取知识，提高解决疑难问题的能力。

第五，加大改善牧区教师住房条件和教师周转房的建设项目。目前，新疆特岗教师成了新疆农牧区学校的生力军。在新疆维吾尔自治区伊犁哈萨克自治州，从 2006 年至今，先后就有 9 批 9000 余名特岗教师分赴州直各县市农牧区学校。2014 年，伊犁哈萨克自治州又公开招聘高校毕业生 537 名为特岗教师。这些特岗教师在很大程度上解决了农牧区学校师资总量不足和结构不合理等问题，提高了农牧区教师队伍的整体素质，促进了城乡教育的均衡发展，缓解了农牧区教师队伍结构性矛盾，为巩固推进“普九”和推进义务教育均衡发展提供了师资保障。在伊犁哈萨克自治州乃至整个新疆，不少高学历、高素质的特岗教师已成为学校的骨干，而且以创新的教学理念在短时间内提高了学生成绩，受到了学生和家长的欢迎。然而，由于物资条件和生活条件等多方面因素的影响，稳定这些特岗教师已经成了亟待解决的问题。有些特岗教师不安现状，拿上编制就想调走。伊犁哈萨克自治州昭苏县教育局人事科科长海拉提说，分配到昭苏县工作的特岗教师每年离职、辞职的至少有十分之三；有些特岗教师一到昭苏县还没有报到，见到气候恶劣的自然环境就走了。原因之一就是教师的基本生活条件无法保障，大多数牧区寄宿制学校没有洗澡设备，卫生条件差，在学校容易传染疾病。牧区学校基本没有教师周转房。有些牧区学校在国家和新疆维吾尔自治区拨款的情况下，虽然建了教师周转房，但由于资金不足，没有配套资金，相应的配套设施如自来水、下水管道、锅炉等不完善，教师们仍然无法入住。新疆伊犁哈萨克自治州尼勒克县种蜂场九年制学校教师周转房就是一个鲜明的例证。该学校的教师周转房是2012年6月20日开工的，计划竣工时间是2012年10月30日。当笔者2015年9月前往该校调研时，该楼仍未竣工。据该校负责人塞尔江副校长说，工程现在还需要至少50万元的配套资金来完成自来水、电、下水管道、锅炉等配套设施，可尼勒克县是国家级贫困县，将近50万元的配套资金若上级不拨款，便需要种蜂场学校自己解决。而该校每年靠种蜂场当初划拨地的收入不到10万元。如果这样，教师们至少还有5年才能住进这栋望眼欲穿的周转房。为了彻底改善牧区教师的生活条件，解决他们的后顾之忧，必须上级下拨款，一揽子解决县、乡镇、村牧区寄宿制学校、教学点的教师公寓楼或周转房问题，兴建各种设施完备的教师食堂，完善教师们相应的生活设施。同时，还要为教师们提供必要的文化生活场所，如文体活动室、图书阅览室、电子备课室等，使他们安心教学，使特岗教师们下得去、留得住。

第六，加强牧区学校学生的教学辅助资料、课外通俗读物、双语学习工具书和双语教学网络等学习资源的建设，使牧区学生从小就养成喜欢使用汉文、阅读汉文书籍的良好习惯。在引导少数民族学生享受现代信息科学技术成果的同时，有目的地购置民汉双语版的课外通俗读物，配备趣味性、专业性和有针对性的双语工具书，可以起到事半功倍的效果。

二、开拓创新思路，加快步伐解决牧区双语教师的数量和质量问题

中国教育部副部长陈小娅曾说："未来10年的教师质量，决定着

中国教育的成败。”也就是说，要全面提升教育教学水平和层次，首先要提高教师的素质。新疆牧区双语教师问题不能顺利解决，新疆少数民族牧区双语教育的改革和发展就会出现雷声响、架子大、投入多但效果差的局面。联合国教科文组织对外语教学提出过这样一个公式：教学质量 = [学生（1 分）+ 教材（2 分）= 环境（4 分）+ 教法（3 分）] × 教师。[①]从公式中可以看到，教师的分值越大，乘积就越大，相应的教学质量也就越高。这个公式对任何一种教学都是适用的，新疆牧区双语教学也不例外。不论怎么说，新疆少数民族牧区双语教育教学的成败，关键还是教师的问题。因此，提高新疆牧区双语教师的数量和质量，无疑是至关重要的。针对目前新疆牧区教师数量和质量问题，特提出如下建议。

第一，加快新疆牧区双语教师队伍建设。由国家统一解决新疆牧区教师的编制问题，建议国家有关部门制定教师编制差异化标准，适当增加少数民族双语班教师编制，确保双语班母语、汉语、外语课程能够开足开齐。[②] 根据新疆牧区寄宿制中小学校面广、教学点多、距县城远的现实情况，增加新疆牧区寄宿制中小学教师和后勤保障人员的编制。各级政府和教育行政部门根据牧区寄宿制中小学校的规模、师生数量，会同劳动人事部门和编制委员会等相关部门核定牧区寄宿制学校的后勤人员编制，给新疆牧区寄宿制学校配齐医生、炊事员、公寓管理员、清洁员、保育员、保安、锅炉工、电工等后勤人员，保证牧区寄宿制中小学校教学和学生管理工作的正常运转。根据新疆农牧区双语教育教学工作需要，积极稳妥地推进农牧区中小学人事制度改革。通过深化人事制度的改革，在农牧区的中小学逐步建立一支结构基本合理、高学历、高素质、适应牧区教育教学需要的牧区中小学双语教师队伍。合理分流、稳妥安置牧区学校不适应双语教学需要的教师，以便尽快腾出岗位，招聘合格的专业双语教师充实到教学一

---

① 遇恒勇：“新疆民族教育研究”，华东师范大学 2005 年硕士学位论文。

② 马文华：“少数民族双语教育现状及其战略思考”，载《民族教育研究》2014 年第 3 期，第 102 页。

线。可以适当允许现有牧区中小学校在县域内或地州域内统一调剂教职工，确保新增编制和双语教师资源能够及时补充到牧区学校的教学一线。继续加大招聘学历高、起点高、能力强、整体素质高的合格的特岗教师，特岗教师的招聘要坚持“下得去、留得住、干得好”的原则，在同等条件下招聘时一定要兼顾生源地学生优先的原则，为农牧区学校补充大批合格师资，进一步缓解农牧区学校教师队伍结构性短缺的矛盾，确保城市学校与农牧区学校义务教育均衡发展和教育公平。坚持从新疆农牧区人口占总人口的 70%，新疆农牧区学校有 6029 所，新疆农牧区学校占新疆学校总数的 80% 左右，农牧区学生有 217 万人，新疆农牧区学生占新疆学生总数的 70% 左右的实际出发，加快新疆牧区高素质的双语教师培养，建立一支立足新疆牧区、扎根新疆牧区、数量充足、质量合格的双语教师队伍。建议国家和新疆有关部门制定切实可行的双语教师准入制度，采取定向招生、免费培养、定向就业的办法培养双语教师。目前新疆牧区双语教师缺编严重，随着新疆牧区中老年教师逐渐退休，牧区双语师资短缺问题还将继续成为关键问题。区内外师范类、民族类高校要针对新疆牧区双语教师需求量大的实际情况。国家加大力度实行免费教育，扩大理科、信息技术、英语以及音体美等学科双语生的招收。区内外师范类、民族类高校乃至包括新疆大学、中央民族大学等“211”“985”在内的高校加大招收学习新疆少数民族语言、哈萨克语言的汉族学生和部分民考汉的少数民族学生，采取免费培养、定向就业的办法，毕业后定向分配到新疆牧区学校从事汉语教学，这部分学生可以采取不占编制的办法，经考核合格后直接上岗，以解决目前农牧区学校汉语教师民汉比例失调的问题。

第二，在新疆高校，尤其是新疆师范类高校制定相应的措施，把在汉族班级开设少数民族语言（维吾尔语言和哈萨克语言）作为必修课纳入教学计划中，为这些学生将来从事双语教育教学工作打下良好的基础。要充分发挥对口支援省市区支教教师和新疆师范类大学生实习支教的作用。仔细认真地制订科学合理的“顶岗实习”和“顶岗支教”的计划，将新疆高师院校的本科三年级下学期或四年级上学期半年的实习时间，安排到农牧区学校来顶岗替换出中小学需要培训的教师。对这些来“顶岗实习”和“顶岗支教”的大学生、相关部门务必要做到专业对口，否则将是事倍功半，既耽误了来“顶岗实习”和“顶岗支教”学生，也耽误了牧区的孩子。

第三，要加大改善农牧区教师待遇的力度。据麦肯锡 2010 年发布的报告，新加坡、芬兰、韩国等拥有优秀教育能力的国家，他们的师资都是从成绩名列前 1/3 的大学毕业生中挑选出来的。在韩国，教师的收入是普通民众的两倍，政府立法要求“努力造成一种全社会尊敬教师的气氛”“应特别优待教师的报酬”。自 20 世纪 90 年代以来，韩国教育总投入始终位居世界前列（排名第二至第三），其中，政府投入占财政总支出的五分之一以上。在芬兰，年轻人最向往的职业是中小学老师。因此，不断提高教师的经济待遇，成为教育吸引优秀人才、留住人才、发挥人才作用的重要途径。20 世纪 70 年代以来，日本通过大幅度提高教师工资，使教师的经济待遇与其“圣职者”的崇高社会地位相适应，于是教师职业很快成为热门，大批优秀的人才进入教师队伍。基础教育的良好发展为日本崛起，成为世界经济强国提供了坚实的保证。[①] 虽然近几年来，新疆为改善农牧区教师待遇，投入了近 7.6 亿元，建成了 1.4 万套教师周转宿舍，为 2.7 万名农牧区双语教师解决了在校住宿问题，但由于一些配套设施没有跟上，目前农牧区学校的教师的生活条件仍然很艰苦。新疆各级政府和教育行政部门要认真落实新疆维吾尔自治区党委常委尔肯江·吐拉洪在新疆维吾尔自治区 2014 年招聘中小学、公办幼儿园教师岗前培训结业典礼上的讲话精神，切实提高农牧区学校教师中、高级职称比例。自治区将以教育人事制度改革为突破口，加大改善农牧区教师待遇力度。新疆将农牧区教师纳入自治区乡镇干部基层补贴、乡镇干部住房等政策覆盖范围，使教师与公务员享有同等待遇。从 2014 年起，自治区农牧区中小学教师评聘职称不再有硬性的论文要求。提高教师待遇一定

---

① 程文忠：“浅谈中小学教师的经济待遇”，载《黄石教育学院学报》2005 年第 2 期，第 118 页。

要落实到位，新疆各级政府和教育行政部门要根据本地区、本部门的实际情况，确定农牧区教师的待遇问题。建议可根据农牧区学校离县市距离、客观自然条件、交通便利情况等因素，制订相应的补助标准，条件越差的地方补助的越高，使在条件艰苦的地方工作的教师达到心理平衡。在农牧区工作的教师工资待遇至少要高于在县市工作的教师500元以上，而那些在条件艰苦的地方工作的教师涨幅至少在1000元以上，同时，在教师绩效奖励、周转住房、子女上学、职称评定和晋升等方面要向农牧区教师倾斜。尤其在职称评定和晋升方面要突破制度性、地区性的限制，制订符合新疆牧区实际的教师流动交流机制，使新疆的优秀人才下得去，使牧区的骨干教师留得住，使牧区的教师干得舒心、干得好。“国将兴，必贵师而重傅”，要加大改善农牧区教师待遇的力度，珍惜和保护农牧区教师的积极性。只有这样，新疆牧区的双语教育才会大有希望。

第四，当前，新疆少数民族牧区双语教育面临的最大困难就是缺少高素质的双语教师。针对目前这种现实问题，新疆应统筹解决高素质双语教师的入口和出口问题、建立健全牧区双语教师的评价机制和激励机制。大力普及牧区学前两年汉语教育，健全目前学校双语教育衔接体系。加强双语教师队伍的职业化管理，切实健全高素质双语教师队伍成长的长效机制。在牧区县域内实行双语教师职业资格动态（认定、聘用、延长等）管理制度，严格牧区双语教师资格制度，建立合理的教师流动机制。对于那些不合格的双语教师和学校的管理人员实行淘汰制度。杜绝非师范专业的学生进入教师的行列。新疆各地州县要及时清理学校里在编不在岗的教师，并要求他们在规定时间内到岗，否则予以清退。对超编教师和不能胜任双语教学工作的教师进行转岗培训，允许双语教师在县域内的中小学自由流动或转岗，尽力达到人尽其才。同时牧区学校要精简机构，压缩各个学校行政人员的比例，从而留出编制，引进双语教师，补充到一线教师队伍里去。

第五，教育行政部门要定期组织语言学、教育学、社会学、双语教育、对比翻译等领域的相关专家深入到牧区学校指导双语教学的工作，加强对牧区学校双语教学的指导；规范牧区学校双语教学的行为，搭建牧区学校双语教师相互学习和相互交流实践平的台，确保牧区学校双语教学工作质量的不断提升。对于目前牧区学校采用双语教学模式一和模式二存在盲目性的问题，当务之急是要组织一批双语教育的专家（可从高等学校、教育行政部门、中小学校长、双语教学一线教师抽调组成）深入到牧区学校，诊断各个牧区学校双语教学的模式，确定该校目前适合采用的双语教学模式，避免因双语教学模式采用不合适所造成的不良后果。这项工作要长期化、制度化、规范化。而作为双语教师培训的承训高校和研究机构也应组织承训教师和管理人员，定期深入到牧区双语教学一线，与牧区双语教师开展座谈，深入课堂听课，积极主动地开展双语教育教学的调研和指导工作。期间，既要及时帮助牧区的双语教师解决教学过程中所遇到的一些具体问题，又要认真听取、总结近年来牧区双语教学实践中的好做法和好经验。积极肯定牧区教师在双语教学实践中探索出的好经验和好做法，并将牧区教师的双语教学成果加以推广和应用。自治区、地州、县市三级教研网络和教研员也要定期深入到牧区双语教学一线，督促检查牧区学校的双语教师们每周听课、评课制度和集体备课制度。坚持推进教研合作、评课制度与集体备课制度，采取教师们相互听课、对比检查、教学抽查和座谈交流等多种方式方法，来提升牧区双语教师的教学能力。各级教育行政部门要积极组织选派县、市级汉族教学名师或教学能手到牧区学校开展为期一年或半年的支教工作，同时也要选派牧区少数民族教师到县、市级汉语言学校听课学习。大力开展城乡民汉学校及教师的“一帮一”结对活动，通过民汉教师共同努力、学习交流，促进和提高牧区双语教师的教学能力和水平。

三、加快对新疆少数民族牧区双语教师的培训力度

健全有效机制，加快对牧区双语教师的培训力度，着力提高牧区双语教师的综合素质。教育大计，教师为本。教师队伍的质量决定着双语教育的质量，只有拥有一流的双语教师队伍，才能拥有一流的双语教育。新疆要真正做到“民汉兼通”，最核心问题是建设一支高素

质的双语教师队伍，特别是在新疆边远贫困牧区。目前，新疆牧区双语教师队伍中“一缺二低转型难”，即数量严重短缺、汉语水平低、教育教学水平低，非双语教师向双语教师转型难等问题非常突出。所以，在持之以恒地加强双语教师队伍建设的同时，要采取多种措施，多方联手加强对牧区双语教师的培训力度，着力提高牧区双语教师的综合素质，不断巩固和提升新疆少数民族牧区双语教育的成果。为此，特提出如下建议。

第一，建立健全新疆牧区双语教师轮训机制。组织区内外双语教育专家深入双语教师承训院校、牧区中小学校认真调研，认真研究分析新疆中小学少数民族“双语”教师培训现状和存在的问题，完善双语教师培训的激励和考核机制，进一步明确双语教师培训的目标，制订出详细的新疆双语教师培训评价指标体系，提高双语教师培训质量。在全疆范围内制定“双语师资综合素质提升规划”，由教育部、国家民委所属院校和地方高校联手对牧区学校的校长、教务主任、德育主任、汉语教师以及后勤管理人员等开展不同层次的脱产培训和常年在职训练。也可采取骨干双语教师单科进修、集中短训等形式，分层次、分课程、分地区地进行培训。

第二，新疆牧区中小学校要积极开展民汉教师相互学习语言的活动。少数民族教师学习汉语，汉族教师学习少数民族语言（新疆少数民族语言和哈萨克语言），采取互帮互学、相互提高的方法。这样不但加强了团结，而且还有利于双语教学。

第三，严把牧区双语教师培训的入口关。新疆牧区双语教师培训是一项长期而艰巨的工程，各级教育行政部门以及牧区中小学校长要以高度的责任感，本着为牧区中小学长远发展的态度，高度重视并选拔参加培训的双语教师。明确制订被培训双语教师的入学标准，坚决杜绝选派专业不对口的教师参加各级各类的培训，坚决杜绝安排非教学人员参加培训，坚决杜绝培训学员结业后回到原就职学校不安排双语教学岗位的现象，坚决杜绝浪费国家的任何培训资源和培训机会。避免参训双语教师因汉语水平参差不齐而造成的个别学员不适应教学内容的现象。

第四，加强新疆各个承训双语教师院校的选拔与管理。认真检查督促承训双语教师院校的培训效果和培训水平，对培训效果不佳、不认真履行承诺的承训师院要及时取消其培训资格。新疆各个承训双语教师院校要本着为新疆少数民族牧区双语教育认真负责的态度，信守诺言，积极行动起来，加强工作指导和组织管理，形成有效协作机制；健全管理制度，以相关法规为指导，严格执行各项培训的教学指导方案，完善培训管理团队和培训规章制度建设；加强“双语”教师培训的师资队伍建设，加大教学实习和见习基地的建设力度，强化培训效果评估，不断提高培训质量；重视对参训学员的考核评价和信息反馈，大力开展新形势下的“双语”教师培训研究。为参训教师提供良好的培训场所和设备，使学习、食宿条件和医疗保障条件满足培训项目的需要。保障培训经费用到实处，挑选熟悉学前和中小学教育实际的、具有丰富教师培训经验的教师组成优秀的培训者团队；同时，配备合格的管理者团队，全力保障培训项目取得良好的效果。由于参训双语教师来自全疆各地，具有受不同文化熏陶和教化下的文化差异性，以及教学对象学习基础与语言能力的差异等，就要求承训教师不仅要具备普通教师的任职资格，而且还要符合“双语型”教师的标准，更要有多元文化认同的观念。① 所以承训双语教师的院校努力培养一支思想过硬、专业素质高和文化安全意识强的双语教师培训队伍是非常重要的。承训院校要做好培训者的各种培训，坚持宽结构、全方位、多层次、精选优聘兼职培训者，建立相应的培训者评聘制度。承训双语教师的院校对选拔出来的教师也要进行严格的培训。要组织这些教师深入牧区教学一线，通过与牧区校长、双语教师和后勤人员座谈、听课等多种形式了解牧区双语教学的现状，认真研究教学，制订切实可行的培训方案和教学计划，做到培训时心中有数，有的放矢。

各承训院校应根据参训学员的实际情况，根据新疆牧区双语

---

① 李泽林：“我国少数民族地区双语教师培训政策研究”，载《民族教育研究》2010年第2期，第14页。

教学的实际情况，适当调整课程设置，加大汉语口语、语音、专业课教学的比重，加大对语言教学方法、新课程教学理念的培训。还需将参训教师的教与学紧密结合起来，充分调动参训教师自主学习、小组学习的积极性，更好地提高培训质量。与此同时，承训院校要积极创设“汉语角”和“双语阅览室”，教唱汉语歌曲、讲汉语故事、开展汉语演讲竞赛活动等，设法为学员营造良好的语言环境。

第五，以“国培”为引领，改革创新双语教师培训模式，多渠道、多途径、全方位地培训牧区双语教师。从新疆牧区双语教学的实际出发，遵循语言教育学习的规律，以1~2年制脱产培训为主，以在职函授为辅；以汉语语言环境优越的地区和城市培训为主，坚持区外培训与区内培训相结合，自治区级培训与地州培训相结合，脱产培训与校本研修学习相结合，离岗培训与在当地拜汉族教师为师相结合的方式，还可以充分利用远程教育接受培训。牧区双语教师也要牢记“活到老学到老”，不论在何时何地都要不断地学习、充电。从国外的先进经验来看，其双语教师的培训模式都是因地制宜、灵活多样的，不搞“一刀切”。同时，培训中的方案设计也要做到因地制宜。依托内地对口援疆省市，充分利用内地全汉语的语言学习环境和浸润式教学模式，发挥对口援疆省市教育的资源优势，加快培训一批牧区双语教师。区内各个双语培训基地要借鉴“国培计划”的成功培训模式，融双语培训与科研促教为一体，进一步优化培训内容，改进目前的培训方式，强化对双语教师的科研指导，保障培训的实效性。

在培训中要坚持因材施教、分级教学，语言课要分班授课。学员入校后要插到汉族学生的宿舍区住，尽量避免学员们习惯性地用母语交流，不搞“一锅煮”。坚持理论联系实际，以提高教师双语教学和科研能力为主，强化学科专业基础和双语教学方法培训，增加实践训练环节，有针对性地提高参训学员的实际授课能力和专业发展能力。[①]

① 吕青：“新疆双语教师培训的跨越式发展”，载《北京教育学院学报》2012年第1期。

根据新疆牧区双语教师的教学实际需要，在原有培训课程、培训内容体系的基础上，指导双语教师把科研方法渗透到各个学科专业知识和教学实践等课程板块中。在日常教学和模拟双语教学中，以实践性知识为主，培训的重点是双语教师教学的基本功，以指导学员编写教案、制作课件、说课和评课训练为主要内容。[①] 参训教师在导师的指导下，根据新疆牧区学生的学习条件，不断地进行角色转换，在参训期间反复实践演练，并结合参训教师间相互评议、反复修改优化，形成规范的、较为完整的辅助资料，为参训学员结业返校后更好地开展双语教学夯实基础。关键是不论承训院校做什么样的工作，最终目的就是使参训学员在参与规范和优化双语课堂教学行动研究的同时，逐步领悟和学会如何在自己的工作岗位上做质的研究的方法。[②]

第六，在教师培训过程中，要把政治思想教育贯穿始终。新疆各民族的教师都必须热爱伟大的祖国，都必须遵守国家法律、法规，都必须拥护党和国家的路线方针政策，都必须旗帜鲜明地反对民族分裂主义，都必须自觉维护国家统一、新疆的民族团结和长治久安。

同时，还要着力培养牧区教师的“敬业精神”。实践表明，新疆少数民族牧区教学质量长期低下与师生的“智力因素”没有必然关系，但与师生的“非智力因素”有较大的关联。

没有付出哪来收获，只有付出巨大的辛勤努力才能取得良好效果。因此，建议在教师培训中，增加“敬业精神”方面的培训内容，最好组织培训教师到省市地州最好的中学观摩学习，比如组织培训教师到乌鲁木齐一中、兵团二中、伊宁市三中等知名学校去，通过观摩学习提高自身的工作积极性。

第七，严格培训的考核环节。考核环节是双语教师培训期间的关键环节之一，培训教师的考核环节应包括平时训练、期末考试、年终

---

① 陈向明：《搭建实践与理论之桥——教师实践性知识研究》，教育科学出版社 2011 年版。

② 陈向明：《在行动中学作质的研究》，教育科学出版社 2009 年版。

考核、结业考核等环节。这些环节出了问题，参训教师就会在培训时流于形式，平时也会放松对自己的要求，甚至有时连课都懒得去上，出现有事请假、无事找事请假的现象，使培训者无法组织正常的上课。因此，一定要在各个考核环节上，坚决杜绝任何徇私舞弊的行为。教育行政部门和参训教师所在学校的领导也定期或不定期地到承训机构和承训院校去了解培训教师的学习、生活情况，加强对参训教师的跟踪管理。各个承训机构和承训院校应进一步制定严格的考核制度和管理措施，对参训教师实施淘汰制管理，避免培训走过场。对培训教师的考核严格实行教考分离制度。培训教师除了在承训机构和承训院校学习期间的考核由承训机构和承训院校负责实施外，参训学员的技能考核，即教学实习的考核要由非培训学校组织进行，要由承担教学实习任务的学校组织进行考核。最后，参训教师的结业应包括国家汉语水平考试（MHK）成绩、课程考核、教学实习考核和教学技能的考核。双语教师培训评价具体指标如下：

表 5－1 新疆双语教师评价指标

学员姓名		准考证号		身份证号	
一级指标	二级指标	评分内容		分值标准	赋分
日常汉语水平评价（20 分）	汉语的听、说、读、写能力	考试成绩达到三级乙等（6 分） 考试成绩达到三级甲等（8 分） 考试成绩达到四级乙等及以上（10 分）		10	
课程考核（20 分）	期末考试、科研论文	期末考试（10 分） 科研论文（10 分）		20	
教学技能考核评价（60 分）	汉语表达（15 分）	语言流畅、发音准确，表达自如		10～15	
		语言比较流畅、发音比较准确，表达比较清楚		7～9	
		语言不太流畅、发音不太准确，表达基本清楚		3～6	
		语言不流畅、发音不够准确，表达不够清楚		1～2	
	汉字板书（5 分）	板书规范，笔顺错误少		4～5	
		板书基本规范，错别字较少		2～3	
		板书不规范，错别字多，笔顺错误多		0～1	

续表

学员姓名		准考证号		身份证号	
一级指标	二级指标	评分内容		分值标准	赋分
教学技能考核评价（60分）	专业知识（15分）	学科专业知识扎实，教学过程中无科学性错误		10～15	
		学科专业知识较扎实，教学过程中无明显的科学性错误		5～9	
		学科专业知识不扎实，教学过程中出现科学性错误		1～4	
	教学设计（5分）	教学目标符合课标要求，切合学生实际，教学重难点把握准确，教学各环节设计得当，有利于学生的发展		4～5	
		教学目标基本符合课标要求，较为切合学生实际，教学重难点把握较准确，教学各环节设计较好，有利于学生的发展		2～3	
		教学目标不符合课标要求，脱离学生实际，教学重难点把握不太准确，教学各环节设计不够合理，教学不利于学生的发展		1～2	
	教学过程（10分）	讲课思路清晰，教学过程完整，教学环节灵活。能引导学生积极参与到学习活动中，注重学生三维目标的培养，适应学生各种能力的发展		8～10	
		讲课思路比较清晰，教学过程比较完整，教学环节较灵活。能有意识地引导学生积极参与到学习活动中，比较注重学生三维目标的培养		4～7	
		讲课思路不够清晰，教学过程不完整，教学环节不灵活。没有关注学生三维目标的培养		1～3	

续表

学员姓名		准考证号		身份证号	
一级指标	二级指标	评分内容		分值标准	赋分
教学技能考核评价（60分）	教学方法（5）	教学方法灵活多样，教学手段得当。能合理有效使用教具、学具及现代化的教学媒体辅助教学，教学效果好		4～5	
		教学方法较灵活，教学手段较得当。能使用教具、学具及现代化的教学媒体辅助教学，教学效果较好		2～3	
		教学方法简单，教学手段单一。不能合理有效使用教具、学具及现代化的教学媒体辅助教学，教学效果一般		0～1	
	教态（5分）	教态大方、自然			
		教态比较大方、自然		2～3	
		教态不大方、自然		0～1	
				总分：	

按照以上评价指标最终给参训教师算出得分，可将成绩划分为优秀、良好、及格与不及格四个等级。总分在85分以上的为优秀；在70～85分的为良好；在60～70分的为及格；在60分以下的则为不及格。凡是考核不及格的教师，坚决按不合格定等级，不发结业证书。凡没有取得结业证书的教师，不但不能评先评优和职称评聘，而且坚决不能上岗，同时还必须承担50%的培训费用，教育行政部门和参训教师所在的学校也不予报销在培训期间的任何费用。要求不及格的教师限期自学提高，否则将调离教师岗位。

四、加强新疆双语教材的建设工作

加强对新疆双语教材的建设工作的研究和探讨，组织力量修改和编写适合新疆本土的教材。在教学中，教材起着非常重要的作用，它既是教师课堂教学的主要依据，也是学生获得有关知识、技能、学习策略的主要来源，是教师与学生之间的纽带和桥梁。随着双语教育在新疆牧区的广泛开展，适合新疆牧区使用的双语教材就显得非常重要。2005 年年底到 2008 年 7 月，新疆维吾尔自治区开展了少数民族幼儿学前双语教材的编写工作。到今天，《新疆少数民族学前双语教材》已投入使用近 7 年。2008 年 12 月初，新疆维吾尔自治区又组织有关专家、幼儿教育一线教师、出版部门等方面的力量，采取内引外联、开放式编写模式，对《新疆维吾尔自治区农村“双语”幼儿园教材》共同进行了编写。目前，新疆各地区少数民族义务教育阶段双语班使用的教材，是由方晓华和吴勇毅主编，2005 年 8 月，由新疆教育出版社出版的《汉语》教材。该套教材共有 18 册，其中小学阶段 12 册，初中阶段 6 册。除学生教材外，还配备了《教师教学用书》、练习册以及听力磁带等。随后该套教材又于 2007 年 8 月进行了一次修订。该套教材紧紧围绕“双语”教学的目标和任务，设计和安排了各项学习内容。现在，新疆各地区少数民族义务教育阶段使用的汉语教材主要有三种：普通班《汉语》、双语班《汉语》和人教版《语文》。这些教材都是根据《汉语课程标准》编写的，具有一定的科学性、可行性、权威性和统一性。但是新疆教育发展不均衡是一个不争的事实，城乡差别、南北疆差别、新疆牧区与其他地区的差别。这些差异取决于师资力量、设备条件、生源水平等因素。所以，在选用和使用教材时自然存在一定的差异。建议有关方面再组织力量对现有教材进行修订，使之真正适合新疆区情、适合新疆各个地区包括新疆农牧区学校使用的本土教材。

第一，在教材修订和编写过程中，一定要遵循现代性与本土性相结合、前瞻性与现实性相结合、历史继承性与科学创新性相结合等原则。因此，要从南北疆地区城乡差距、语言环境差异、师资水平差异、学生汉语能力差异、课外教学条件及学校硬件设施差异等实际情况出发，在新疆各级各类学校大力推动培育和践行社会主义核心价值观的同时，组织专家对新疆义务教育阶段的德育、语文、汉语、历史以及地理教材进行编写、修订和审查。将国家主权安全意识的内容编入教材中，系统完善地落实国家主权安全意识、社会主义核心价值观、中华优秀传统文化、民族团结教育等内容，融入课程标准、教材编写、考试评价之中。促进社会主义核心价值观“融入”教育教学和管理服务的各个环节，并在学校日常教育管理中积极融入中华民族优秀传统文化和传统美德教育。在教材内容的选择上，要重点突出国家认同和新疆的民族团结，务力体现对学生思想道德品质的教育、爱国主义教育和民族团结教育，加强遵纪守法的教育，加深新疆少数民族学生对伟大祖国文明和本民族文化的了解，增强新疆少数民族学生对伟大祖国的自豪感和新疆少数民族学生在意识形态领域反分裂、维护祖国统一和新疆长治久安的责任感，弘扬爱国爱疆的新疆精神，最终实现提高新疆少数民族学生的综合素质的目的。同时，强调课文内容的趣味性、可读性和题材的丰富多样性，一定要凸显新疆本土多元文化融合的特色。

第二，积极引进好的教材与创建新疆本土化教材相结合，研发适合具有新疆牧区特色的教材，使新疆学前双语教材体系由形式单一逐渐走向多元化。同时，专门给新疆牧区学前双语教育编写或翻译一些符合牧区实际和少数民族儿童特点课外双语读物。教材编写人员要深入新疆牧区充分挖掘农牧区的生活资料，在教材的选材方面要考虑到新疆少数民族文化历史、民族生活习俗、民族节日庆典、少数民族经典歌舞等。适当添加体现爱国主义和各民族团结合作的素材，并渗透以中国传统文化和新疆地域特点的素材内容，这样既有利于民族地方文化的继承与发扬，也可增强各民族对中华文化的认同感。

第三，新疆各地义务阶段的教材建设一定要与学前教育有承接，教材的修改和编写在注重汉语言知识体系的基础上，还要充分考虑到新疆牧区中小学生客观条件和实际能力的需求，考虑到牧区少数民族学生学习的文化心理特点。结合目前新疆少数民族在全疆范围内投资建设“班班通”设备，教材修改和编写须考虑远程教学资源和电子资源；教师可以充分利用“班班通”设备演示课件和进行视频节目的播放，提高教学效果。精心编写教材辅助资料，积极营造第二语言学习环境。利用国内外先进电子技术精心编写一些符合学前双语幼儿、义务阶段中小学生喜闻乐见的双语卡通片、游戏资料光碟，让学前双语幼儿时时刻刻都能浸泡在双语的环境中，享受在玩中学的快乐。让孩子们多听多记，充分发挥第二语言教学环境的导向功能、凝聚功能、陶冶功能、激励功能、健康功能、美育功能等。这样，软硬环境相互结合，耳濡目染，长期坚持下去也可以提高牧区孩子们学习汉语的兴趣与效果。[①]

第四，全国统编教材多数以汉族学生为教育对象，[②] 教材的许多内容并不完全适合新疆少数民族地区学生。所以，教材的修改和编写要注意避免以翻译汉语教材为主，即直接采取对译的方式编写双语教材的老路。又由于新疆双语教学各学段之间的学科教材不配套，给双语教学的实施尤其是新疆牧区双语教学带来了很多困难和不便。[③] 在选择教材和使用教材方面还要克服随意性较大，缺乏统一的管理的现象。在教材修改和编写时，更要注意在实施双语教学的过程中，民汉双语不可能齐头并进，双语教学的过程是一个逐步实现从“单语”向“双语”过渡的过程。[④] 因此，教材的修改和编写应有侧重点，其侧重点应倾向于弱势语种。

第五，新疆牧区教师要积极转变观念，加强业务学习，不断提高双语水平，认真研究和深化对教材的理解和应用能力。在教学中，虽然教材起着非常重要的作用，但是再重要也没有教师重要。教材是课堂教学的出发点和归宿，“一切教学活动围绕教材转”的传统思想观念必须要改变。教师必须适应现代教学课程的改革，将教教材转变为用教材。教师只有学会应用教材，才是真正意义上的教师。再好的教材如果教师都吃不透，就不可能教好学生。作为双语教师，首先要培养自己理解教材、应用教材的教学技能，其次要根据学生的实际情况

---

① 李欢欢：“《新疆维吾尔自治区农村‘双语’幼儿园教材》的文本研究”，新疆师范大学 2011 年硕士专业论文。

② 关辛秋：“当前少数民族双语教育研究中值得重视的几个问题”，载《民族教育研究》2011 年第 4 期。

③ 唐艳华：“新疆电大少数民族双语开放教育教材建设的一些思考”，载《新疆广电视大学学报》2010 年第 47 期。

④ 孙晓天、何伟、贾旭杰：“民族地区义务教育数学课程问题及对策”，载《中国民族教育》2013 年第 2 期。

做到灵活运用和驾驭教材，一定要把“死”的教材教“活”，只有这样教师才能更好地服务于双语教学。

五、认真研究制定并实行适合新疆少数民族牧区的招生政策

认真研究制定并实行适合新疆牧区双语学生的中考与高考招生政策，让不断发展的牧区双语教育成果真正惠及牧区孩子。对新疆牧区的双语学生实行单独划分、单独招生的优惠政策，积极拓宽新疆牧区双语学生的升学渠道和就业门路。借鉴新疆2015年南疆单列招生的做法，根据新疆牧区教育发展水平现状，采取新疆牧区生源照顾与牧区寄宿制学校照顾相结合的办法，既要照顾新疆贫困县的“民考汉”双语学生，也要照顾牧区的“民考民”双语学生。既可采取地区差异化的加分政策，也可采取民族加分、单独划分、地区加分、双语考生与单独招生加分相区分的政策，保证教育的公平、公正，从而创造更多的机会让更多的牧区双语学生有机会进入大中专院校学习。继续加大牧区少数民族定向生、委培生的招收比例，加强高校对牧区少数民族预科生的教育和管理，建立健全高校对双语预科出科标准，严格准出制度。学生经强化培训后未达标的不予出科，直至合格才送各大院校进行专业学习。

六、新疆少数民族牧区发展双语教育必须注重国家文化安全的教育

各级教育行政部门的牧区学校领导和教师，都必须清醒地认识到新疆少数民族牧区双语教育对国家文化安全的作用和重要意义，“文化安全”是一个国家政治稳定、社会发展的基础。由于历史的原因，新疆牧区主要以少数民族为主。新疆牧区经济落后、牧民们整体文化素质普遍偏低是一个不争的事实。由于语言不通，各民族间缺乏交流，出现了民族间的隔阂。客观事实告诉我们，当务之急必须大力发展牧区双语教育，它是维护新疆社会文化安全的重要举措，是发展新

疆民族教育事业的一项战略措施。发展新疆少数民族牧区双语教育可以培养大批“德才兼备”的优秀人才，可以继承和发扬中华文化和民族优秀的文化，可以促使各民族文化的广泛的交流交融，促进各民族之间的相互理解与认同。增强民族团结、维护新疆的社会稳定。

（一）搞好新疆牧区少数民族双语教育，只有坚持不懈地用马列主义、毛泽东思想、邓小平理论武装人民，才能使中华民族形成强大的凝聚力，才能团结一致，才能克服困难，披荆斩棘，推动新疆各项事业蓬勃发展

培养少数民族青少年学生高度的文化自觉意识，坚持指导思想上的一元化，防止多元化倾向，自觉抵御和遏制“伊吉拉特”极端思想的传播和“三股势力”的渗透，在学生的心灵深处构筑起反“伊吉拉特”极端思想、反“三股势力”渗透的思想防线，以先进的思想占领思想阵地，特别是新疆偏远边境牧区学生的思想阵地，保证马克思主义永远在意识形态领域占统治地位。[①] 培养少数民族青少年学生中华民族的文化主体意识。学生文化自觉意识的培养，对于消除“三股势力”实施分裂破坏活动的思想动员和阴毒策略，认清“伊吉拉特”的本质及其危害，认清“三股势力”妄图达到破坏民族团结、制造动乱、分裂祖国的险恶目的和险恶嘴脸。消解狭隘的民族主义情绪，建立多元共存的和谐文化秩序具有重要意义。

（二）新疆牧区少数民族双语教育要大力加强中国历史和新疆历史教育、热爱祖国教育和新疆精神教育，帮助牧区少数民族学生树立对祖国的自豪感，正确地理解中华民族多元一体的文化格局，增强中华文化与中华民族的凝聚力

维护国家文化安全，在文化共同体中重铸民族文化统摄力、感召力、渗透力。新疆牧区学校要积极开展网络文化安全教育，学校领导和教师要帮助牧区少数民族学生正确对待和使用互联网等现代化传播媒体网络，提高他们对“伊吉拉特”组织利用互联网宣传、传播宗教

---

① 俞睿：“全球化中的高等教育与国家文化安全”，载《河北理工大学学报（社会科学版）》2006 年第 2 期。

极端思想信息的分辨能力，自觉和自发提高维护网络文化安全。在辽阔的新疆牧区牢固构筑起反“伊吉拉特”极端思想、反“三股势力”渗透的思想防线，抵御民族分裂势力的文化屏障。

（三）新疆少数民族牧区学校培养学生的国家意识的策略

国家意识是每个公民对国家认同、认知的意识，是社会个体成员对自己祖国的历史、文化、国情等的认识和理解，它是一种政治意识，也是一种文化意识，它能激发公民的责任心和自豪感，它有利于国家的繁荣昌盛和民族的强大。在新疆，国家意识主要包括国家主权意识、国家利益意识和国家安全意识。国家主权意识、国家利益意识和国家安全意识作为国家意识的内容，各自与国家意识之间存在着深刻的内在联系，它们互相交融、互有彼此、互为依存。在新疆少数民族牧区双语教育的过程中，一定要把国家意识作为主要内容贯穿各个教学环节的始终，一刻也不能懈怠。

1. 在学校进行民族文化教育过程中，要增强学生对民族传统文化的认知和认同，培养国家意识，把传统文化课作为一门独立的国家课程分层次纳入新疆少数民族牧区双语教育体系，在不同的教学阶段采取不同的教学手段来实施。例如，在小学阶段，重在传统文化的熏陶。学生的熏陶教育包括家庭环境熏陶教育、校园环境熏陶教育和社会环境熏陶教育。家庭环境熏陶教育是公民意识教育中至关重要的一环，美国教育将对母亲的素质教育成功地与国家利益结合起来，形成优良的气质、品德。[①] 由此可见，学生国家意识的树立、民族传统文化的认知和认同的培养，与学生家庭教育是密不可分的。家庭应该承担起教育孩子的责任，家庭要配合学校教育和社会教育，有意识地培养孩子的国家意识。通过家庭和学校教育的熏陶使学生对中华民族传统文化有一个感性的了解。着重培养学生对中华民族传统文化的初步感性认识，在传统文化熏陶的过程中使学生初步形成国家意识的观念。在中学阶段，重在掌握中国传统文化的精髓。使学生对中国传统

---

① 蓝楠、陈燕、彭泥泥：“美国思想政治教育及其借鉴”，载《理论月刊》2010 年第 6 期，第 149 页。

文化常识有一个基本的了解和认识，逐渐培养学生对中华民族传统文化的认同和国家意识。在教育教学的内容上，应该增加基本国情和新疆区情的教育、公民权利与法制的教育，使牧区学生从小就培养国家公民意识和国家认同感，要多强调各民族之间的共性而非差异性，强化对中华民族认同的教育。

2. 教师在培养学生的国家意识上起到至关重要的作用。教师在双语教学过程中，利用课堂教学与学生互动开展公民意识教育，在思想政治教育理论课的教学中融入国家意识教育的相关内容，在双语教学的讲授中突出国家意识教育的主要思想；将这些思想转化为学生自身的国家意识，强化国家意识教育的效果，这是牧区学校对学生进行国家意识教育切实可行的途径。班主任利用班会着重培养学生形成正确的世界观、人生观和价值观，给学生阐述为什么只有社会主义才能救中国，中国走社会主义道路是正确的选择，以增强学生的社会主义信念。同时结合新疆实际情况教育学生，诸如中国960万平方公里的国土是我们共同的家园，每个中国人都有建设和维护好这个美丽家园的责任。中央对口支援新疆的重大决策，中央政府给新疆的财政补助累计达877.41亿元。从1978～2004年，中央投资就达3710多亿元。2010年3月，中央又专门召开全国对口援疆工作会议，提出了实施新一轮对口支援新疆工作的战略举措。中央新疆工作座谈会出台了《中共中央、国务院关于推进新疆跨越式发展和长治久安的意见》，在财税、进出口、土地、产业、投资、金融、人才等方面制定了一系列政策措施，给予新疆更大的支持等。教师在学校通过各种方式教育学生必须具备什么样的人生观、价值观才能报效祖国，教师要竭尽全力把学生培养成爱党、爱国、爱疆、充满正能量的人才，让他们懂得人世间的更多的是爱和正义。教育学生同暴力恐怖分子殊死搏斗，将暴力恐怖分子彻底消灭，把暴力恐怖分子的毒瘤连根拔除；教育学生要与“三股势力”做长期的、复杂的、尖锐的斗争，保卫我们挚爱的祖国和家乡。使学生充分认识到中国共产党领导和中国特色社会主义道路是我们的必然选择，树立和坚定国家意识，自觉同民族分裂分子做斗争，实现新疆的社会稳定和长治久安。

3. 加强新疆牧区学校校园文化建设，充分发挥新疆牧区学校校园文化在培养学生国家意识上的作用。由于学生年龄小、可塑性大，在校园里通过营造学生喜闻乐见的校园国家意识文化氛围，可以使学生的国家意识得到较好的培养。如充分利用校园广播、阅报栏、墙报栏、宣传栏等进行中华民族传统文化的宣传教育。在公共场所如教室、教室走廊、运动场、图书室等场地，适当布置中华民族传统文化名人名言的标牌、民族英雄的画像等，将显性教育与隐性教育相结合。学校组织诗歌朗诵活动，教唱爱国主义主旋律的歌曲，开展歌咏比赛、汉语朗诵比赛、文艺演出等各种活动吸引和感染学生，充分调动学生的主动性、积极性和创造性，使学生在参与活动中接受教育。同时，学校通过积极创建先进班集体、先进个人等评选活动来树立典型，起到示范作用，培养学生的集体意识、诚实守信意识。

七、发展新疆少数民族牧区双语教育应注意的事项

新疆少数民族双语教育的发展是势不可挡的，随着社会的发展、中国经济的腾飞、人们思想观念的改变，相信新疆少数民族双语教育将迎来蓬勃发展。实践证明，新疆少数民族双语教育对促进新疆社会稳定、巩固各民族大团结、提高新疆少数民族的科学文化水平、推动新疆社会主义各项事业的发展，起到了不可替代的重大作用。今后，新疆民族中小学双语教育将逐步推行从小学一年级开设汉语课，到初中阶段转入“双语”授课的模式；条件成熟的学校还将开设外语课，实现“三语”教育的模式。但是，《新疆维吾尔自治区教育事业发展“十五”计划和2015年规划方案》指出：“新疆汉语和双语教学仍处在起步阶段。”这也说明，新疆少数民族双语教育仍然任重而道远。在大力发展新疆少数民族双语教育的同时，我们也要清醒地认识到，发展新疆少数民族双语教育是一项系统工程，要统筹全局、科学规划、逐步实施。以下几点是发展新疆少数民族双语教育时不容忽视的。

第一，国家和新疆维吾尔自治区党委和政府在经济发展的前提

下，才能进一步加大对双语教育的投入。因此，发展新疆少数民族双语教育的前提是加快新疆民族经济发展的水平，只有奠定了良好的少数民族的经济基础，才能更好地发展新疆少数民族双语教育。

第二，发展新疆少数民族双语教育要允许少数民族使用和发展本民族语言文字，千万不可采取“融合主义”的态度来对待新疆少数民族双语教育的发展。要把新疆少数民族双语教育的发展作为保存新疆少数民族及新疆少数民族文化的手段。要充分认识到新疆实施少数民族双语教育有利于受教育者智力和个性的发展，有利于保存和发展新疆各民族的语言和文化，有利于使新疆少数民族成员逐步融合于主流社会。①

第三，发展新疆少数民族双语教育决不能忽视学生的母语在第二语言教学中的作用。国外许多外语教学法流派以及第二语言教学理论对母语在第二语言教学中的作用给予了高度的肯定，如 Jim Cummins、Marcel Danesi、中岛和子等。② 国家语委副主任、教育部语言文字信息管理司司长李宇明说：“我们现在认为，中国人首先要尊重自己的母语，要学好母语。一个人能够创造的最高点——建立创新型国家，是要靠母语的训练，没有母语的训练，一个人是不能达到素质的提高的。爱因斯坦如果不是用母语——德语来思考，是达不到它的高度的。”③ 由此可见，母语的作用在第二语言学习中是不能低估的。发展新疆少数民族双语教育也必须肯定母语在第二语言教学中的作用。语言是人类思维的工具，母语思维在第二语言学习中的作用不容忽视。在双语教学中，少数民族学生在学习汉语时，可以有意识地从母语思维转换到汉语思维上。所以，少数民族学生在学习汉语前，有必要打好母语的基础。

---

① 邓佑玲：“双语教育与文化认同”，载《中央民族大学学报》2000 年第 1 期。

② ジム· マミンズ (Jim Cummins) マルヤル· ダネシ (Marcel Danesi) 著中岛和子高垣俊之『カナダの继承语教育多文化·多言语主义をめぐって』，明石书店，2005. 中岛和子『バイリンガル教育の方法12までにと教师ができること』アルク，1998.

③ 国家语委：“重视母语不是把母语和外语对立起来”，载中国新闻网 http：//cn. news. yahoo. com，访问时间：2007 年 8 月 16 日。

第四，新疆双语教师培训的目的是使老师培训后担负起真正意义上的双语教学工作。这就要求在双语教师培训时，应当加强双语教师的专业发展，努力提升双语教师对双文化环境的适应能力，必须具有双文化的理念、态度和价值观，同时要学会分析新疆少数民族学生的民族情感和文化价值，采取有效措施以在课程上实施双文化教学，并不断提高对双语教学课堂的驾驭能力和双语教育能力。无论民、汉双语教师都要加深对不同民族文化平等性的认识，尽力帮助少数民族学生树立民族自尊心、自信心和自豪感。处理好中华民族多元一体共同发展和本民族文化传承的关系，避免教师参加培训的功利性。不能掩盖双语教师文化价值观的冲突，使培训后的双语教师从真正意义上获得培训合格证书或汉语水平等级证书，回到工作岗位后能够从事双语教学工作。

总之，党和政府要不断加大对新疆牧区少数民族双语教育的投入，想方设法地确保新疆城乡和农牧区教育均衡发展，推动城乡教育均衡发展。积极开拓创新思路，加快步伐解决牧区双语教师的数量和质量，着力提高牧区双语教师的综合素质。充分发挥牧区双语教师的主导作用，因为教师是培养社会主义接班人和建设者的重要力量和关键所在，教师的思想观念必然会影响学生，进而会影响新疆的社会稳定，影响国家的文化安全。组织力量修改和编写适合新疆本土的教材，组织专家对新疆义务教育阶段的德育、语文、汉语、历史以及地理教材进行编写、修订和审查。将国家主权安全意识的内容编入教材中，系统地落实国家主权安全意识、社会主义核心价值观、中华优秀传统文化、民族团结教育等内容，将之融入课程标准、教材编写、考试评价之中。认真研究制定并实行适合新疆牧区双语学生在升学与就业的中考与高考招生政策，让不断发展的牧区双语教育成果真正惠及牧区孩子。新疆少数民族牧区发展双语教育必须正视这种现实，制定相应的策略，承担起传承中国传统文化价值观念的任务，并将实现这个任务的紧迫性和重要性提升到确保国家文化安全的战略高度来加以认识。

第二节 新疆宗教事务管理和“四个认同”教育

新疆是一个多民族、多宗教并存的地区。由于这里民族成分复杂，风俗习惯和宗教信仰也存在差异，导致该地区的人民群众对我国的文化、宗教政策以及我国实行的政党制度在理解方面出现分歧，由此也带来了一些不好的后果，但我们从中汲取了经验教训，不断总结经验，在宗教事务管理和“四个认同”教育方面已经取得了一些成绩。虽然仍有一些不足，但各级党组织和地方各级政府以及人民群众还在积极努力地探索，希望通过加强立法、加强基层文化建设、加强教职工队伍建设等手段，使新疆的宗教事务管理和“四个认同”教育工作能够迈上一个新的台阶。

随着我国政治、经济、文化的不断发展，新疆的发展也备受社会各界的广泛关注。新疆各族人民以“爱国爱疆、团结奉献、勤劳互助、开放进取”的新疆精神为奋斗目标，为早日实现新疆的跨越式发展和长治久安而努力拼搏着。然而，这其中也不乏一些分裂破坏分子，不遗余力地制造种种暴力恐怖事件，企图破坏新疆安定团结的大好局面。为了杜绝像“7·5”事件的再度发生，加强少数民族牧区宗教事务的管理，发挥宗教的积极作用，引导信教群众正确地认识、利用宗教，同时加强少数民族牧区牧民对祖国的认同、对中华文化的认同、对中华民族的认同以及对中国特色社会主义的认同，进而提高新疆的政治、经济、文化发展水平，加快新疆少数民族牧区的经济发展。本节通过对少数民族牧区在宗教事务管理以及“四个认同”教育方面所取得的成就、存在的问题以及采取的措施等内容的阐述，为相关部门从中总结规律，趋利避害，加强对新疆少数民族牧区的管理，提高双语教育水平，加快经济发展步伐提供一定的理论依据。

一、新疆宗教事务管理

宗教问题历来是新疆稳定的晴雨表，能否处理好宗教问题，保持宗教活动的正常进行，直接关系到民族团结、社会稳定和祖国统一。在依法管理宗教事务方面，新疆也在积极努力地进行探索，虽然取得了显著的成效，但这其中也显现出一些弊端。

（一）新疆宗教事务管理的意义

1. 发挥宗教积极作用的客观需要。

宗教是指由宗教意识、宗教信徒、宗教制度、宗教行为和各种各样的宗教器物设施组成的复杂体系，正如当代社会的各种各样的政党、工团组织和群众团体一样，是一种社会实体。① 从宗教的定义中我们不难看出，宗教作为一种社会实体，它与社会团体之间最大的不同就是它具有特殊性和复杂性。它的性质说明，做好新疆宗教工作，事关新疆稳定和发展的大局，也事关全国稳定和发展的大局。因此，我们必须坚定不移地从维护民族团结、维护祖国统一的全局出发，努力做好宗教事务管理工作。随着新疆改革开放的深入和发展，在宗教事务方面出现了许多新情况、面临着一些新问题。一方面，近几百年来，宗教随着社会历史的演变而不断发展，与我国的文明相互交融、相互借鉴，在交流碰撞中不断地完善、丰富，形成了独具特色的宗教书籍、宗教艺术、宗教礼仪等。这也为更好地引导信教群众树立正确的人生观、世界观以及价值观，发挥了举足轻重的作用，与我国文化形成了密不可分的关系。除此之外，宗教还发挥了我国与其他国家文化交流的桥梁纽带作用，促使我国与其他伊斯兰国家建立了外交关系，推动了我国各项事业的不断发展。另一方面，一些传统的宗教观念阻碍了科学文化知识的普及，阻碍了生产力的发展。这不但影响了少数民族牧区牧民正常的生产和生活秩序，更主要的是它阻碍了社会主义精神文明建设的发展。境内外“三股势力”打着宗教的幌子，制

---

① 陈永生：“构建和谐社会视野下新疆宗教事务管理探析”，新疆师范大学 2012 年硕士学位论文。

造、煽动了一系列惨绝人寰的分裂祖国、破坏民族团结的违法犯罪活动，企图达到自己分裂破坏国家的目的。在有些贫困牧区，受经济发展水平和科学文化素质的影响，民族分裂主义活动仍时有发生，他们试图以宗教为外衣来掩盖自己的分裂犯罪活动，麻痹和毒害人民群众。由此可见，宗教是把双刃剑。我们要做的就是充分利用宗教的积极作用，使之成为推动社会进步、维护社会稳定、构建和谐社会以及实现民族团结的奠基石。

2. 解决新疆宗教工作问题的现实需要。

近几年新疆地区打着宗教旗号进行的违法犯罪活动日益突出，主要有民族分裂主义、宗教极端主义和暴力恐怖主义利用宗教进行的破坏国家统一、民族团结、地区稳定和危害国家安全的犯罪活动。国际敌对势力企图在周边少数民族地区寻找和打开突破口，对我国实施"西化"和"分化"的战略；境内"三股势力"相互勾结，不断变换方法和手段，采取各种形式进行反动宣讲，极力挑起事端，煽动民族对立、歧视和仇恨，制造祸乱，组织武装暴恐活动。另外，境外敌对势力利用宗教进行的渗透活动也是愈演愈烈，他们利用宗教对新疆进行各种渗透活动，向新疆输送大量的带有反动内容的宗教书刊、音像制品，鼓吹"圣战"、攻击社会主义制度等，妄图通过这些来达到自己分裂国家统一、破坏民族团结的阴谋。在少数民族牧区，非法宗教活动更是屡禁不止。据统计，2007 年上半年喀什市共查获非法宗教书刊 1000 余本，非法光盘 29 张；和田地区共查获非法宗教音像制品 6000 余张（盒），非法宗教书刊近 1 万本，查获非法印有宗教图案的日用品 3 万多个。① 因此，依法加强对新疆宗教事务的管理，遏制非法宗教活动，对积极引导宗教与社会主义社会相适应有着重要的作用。

3. 维护新疆稳定的重中之重。

我国是多民族的国家，也是多宗教的国家，我国实行宗教信仰自由政策，依法管理宗教事务，坚持独立自主自办的原则，积极引导宗

---

① 陈永生："构建和谐社会视野下新疆宗教事务管理探析"，新疆师范大学 2012 年硕士学位论文。

教与社会主义社会相适应。这些宗教政策的提出，使我国的宗教事务管理更加具体化、正规化。实行宗教信仰自由政策，更好地保证了少数民族宗教信仰自由的权益，实现了少数民族当家做主的愿望；依法管理宗教事务，使各项宗教活动正常、合法有序地进行，维护了信教群众的利益；坚持独立自主自办的原则，避免了境外恐怖势力的各种渗透活动，维护了国家安全；积极引导宗教与社会主义社会相适应，使得各信教群体的宗教活动与时代紧密相连，有利于社会的发展与进步。

（二）新疆宗教事务管理存在的问题

虽然新疆在宗教事务管理方面取得了一些成绩，但仍然存在不足，那我们就应当从中找出不足，以便今后总结经验、趋利避害、扬长避短。从目前来看，存在的问题主要有：有些地方的宗教管理体制不够健全，监管不力；有些乡镇对清真寺的管理不到位，对宗教知识的宣传、讲解不够深刻、细致；宗教人士的科学素质、政治素质、宗教素质低下等。

1. 伊斯兰教教职人员存在的问题。①

从表 5－2 可以看出，伊斯兰教教职人员的文化水平大多集中在初中，这就导致他们对于经书中所讲内容的理解与分析不够到位、不够深入，进而导致他们曲解经书中的某些真谛，传播错误宗教观念，散播错误言论。

表 5－2 新疆部分地区、县市伊斯兰教教职人员文化水平统计表②

地区	初中以下文化水平		初中文化水平		初中以上文化水平	
	人数（人）	所占比例（%）	人数（人）	所占比例（%）	人数（人）	所占比例（%）
和田地区	3737	74.8	1134	22.7	126	2.5
伊犁州	659	39.2	807	48	215	12.8

① 杨红：“对新疆伊斯兰教宗教教职人员队伍建设的思考”，载《中共伊犁州委党校学报》2008 年第 2 期。

② 任红：“新疆伊斯兰教教职人员现状调查与研究”，载《新疆社会科学》2009 年第 4 期。

续表

地区	初中以下文化水平		初中文化水平		初中以上文化水平	
	人数（人）	所占比例（%）	人数（人）	所占比例（%）	人数（人）	所占比例（%）
喀什市	117	53.2	75	34.1	28	12.7
莎车县	519	63	278	33.7	27	3.3
叶城县	626	47.8	643	49.1	41	3.1

伊斯兰教教职人员的知识结构单一。宗教事务作为社会事务的一部分，它与政治、经济、文化以及社会生活紧密相连，而这些教职人员由于文化水平低，与外界的接触也有限，这就导致他们的宣讲过程比较独立、教条。不能与当前社会的进步、经济的发展和文化的繁荣相结合，也就不能更好地引导宗教与社会主义社会相适应。

由表 5－3 可以看出，随着社会的不断发展，很多青年人也加入了宗教教职人员的行列，但由于他们年纪尚轻，所接触到的宗教知识也有限，这就导致他们的宣讲过于死板、过于简单；能联系到的实际案例也是屈指可数的，这使得宗教的宣讲活动变得枯燥，没意义。

表 5－3 新疆部分地区、县市伊斯兰教教职人员年龄结构表①

地区	40 岁以下		40～60 岁		60 岁以上	
	人数（人）	所占比例（%）	人数（人）	所占比例（%）	人数（人）	所占比例（%）
和田地区	1267	25.4	2182	43.7	1548	30.9
吐鲁番地区	321	28.5	221	19.6	784	51.9
莎车县	334	40.5	268	32.5	223	27
喀什市	46	20.9	51	23.2	123	55.9

部分宗教教职人员的思想状况极为复杂。宗教教职人员虽然与其他教民相比，有着较高的觉悟，他们相信科学，维护国家统一，认同

① 任红："新疆伊斯兰教教职人员现状调查与研究"，载《新疆社会科学》2009 年第 4 期。

国家的方针政策，但这其中也不乏一些人摆脱不了封建宗教思想的禁锢，妄图通过讲经来宣扬自己主张；他们假借讲经的名义，企图煽动民族情绪，制造民族矛盾。

2. 新疆宗教事务管理法制建设方面存在的问题。

宗教事务管理的法律制度尚未完善。新疆虽曾先后颁布了《新疆维吾尔自治区宗教活动场所管理暂行规定》《新疆维吾尔自治区宗教活动管理暂行规定》《新疆维吾尔自治区宗教职业人员管理暂行规定》《新疆维吾尔自治区宗教事务管理条例》。但仔细查看我们便可知道，这些法律条例一是过于简单，写得太过笼统，并没有将责任细化，这让很多犯罪分子有了可乘之机；二是没有规范性，这给执法带来很大的难度，也不能更好地保障信教群众的权利。有学者指出，现行的宗教事务管理法规、规章尽管大量使用了“禁止”“不得”等措辞严厉的字眼，却未能就违法行为制定具体的惩治措施，结果必然造成法规、规章的可操作性差，甚至无法实际操作，其权威性因而也大打折扣。[①]

（三）新疆宗教事务管理应采取的具体措施

1. 政府方面应当采取的措施。

通过加强立法提高管理宗教事务的水平。目前，新疆在依法加强宗教事务管理方面存在着很多的问题，针对这些问题我们应采取积极有效的措施，通过加强立法提高管理宗教事务的水平。无论是国家层面还是新疆层面都应当加快法律法规的出台与制定。由于当前出台的相关法律可实施性差，程序不够完善，及时修改法律，出台一部高效、实施性强、受益群体广的法律势在必行。

大力发展经济，加强基层文化建设。[②] 在少数民族牧区，受到自然环境和地理位置的影响，不仅物质方面短缺，更重要的是教育文化方面落后，农牧民不仅看书难、读报难、看电视难，在有些地区甚至连收听广播都很困难。因此，针对上述问题，政府应该加大资金的投

---

① 王磊：“新疆宗教事务法制建设面临的障碍及其对策”，载《新疆社会科学》2008年第3期。

② 董西彩：“新时期做好新疆宗教工作的几点思考”，载《实事求是》2011年第3期。

放力度，加强农村的公共基础文化设施建设，加大广播电视等硬件的投入力度，扩大覆盖面、提高覆盖率；对民语书籍的出版、发行保证质量、提高产量，切实保证少数民族牧区与外界的沟通以及信息的及时交换。

提高宗教教职人员的素质，发挥他们重要的引导作用。宗教教职人员作为信教群众与宗教之间紧密联系的纽带与桥梁，发挥好宗教教职人员的沟通作用会有利于宗教知识更好地传播。定期安排宗教教职人员进入正规的经学院或者讲经班进行培训进修，提高教职人员的素质，拓宽他们的知识面，改善单一的知识结构状况，这些都有利于更好地传播宗教。除此之外，还应对教职人员增强社会保障，切实保障他们的生活，从另一方面讲，这也是为了能让宗教教职人员放下思想包袱，从自身出发，更全面、更真实地感受到各级政府的温暖。

2. 少数民族牧区学校应当采取的措施。

增强思想政治理论的学习。[①] 学校是学生学习、生活的重要环境，学校的教育对少数民族牧区学生世界观、人生观的形成有着潜移默化的影响。因此，少数民族牧区学校应当充分利用这一优势，为学校学生思想政治教育奠定良好的环境基础。加强少数民族牧区学生的爱国主义教育，让他们爱国、爱党、爱社会主义，捍卫国家的主权和领土完整，自觉维护国家利益，增强国防观念；加强少数民族牧区学生的马克思主义宗教观的教育，通过对宗教观的学习，让他们对宗教有一个正确的认识。此外，通过对党的宗教政策理论的学习，加深少数民族学生对党的宗教政策的理解，正确认识我国宗教存在的问题。

加强校园民族文化建设。校园文化是学校的灵魂也是学校思想政治教育的重要载体，少数民族牧区学校应当调动各方面积极的因素，建设有地方特色的校园文化，为牧区宗教事务管理创造良好的氛围。为了建设有特色的校园文化，少数民族牧区学校应当通过讲座、黑板报、广播等形式开展爱国主义教育，给学生灌输“个人的命运与民

---

① 韦冬梅：“少数民族大学生‘四个认同’教育研究——以广西民族院校为例”，广西大学 2014 年硕士论文。

族、国家的命运紧密相连”的使命感和责任感。除此之外，学校还应当结合各民族的风俗、文化等开展各种形式的趣味运动会、知识竞赛等，以此来加深各民族之间的认识和感情，理解各民族宗教之间的差异，并且尊重这些差异。

发挥家庭、社会、学校的联动作用。影响少数民族牧区学生宗教观念的因素来自于家庭、社会、学校等各方面，因此发挥学校、家庭、社会的联动作用很有必要。首先，学校应当及时地将学生在学校期间的思想动态、行为举止反映给家长，家长要积极地与学校进行良好的沟通，对学生思想方面的动态有一个较全面的了解。学校应该多创造一些参观游览的机会，把学生带到博物馆、烈士陵园、纪念馆等有重要的教育意义的地方去，通过游玩的形式让学生增强对祖国统一和珍爱和平的理解。

二、新疆少数民族牧区“四个认同”教育

（一）新疆少数民族牧区“四个认同”教育的概念界定以及重要意义

1. 新疆少数民族牧区“四个认同”教育的概念界定。

“四个认同”有着丰富而深刻的内涵，包括对伟大祖国的认同、对中华民族的认同、对中华文化的认同、对中国特色社会主义道路的认同。它体现了“忠于祖国的坚定信念和对中华民族的信赖、对中华文化的信仰、对中国特色社会主义道路的信心”。[①] 为了更好、更清楚、更直观地了解少数民族大学生对“四个认同”教育的了解情况，笔者结合伊犁师范学院实际情况，在伊犁师范学院的少数民族大学生中针对“我国是各民族共同缔造的统一的多民族国家”“每个民族的前途和命运都同中华民族的前途和命运紧紧地联系在一起”“各少数民族文化是中华文化的一部分”“中国实行社会主义制度是历史和人民的选择”等四个问题发放了100份调查问卷，绘成如下4图。

对伟大祖国的认同，它的实质是各族人民对伟大祖国的归宿感，

---

① 新疆维吾尔自治区委员会宣传部编：《“四个认同”学习读本》，新疆人民出版社2011年版，第1页。

包括对祖国历史文化的认同、对祖国自然地理的热爱、对维护祖国统一和促进祖国发展的历史重任等。[①] 众所周知，我国自古以来就是一个统一的多民族国家，各族人民共同创造了祖国辽阔的疆域以及灿烂的文化。我们作为中华人民共和国的公民，应当把捍卫祖国统一和维护民族团结、捍卫我国领土主权的完整作为自己义不容辞的责任。

由图5－1不难看出，少数民族牧区学校的学生就“我国是各民族共同缔造的、统一的多民族国家”这一问题，有着较为集中且一致的认同，但其中也有2%的学生不赞同，4%的学生立场摇摆不定，这也直接明了地告诉我们，加强少数民族牧区学校学生的思想政治教育很有必要。

对中华民族的认同。我国是由56个民族组成的民族共同体，虽然各民族有不同的族名，但各民族有一个共同的名称那就是“中华民族”。各民族在不断的交流与融合中，既有各自的民族特色，也有着中华民族的共性。虽然各民族在人口数量、宗教信仰、发展程度等方面都存在着差异，但他们始终都是中华民族不可或缺的一部分，他们的繁荣与发展和中华民族的繁荣与发展紧密相连。

分析图5－2数据，少数民族牧区学生在“每个民族的前途和命运都同中华民族的前途和命运紧紧联系在一起”这一问题的回答上，有30%赞同，63%很赞同，这说明少数民族牧区的学生对于两个共同，即各民族共同团结进步、共同繁荣发展持有高度的认可。

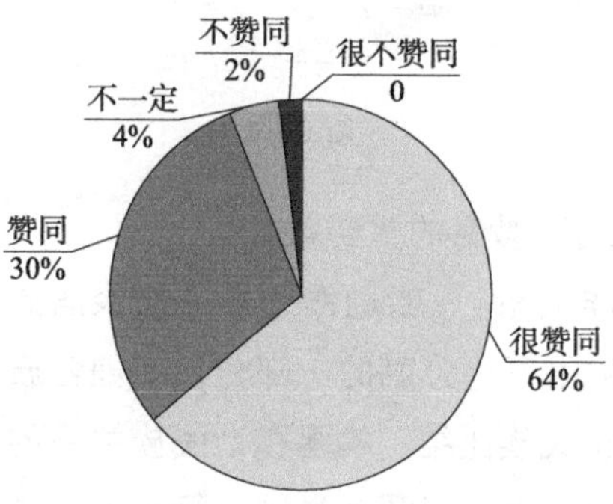

图5－1

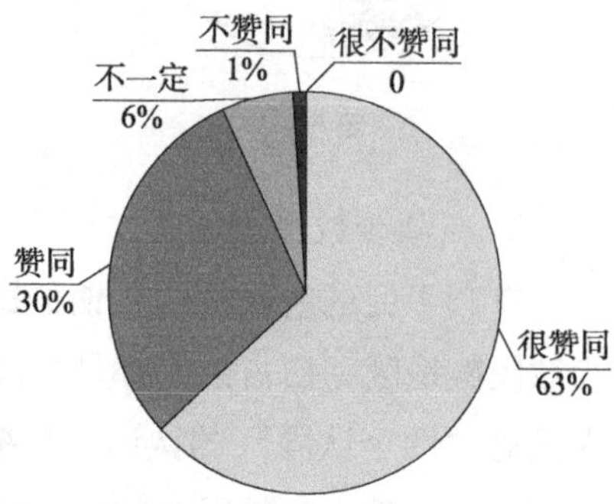

图5－2

① 徐柏才：《民族思想政治教育学导论》，民族出版社2011年第3期，第114页。

对中华文化的认同，即各族人民对中华文化的归属感、认同感。由图 5－3 的数据分析可以看出，各族人民都应当认识到，各民族的文化都是中华文化的一部分，各民族文化在交流的过程中不断地丰富与发展，共同构成了灿烂辉煌的中华文化。随着国际竞争的日益激烈，文化已经成为衡量一个国家综合国力的重要指标。因此，我们只有增强对中华文化的认同，才能增强民族的凝聚力和向心力，提高国家的文化软实力。

对中国特色社会主义道路的认同，正如图 5－4 所反映出的，社会主义制度是符合人类历史发展规律的，中国坚持走特色社会主义道路是历史和人民的共同选择，也是社会历史发展的必然趋势。只有社会主义才能救中国，只有坚持走中国特色社会主义的道路，我们的祖国才能发展，人民的生活水平才能日益提高。

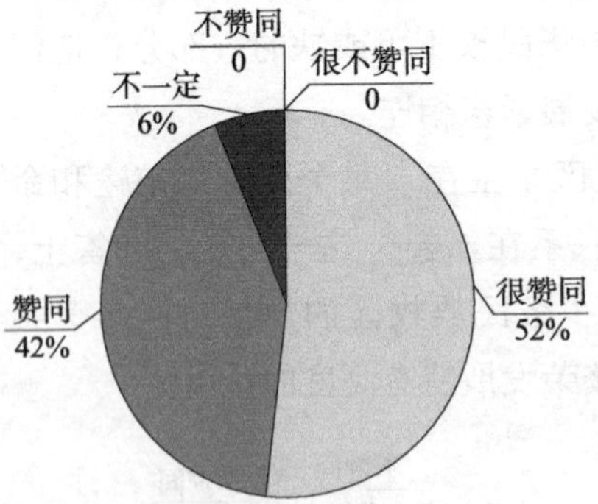

图 5－3

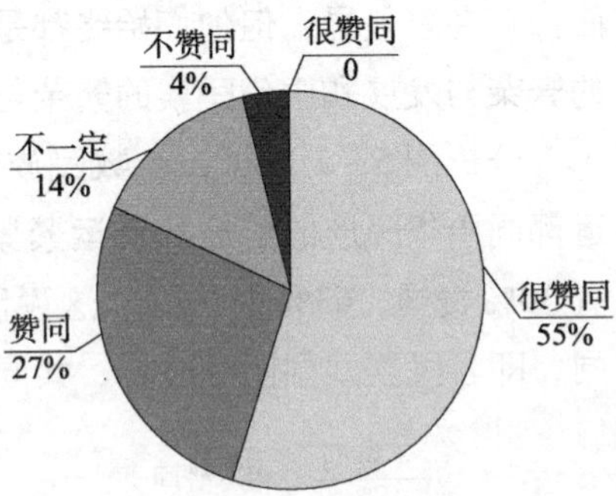

图 5－4

2. 新疆少数民族牧区“四个认同”教育的重要意义。

有利于促进新疆构建和谐的民族关系。① 新疆作为多民族聚居的少数民族地区，自古以来都是祖国神圣不可分割的一部分。新疆各族人民对“四个认同”的认识，是维护民族团结、构建和谐民族关系的重要心理基础。少数民族牧区的学生作为思想观念先进、行为举止高

① 田志国：“新疆高校大学生‘四个认同’教育研究”，喀什师范学院 2013 年硕士学位论文。

雅的代表，他们的一举一动对自己所在的家庭、街道、村镇都有着重要的示范作用。因此，在少数民族牧区加强学生对“四个认同”的教育对于新疆构建和谐的民族关系起着至关重要的作用。少数民族牧区学校要通过各种形式的宣传教育活动使学生认识到新疆各民族之间的紧密关系，认识到祖国文化的形成及其特点，了解到处理民族问题的正确态度；使学生看清国内外“三股势力”的丑恶目的，提高他们对分裂势力的辨析能力。

有利于维护新疆社会的长治久安。新疆维吾尔自治区各民族“大杂居、小聚居”的居住特点决定了少数民族牧区学校采用民汉合校的教育管理模式，而这种管理模式有利于新疆发展和谐的民族关系。这些地区的学生拥护中国共产党的领导，热爱祖国，反对民族分裂，反对任何形式的破坏活动，能够自觉地维护国家统一和民族团结。但是，有民族差异就必然会有民族问题。又加之我们所处的地理位置的特殊性，使得西方国家对这些对少数民族牧区的学生在精神上进行诱导和毒害，导致一些思想薄弱的学生受到蛊惑，这直接影响到了新疆的和谐稳定以及社会的长治久安。2009 年 7 月 5 日发生在新疆乌鲁木齐的打砸抢事件用惨痛代价告诉我们，加强少数民族牧区学生“四个认同”的教育对于维护新疆社会的长治久安有着重要而深远的意义。

有利于推动新疆经济实现“跨越式”发展。新疆作为我国西部对外开放的重要门户，作为西北重要的战略屏障，在党和国家的各项工作中都有着重要的战略地位。但要想实现新疆经济的“跨越式”发展，必须要提高新疆各族人民的科学文化素质和思想道德素质，提高科技创新力、创造力。而关键在于人才，人才的成长要靠教育。由此看来，少数民族牧区的学生在新疆实现经济“跨越式”发展的过程中起着重要的作用。张春贤书记在 2011 年 5 月 3 日发表的《致全区各族青年的信》中提到，“新疆青年是推进新疆社会主义现代化建设的生力军，各族青年应当把爱国之情转化为报国之志、报国之行和建设美好家园的实际行动，学习新知识、掌握新本领、引领新风尚、不断开创各项工作新局面”。通过对少数民族牧区学生进行中华文化的认同教育，正确地引导学生用先进的文化武装自己的头脑，正确地认识和处理本民族文化与中华文化的关系，自觉地尊重本民族以及其他民族的文化，为新疆“跨越式”发展奠定良好的文化基础。

有利于少数民族牧区学生的健康成长。少数民族牧区的学生与他们的父母相比，虽然接受了较高的科学文化教育，对于宗教中的有些教义能够有自己的独立判断能力。但是，他们在接受“四个认同”教育的过程中，一方面，他们从小受到本民族文化的熏陶，他们热爱自己民族的文化，崇尚本民族文化；另一方面，随着西部大开发规模的不断扩大，新疆与内地之间的联系也更加紧密，受到其他文化的冲击，少数民族牧区的学生产生了迷茫的情绪。此时，在学校开展“四个认同”教育，对于少数民族学生正确处理本民族文化与其他民族文化的关系，以及正确对待不同民族文化的交流、融合等方面有着积极的引导作用。

（二）新疆少数民族牧区学校“四个认同”教育的路径选择

抵御“三股势力”的渗透，进一步加强党对新疆少数民族牧区学校的坚强领导。抵御“三股势力”的渗透，不仅关系到新疆当前的民族团结、社会稳定，而且关系到未来的长治久安和国家安全稳定的大局。因此，新疆少数民族牧区学校一定要加强党的领导，认真贯彻和学习党的各项会议精神和文件，制订出符合本区学校的“四个认同”教育方案，选拔和任用有能力、思想先进的教师；培养政治立场坚定、有能力的干部进领导班子。除此之外，学校要定期开展各种反分裂、反渗透的专题讲座等，定期了解学校教师的思想动态；鼓励立场坚定、旗帜鲜明的教师积极地加入到党的队伍中来。只有这样，才能更好地为祖国培养和输送栋梁之材。

加强教职员工队伍建设，把“四个认同”教育真正落到实处。[①] 少数民族牧区教职工可以说是责任重大，他们对于“四个认同”教育的贯彻落实起着重要的作用。一方面，教师作为知识的传授者，一定要不断地学习、再学习，提高自己的知识结构水平，牢记自己的职业

---

① 巴玉玺：“关于加强民族院校大学生‘四个认同’教育的探讨”，载《中南民族大学学报（人文社会科学版）》2011 年第 2 期。

操守，在教学过程中，切实履行教师义务，做好“四个认同”教育的宣传与传播工作，对学生循循善诱，潜移默化地加强学生该方面的思想觉悟。另一方面，教师应当鼓励学生多开展与“四个认同”教育主题有关的主题班队会、主题团课、主题演讲比赛、主题诗歌朗诵比赛等，通过这些活动的开展让大家意识到国家的统一、安定和民族的团结对于自身的发展具有极其深远和重要的意义。

切实抓好牧区学生的培养教育工作，为祖国培养合格的接班人。当代的少数民族学生作为新中国建设的主力军和党的社会主义事业的接班人，可以说他们对于社会、对于家庭、对于自己所生活的区域的影响是巨大的。尤其是少数民族牧区的学生，应当要始终坚持社会主义核心价值体系教育，坚持“四个认同”教育，把新疆历史、民族宗教问题作为学生思想政治教育和思想道德建设的关键内容之一。[①] 除此之外，学生应当牢固树立维护祖国统一、维护民族团结、反对民族分裂的思想意识，并把这种热爱转化为改造家乡，改变家乡面貌，为国家的四个现代化建设奉献自己的聪明才智的决心与勇气。

充分利用互联网的优势，加强网络管理。随着人类进入信息时代，互联网的优势逐渐凸显出来，人们对于互联网的运用也变得多起来，人们在网上聊天、沟通感情、信息互换。因此，充分利用互联网的优势，加强“三个离不开”“四个认同”“五个相互”教育，利用网络的实时共享功能，分享一些正能量的具体事例，激发大家的爱国意识。另外，对于一些利用网络传播谣言，制造民族矛盾的不法分子应当及时制止并移交相关部门进行处理，并在网络上进行公示，以示警诫。

由于新疆宗教问题的特殊性和复杂性，做好新疆宗教工作，事关新疆稳定和发展的大局，也事关全国稳定和发展的大局。自改革开放以来，新疆在全面贯彻党的宗教信仰自由的同时，依法加强对宗教事务的管理，并在不断的探索中寻找适合本地区的宗教事务管理模式。

---

① 吴常柏：“新疆高校坚持‘四个认同’教育的经验”，载《中共山西省委党校学报》2010年第6期，第3页。

加强对少数民族牧区宗教事务的管理，有利于推动少数民族牧区政治、经济、文化的不断向前发展。

学生是十分宝贵的人才资源，是民族的希望、祖国的未来。而少数民族牧区学生不仅肩负着维护民族团结、国家稳定的使命，更重要的是他们还肩负着发展民族地区的重要任务。当前，市场化、网络化不断发展，西方国家利用民族、宗教问题对我国边境地区的学生进行“西化”“分化”等。在这种背景下，加强“四个认同”教育，对少数民族牧区学生形成正确的“三观”有着重要的指导作用，而且，这也是维护社会稳定、民族团结和国家统一的需要。

第三节　新疆国家文化安全预警机制研究

文化安全问题既是全球性的重大问题，也是我国目前面临的较为突出的一大问题。新疆少数民族牧区是一个多民族聚居、多宗教、多体制并存的地区，在国家文化安全中占有重要战略地位。新疆少数民族牧区由于历史原因、自然地理环境的特殊性以及各民族之间存在文化差异等各方面的原因，在国家文化安全预警机制方面存在许多问题，影响新疆的稳定与经济、社会的发展。因此，新疆少数民族牧区制定合理有效的国家文化安全预警机制，充分发挥语言和文化的作用，通过文化从根本上推进民族团结，是促进新疆经济发展、构建和谐社会、保障国家安全的重要战略。

一个国家的文化已经成为衡量一个国家实力的重要因素之一。正如一个国家在政治与经济发展中不可避免会带来的政治安全问题与经济安全问题，在国家文化发展中必然要考虑文化安全问题。文化安全问题既是全球性的重大问题，也是我国目前面临的较为突出的一大问题。当代中国处于转型时期，新旧体制、中外文化、各种利益与诸多矛盾交织在一起，不可避免地会出现文化问题和文化危机。新疆已经进入了新时期、新阶段，在推进新疆跨越式发展和长治久安的进程中，如何构建国家文化安全的战略防护体系，建立和完善预警机制，已成为一个现实而紧要的重大议题。由于新疆地区特殊的人文地理环境以及各族人民群众之间存在语言差异和文化差异，常常会使信息的收集以及对威胁国家文化安全的因素的准确预见变得十分困难，致使事态急剧扩大，造成人员伤亡的严重后果。新疆少数民族牧区应充分发挥语言和文化的作用，大力推进双语教育弘扬先进文化的作用，通过文化从根本上推进民族团结，这是抵御民族分裂势力活动，维护新疆稳定的重要战略。

一、新疆国家文化安全预警机制的概念界定及重要意义

（一）新疆国家文化安全预警机制概念界定

1. 国家文化安全。国家文化安全指一个主权国家的文化价值体系，特别是主流文化价值体系，免遭来自内部或外部文化因素的侵蚀、破坏或颠覆。[①] 文化安全主要指人们认为自己所属“国家—民族”的“基本价值”和“文化特性”不会在全球化大势下逐渐消失或退化的“安全感”。具体是指：政治文化和社会管理制度上的安全感；传统文化和独特价值体系上的安全感；民族语言和信息传播上的安全感；国民教育体系和国民素质上的安全感等。[②] 国家文化安全对保障社会秩序、保护人类文化多样性、维护国家稳定、确保国家政治经济安全等方面有重要作用。维护国家文化安全，实质上是要保持本国制度文化、价值观念、生活方式的民族性和独特性，保护本国长期以来的文化认同免遭外来文化的渗透、控制、同化和侵犯。实现“人的安全”是文化安全的重要内涵，“人的安全”主要指每个个体的基本政治权利与生存权利应该得到有效保护。目前，国家文化安全日益成为我国学术界关注和研究的热点问题，越来越多的学者、专家广泛关注和研究国家文化安全。

2. 新疆国家文化安全预警机制。“预警”是指“预先警告”，指

① 石中英：“学校教育与国家文化安全”，载《教育理论与实践》2000 年第 11 期。

② 潘一禾：《文化安全》，浙江大学出版社 2007 年版。

对将要发生的非常规突发事件进行紧急信息的提示，目的是让政府领导及相关部门对即将到来的突发事件提前做好各方面的准备，并且能够及时应对。国家文化安全预警是指国家文化安全管理部门相关人员采取专家预测法，对社会结构和运行规律研究领域的权威专家进行系统咨询，[①] 然后针对收集来的数据和信息加以处理，预测即将发生的危机并发出警告，以减少损失或避免事件发生。孔子曾提出“凡事，预则立，不预则废”，可见国家文化安全预警作为国家文化安全的第一步有着非常重要的作用。新疆少数民族牧区要做好国家文化预警，就要动员社会各界力量利用各种信息监控系统对可能威胁国家文化安全的危险信号和征兆进行紧密监控，迅速采取相关措施，向国家文化安全部门发出警报。预警机制主要包括建立文化安全指标警戒线体系、监测信息的获取、信息分析处理、决策预警水平、确定预防措施与程序等几个过程。

新疆少数民族牧区国家文化安全预警的信息监测包括三部分：(1) 人民群众对本地文化（语言、宗教、习俗）的自觉认可度与参与发展度；(2) 人民群众对国家文化（国家历史、现行文化制度）的自觉认可度与参与发展度；(3) 对外来文化的喜好程度影响范围与深度。根据预测分析结果，对可能发生和可以预警的突发公共事件进行预警，预警级别依据突发公共事件可能造成的危害程度、紧急程度和发展势态，一般划分为四级：Ⅰ级（特别严重）、Ⅱ级（严重）、Ⅲ级（较重）、Ⅳ级（一般），依次用红色、橙色、黄色和蓝色表示。[②]

（二）新疆国家文化安全预警机制的重要意义

《礼记·中庸》有言：“凡事预则立，不预则废。”即使在和平年代，一个国家也要预备着一支训练有素、能打胜仗的武装力量，正如孟子言：“生于忧患，死于安乐。”孔子也曾提出“事前定，则不困；

---

① 张维平、蔡放波：“对美国、日本和中国预警机制现状的评述”，载《荆门职业技术学院学报》2006 年第 5 期。

② 刘宏杰：“边疆民族地区突发事件应急机制研究”，中央民族大学 2010 年博士学位论文。

行前定，则不疚"，这都说明事前的准备与防范决定了事业是否能够成功，其中也包括对突发事件进行的预警准备与防范。

新疆少数民族牧区建立国家文化安全预警机制是推进新疆跨越式发展和长治久安进程的根本前提。首先，文化安全是我国国家安全的灵魂，政治安全、经济安全和科技安全的信息传播离不开文化。作为媒体的文化一旦受到干扰致安全系数降低时，政治安全、经济安全和科技安全就失去了保障。其次，社会一旦陷入动乱，往往是因为人的思想方面和文化方面出了问题，不同人的不同思想价值观念和文化价值观念可能会造成社会混乱和不稳定。同时文化中的价值观念和道德理论可以调控社会，维护社会稳定。由此可见文化安全的重要性，文化一旦受到威胁会处于不安全状态，从而影响到文化功能的发挥，造成社会秩序混乱。因此，新疆少数民族牧区建立国家文化安全预警机制有着重要的现实意义。预警主要用于危害萌芽时期，即"防患于未然"，在文化受到不利因素威胁的萌芽时期，有效的预警措施可以将不利因素扼杀在摇篮内，在最短时间内将事件的危害控制到最小，最大限度地减少损失，做到早发现、早报告、早处置；可以有效地减少社会中存在的各种安全隐患、引起公众的警觉、提起社会安全意识，有利于新疆少数民族牧区促进民族团结、维护社会稳定以及推进社会主义现代化的建设和小康社会的全面实现。

二、新疆少数民族牧区应对国家文化安全预警机制的对策

国家文化安全预警机制是一个国家和地区维护文化安全的基本工具之一，它的最高原则是将威胁消除在萌芽状态，即对文化干扰的因素尚未累计到爆发之前，就能够提前识别、及时追踪、发出预警、制订应对方案。近年来，随着经济与社会的发展，新疆少数民族牧区因文化方面引起的矛盾事件偶有发生。为了维护社会稳定，新疆少数民族牧区为此做了不少努力，但与当今国家文化安全风险程度相比，从总体上看，新疆少数民族牧区国家文化安全预警机制还是不够成熟，存在着一些问题。

（一）完善预警机制相关法律法规

新疆少数民族牧区是突发事件高危区，建立国家文化安全预警机制关系到民族团结和社会稳定。完备的法律体系是新疆少数民族牧区国家文化安全预警机制建设的坚实基础，是预警行为的保障和制度规范，有利于加强预警机制的有效运行。我国应借鉴他国法律，如美国的《国家安全法》《紧急状态管理法》和日本的《灾害对策基本法》。对于符合我国国情和新疆少数民族牧区情况的理论知识和管理经验要加以借鉴，反之则一律不能使用。新疆少数民族牧区应该依据我国《民族区域自治法》《反恐怖主义法》和国家突发公共事件相应的法律法规，制定符合新疆实际情况的与突发公共事件预警相关的地方性法律法规。①

（二）通过学校教育提高新疆少数民族牧区预警能力

教育，特别是学校教育，自古以来就有文化传承的功能，在培养青少年一代文化认同，促进他们成为国家合格公民方面起着主导性作用。所以，加强和维护国家文化安全，就应该充分发挥学校的这种主导作用。② 新疆少数民族牧区的各类学校不仅是提高新疆少数民族牧区教育水平的重要工具，同时也是全面提升当地群众综合素质的重要途径。作为各类突发事件的重要参与主体，学校的预警教育及培训必不可少。

教育传播和创造着文化，同时教育又离不开文化。教育总是在一定的文化环境中进行的，总是受制于整个文化系统。③ 由此可见，新疆少数民族牧区双语教育与文化安全问题之间有着密切的联系。新疆少数民族牧区是一个多民族、多宗教、多文化并存的地区，双语教学肩负着维护文化安全、保障社会稳定和国家安全的时代使命。新疆少数民族牧区学校要注重培育少数民族学生良好德育情操和文化素养，

---

① 石路："民族地区突发公共事件的应急预警机制探析"，载《新疆大学学报》2006年第7期。

② 赵燕："国家文化安全背景下新疆边境地区基础教育发展研究"，石河子大学2010年硕士学位论文。

③ 顾明远：《中国文化的基础》，山西教育出版社2004年版。

以科学精神反对极端主义，通过教育扭转新疆少数民族牧区的落后思想。同时通过双语教育提高牧区少数民族学生“四个认同”意识，即对伟大祖国的认同、对中华民族的认同、对中华文化的认同、对中国特色社会主义道路的认同，使广大民族学生自觉自愿地抵制三股势力，与分裂主义、恐怖主义和极端主义作坚决彻底的斗争。树立维护祖国统一，维护民族团结，反对民族分裂的思想意识，筑起反分裂的铜墙铁壁。这样的学生是提高新疆少数民族牧区国家文化安全预警能力的主力军，能够使新疆少数民族牧区信息通畅，起到预先预警的作用。

学校在尊重少数民族学生宗教信仰自由的同时，要严防宗教极端势力利用宗教进行违法、破坏活动，将科学合理的预警知识和方法传授给民族学生，也可另辟蹊径，吸取宗教中有益于预警机制的部分，为预警机制工作服务。

（三）加强新疆少数民族牧区校园安全预警机制的建设

新疆少数民族牧区的各类学校不仅是提高当地教育水平的重要工具，同时也是全面提升群众综合素质的重要途径。维护国家文化安全应该充分发挥学校的主导作用。学校作为各类突发事件的重要参与主体，校园安全预警机制建设必不可少，特提出以下设想。

表 5－4 新疆少数民族牧区校园安全预警机制

预警级别	预警名称	预警标准	应对措施
Ⅳ级（一般）	蓝色预警	校园内部出现各种横幅、标语、大小字报以及手机短信，有关问题的讨论成为校园网上热点问题之一或出现大规模串联、煽动和蛊惑信息	加强门卫值班管理。严格实行门禁制度，对进入校园的人员必须弄清情况，严格把关，严禁不明身份人员进入校园
Ⅲ级（较重）	黄色预警	校园内突发社会安全类事件的动态，校园内已发生的各种非法集会、游行、示威、静坐以及集体上访、罢餐、罢考等群体性事件；因国际、国内重大热点问题或有关国家、民族情感等敏感问题引发校园政治性群体性事端	学校结合本单位实际，树立平安、稳定、安全意识，对学生生活活动集中场所加大监控力度，对门卫及周边的隐患进行排查，保障师生的人身安全，坚决防止群体性事件

续表

预警级别	预警名称	预警标准	应对措施
Ⅱ级（严重）	橙色预警	校园发生利用校园网发送有害信息，进行发动封建、色情、迷信等宣传活动的动态；窃取国家、学校保密信息，危害国家安全，可能造成严重后果的事态；各种破坏校园网络安全运行事件的信息动态	设置安全保护屏障，充分利用网络平台的优势，加强管理，推进校园安全管理工作有序开展
Ⅰ级（特别严重）	红色预警	敌对势力对师生进行思想渗透和破坏活动；境内未敌对势力、敌特组织、敌对分子、非法宗教势力、民族分裂势力、民族情感等敏感问题引发校园政治事件	加强政治思想和心理健康教育工作。通过多种途径、采取多种方法做好教师学生的思想政治工作，学生要有高度的政治敏锐性，不信谣，不传谣，不发表不正确言论

国家文化安全问题关系到一个国家的兴衰和命运。我国在全球化背景下处于改革深化、体制转型的时期，国家文化安全问题的地位更加突出。我国文化安全一旦受到威胁和渗透，会影响到我国的政治、经济和军事的安全。在中国共产党领导下建设中国特色社会主义的今天，我们必须始终坚持社会主义文化不动摇，始终坚持我国民族的文化特性和基本价值。

国家文化安全预警建设是一个长期、庞大并且复杂的过程，本书仅以新疆少数民族牧区为例作论述。新疆少数民族牧区国家文化安全预警机制的开发与研究还处于初步阶段，本书探索性地提出预警机制建设中存在的问题以及应对对策。新疆少数民族牧区建立完善的国家文化安全预警机制，隔离和化解危机，不仅能防患于未然，而且对避免生命财产受损、维护社会稳定有着举足轻重的作用。

第四节　构筑抵御新疆民族分裂势力的文化屏障

近年来，随着对外改革开放的不断扩大和社会主义市场经济的深入发展，社会文化成分、文化来源的日益多样化，新疆边远牧区常常成为民族分裂势力进行分裂活动时所选择的突破口，这引起了相关领域的高度重视和针对性的研究。新疆地处祖国的边陲，是中华人民共和国不可或缺的一部分，因此新疆的稳定、团结和快速发展是中国安定团结、繁荣昌盛的重要因素和必要条件。党的十五大以来，全党对文化建设的重视程度普遍提高，为文化事业的繁荣发展创造了前所未有的良好氛围。新疆广大文化工作者坚持先进文化的前进方向，全面贯彻党的文化工作方针，有力地推动了自治区文化事业的发展。但对新疆来说，由于其地理位置的特殊性和居住人口的多样性，使得新疆正处于并可能长期处于非法组织和境外分裂势力的觊觎当中。分裂势力通过一些不同的手段和方式不断地迷惑、诱惑新疆各族人民，妄图分裂新疆。所以我们应该充分认识当前文化建设的重要性和紧迫感，高度重视边远地区少数民族教育，大力提高少数民族教育水准，加强双语教育的力度，逐渐形成独具特色的新疆文化教育，最终实现改变少数民族落后的、狭隘的民族观念；培养少数民族奋发向上的进取精神和对国家的认同，保障国家文化安全，构筑强有力的、抵御民族分裂势力文化屏障的宏伟目标。

社会发展的前提是稳定，而稳定的坚实基础是经济发展和政治局面的稳定，但这决不意味着可以忽视文化建设在社会稳定和发展中的作用。党的十五大以来，全党对文化建设的重视程度普遍提高，为文化事业的繁荣发展创造了前所未有的良好氛围。但是新疆的文化建设还面临着严峻的形势，存在着许多的问题。因此，我们必须充分认识当前文化建设的重要性和紧迫感，采取切实有效的措施，推动新疆文化事业的发展繁荣。

（一）新疆边远牧区学校文化建设工作的重要性

学校文化建设工作是一项系统工程，学生健康的心理素质，文明的行为习惯，良好的道德品质，科学的世界观、人生观、价值观，崇高的理想，正确的政治方向，扎实的学识，都是通过长期系统的教育和实践形成的，文化建设起着不可低估的作用。改革开放以来，边远民族地区学校的文化建设工作得到了进一步加强，民族学生的思想道德素质得到不断提高，文化建设工作改革成效明显，文化建设工作途径不断拓宽，法制建设和建设队伍不断加强，有力推动了“四有”新人的培养。但与此同时我们还必须看到，国内外形势的新变化，文化建设发展的新任务和青少年思想教育工作的新情况，对边远民族地区学校文化建设工作提出了新的要求。尤其要清醒地看到，当今社会矛盾的复杂化，国际国内意识形态领域斗争的尖锐化，以及某些敌对势力对我国青少年一代进行的思想文化渗透，非法宗教、民族分裂等消极腐朽思想的传播等，都影响着学生的思想意识，甚至腐蚀着他们的思想。面对这些新情况、新问题，大力加强和改进边远地区学校的教育工作，帮助和引导少数民族青少年学生健康成长，使他们成为对国家、对社会有用的人才，是边远民族地区学校教育工作、文化工作的当务之急。做好这项工作，具有十分重要的意义。

（二）边远牧区文化建设存在的问题

学校作为培养社会主义建设者和接班人的阵地，师生民族众多，文化建设工作始终是学校的重要工作。目前，在新疆边远地区学校文化建设工作一直是全区的重点，但取得的效果却不甚理想，主要存在以下几个方面的问题。

1. 教育内容脱离学生思想实际。

学校使用的教材是国家或自治区教育部门统一制定颁布实施的，其中很多内容与学生的实际生活相脱离，学生很难理解，只能单靠死记硬背，导致学生学习兴趣不高，更不用说身体力行。因此使用的教材必须与学生的实际生活密切联系，一旦脱离，文化建设工作就失去了其存在的根基。边远地区的文化教材基本没有，主要有三个原因：一是缺乏必要的资金；二是缺乏必要的师资力量；三是领导不重视，没有开发的意识。基于以上原因，边远牧区学校的文化建设工作以最终走向是成为学生必修的一门课程，判断学生的标准也只是看他们的笔试成绩，失去了其最终的目的。

2. 教师综合素质偏低。

教师综合素质偏低，学生素质就很难提高。教师综合素质低的原因有：第一，师范院校的毕业生不愿到这些地区的中小学就业。例如，喀什师范学院仅2006年就有两千多名毕业生，可从学生从事的职业来看，很多优秀的学生没有从事教师职业；从事教师职业的绝大多数又选择留在城市，去条件较差的县及乡级的所剩无几。这些地区中小学师资匮乏，只有降低条件向社会招聘，从而导致教师素质下滑。第二，个别教师自身思想道德素质低，有打骂学生、收受贿赂的现象。第三，补充进来的教师缺少相关的教育素养，教学采取的手段、形式及方法单一、枯燥、乏味，很难引起学生学习的兴趣。第四，教师本身无法理解教育内容，只能照本宣科，学生无法理解教育内容。

3. 社会成员对文化建设的认识有偏差。

边远牧区的社会成员普遍认为让子女受教育，一是学好了能升入高一级的学校，毕业后得到好的工作；二是学习一般的，能简单地读、写、算即可，出门工作不至于被骗；三是认为教育是奢侈品，是用来花费的。所以他们认为自己的孩子学思想品德是浪费，有些家长压根不知道什么是德育，更不用说，通过家庭、社会配合学校的文化建设工作了。这样就使学校教育单向使力，最终流于形式。

4. 对双语教育的认识不到位。

学校是民族分裂势力进行意识形态渗透的重要领域，但在少数民族双语教学中，对意识形态领域反分裂教育的重要性认识不够明确，措施方法不到位。无论是教学计划还是课程设置，都没有凸显意识形态领域民族团结教育的重要性，尚未建立长效稳定的文化安全机制。

5. 宗教信仰对学校德育的影响也是不容忽视的。

新疆居住着维吾尔、哈萨克、塔吉克、克尔克孜、回和汉等多个民族，有不少民族是信仰伊斯兰教的。长期以来，新疆一直处于民族分裂势力和非法宗教活动渗透的前沿阵地，境内外民族分裂势力与我争夺群众，特别是争夺青少年的斗争日趋复杂、激烈；民族分裂势力渗透、干扰学校教育，拉拢、引诱青少年，形势依然严峻。[①] 所以，不能忽视非法宗教分子利用宗教信仰来拉拢青少年，影响学校对青少年学生思想品德的教育。

除了以上的几个问题之外，还有当地民族传统习俗，民族之间的语言沟通障碍，学校教学设备陈旧、不全等问题存在，这些都严重影响着德育教育和文化建设的质量。

（三）加强牧区文化建设的方法和措施

文化建设是一项在积累中发展、在发展中创新的渐进式的伟大工程，我们要以求真务实的态度，从新疆基本区情出发，找准突破口，有重点地推进。

1. 不断加大对文化建设的投入。

新疆可借助中央为西部文化建设提供的特殊优惠政策，争取中央财政更多的支持。新疆各级政府应积极落实各项文化经济政策，鼓励社会力量对文化建设事业的捐赠，并适当增加政府对文化建设的投资基数和投入比例。要打破垄断，鼓励竞争，支持社会力量投资文化项目，实现文化投资主体多元化。除国家现行规定禁止进入的领域外，其他领域都应该鼓励社会资本进入。

2. 推进文化基础设施建设。

新疆文化基础设施建设应面向广大农牧区，以边远牧区学校文化建设的基础设施为重点，落实新疆反分裂、反渗透的工作计划，填补边远牧区双语教育薄弱的空白点。对面积狭小、房舍危旧、设施简陋的中小学校进行维修或改造，使每一所学校都有一个具有一定设施规模和配套设备的文化室。对于交通过于不便，不宜开展文化活动的农牧区，应主要发展集影视放映、图书借阅、文艺演出等于一体的固定文化点，逐步形成一个面向广大农牧区学校、面向基层最广大群众的文化服务体系。

3. 推动文化队伍建设工程。

---

① 杨英："试析新疆边远农村地区中小学德育存在的问题及对策"，载《和田师范专科学校学报》2007 年第 6 期。

人才匮乏问题已经成为新疆文化发展的瓶颈。从实际出发，我们必须根据文化事业发展要求，从文化领导、经营管理、专业艺术和技术三个层面全面培养造就一批文化系统的人才，才能最终实施“人才兴文”战略。①

4. 增强中华民族文化传播与渗透力度。

少数民族双语教学要大力加强历史教育、爱国主义教育和民族精神教育，帮助少数民族学生牢固树立民族自信心和自豪感，正确地认识和对待人类文化的多样性，理解中华民族多元一体的文化格局，增强中华文化与中华民族的凝聚力。以中华民族文化和社会主义文化发展史为主要内容的认知教育是增强文化传播与渗透力的有效途径。维护文化安全，就要构建起中华文化体系，在文化共同体中重铸民族文化统摄力、感召力、渗透力，并利用这种力量促使各少数民族青少年紧密团结起来，自觉维护民族文化共同体的利益，构筑起抵御民族分裂势力的文化屏障。②

5. 妥善处理好民族宗教问题，增强民族文化的生命力。

要坚持新疆多元文化特点，处理好宗教与中国先进文化、民族文化的关系，同时大力引进和传播一切有利于新疆开发和发展的先进文化。要特别注意尊重各民族的传统习俗和宗教信仰，坚持创造和发展新疆文化自身的特色，格外审慎地对待各种并存的少数民族文化，既要积极地引导各民族的文化向着现代的统一目标迈进，又不要使这种文化失去民族性和多样性。宗教问题是新疆文化建设中一个不容回避的问题，应当把宗教问题放在精神文化建设的全局上来考虑，与民族文化的发展问题联系起来。这对加快文化设施建设和文化市场的培育与管理，巩固社会主义的文化阵地，建设社会主义文明有着不可小觑的意义。

6. 创新教育模式，解决好反分裂、反渗透教育实效性的问题。

思想政治理论研究和教育工作者，必须继续解放思想、坚持改革

① 魏琪、王洪琦：“新疆文化建设存在的问题及对策”，载《实事求是》2004年第6期。

② 李红兵：“国家文化安全视阈下的新疆少数民族双语教学”，载《高等函授学报》2010年第4期。

开放、推动科学发展、促进社会和谐，努力实现教育模式创新。在新疆应加强少数民族边远牧区思想政治教育规律与特点研究，着力探讨和研究在民族心理与国家观念、宗教情结与政治信仰、先进的生产力与相对落后的区域生产方式等多重因素的互动下，思想政治教育工作的手段、方法、有效路径和价值目标。加强少数民族牧区思想政治教育模式与心理模态研究，研究新疆少数民族牧区特有的生活方式、思维习惯、价值观念等在思想政治教育理论语境下的潜进与展开，构建少数民族地区思想政治教育的特有模式；加强反分裂、反渗透教育的研究，建立反分裂、反渗透教育警示教育基地、教育研究中心、安全信息员培训基地等反分裂、反渗透教育研究平台，提高反分裂、反渗透教育工作指导的科学性。①

7. 大力开展双语教学，推行民汉合班。

调查显示，60.5%的调查对象认为民汉合班是加强中小学反分裂、反渗透最有力的措施，57%的调查对象将推行民汉合校和混合编班作为在教育系统扩大民族团结教育辐射面和影响力的有效方式。应大力推行民汉班级结对子，进一步提高少数民族学生汉语水平，全面提升青少年思想政治和科学文化素质，加深民汉学生的相互了解和信任；要结合各地的实际，继续大力推进双语教学工作，创造条件，加强培训，充实合格双语教师的数量，努力扩大双语教学班。②

文化建设工作是一刻也不能放松的。我们应该从新疆的实际情况出发，发挥新疆少数民族双语教育在反分裂、反渗透和维护文化安全中的重要作用，构建起抵御民族分裂势力的文化。通过文化建设构建起新疆全社会的共同理想和精神支柱，促使新疆形成有利于社会稳定的主导价值观，强化新疆各族人民的道德意识。在逐渐形成良好人际环境的同时，增强新疆各少数民族的民族认同和国家认同的意识，逐步完成民族文化与中华文化的深层次融合，进而形成多元化的中华文

---

① 李国良："近年来新疆教育领域反分裂反渗透研究综述"，载《新疆大学学报》2012年第9期。

② 李国良、罗旋、吴敏："新疆中小学反分裂反渗透教育现状调查与分析"，载《新疆社会科学》2012年第5期。

化。中华文化的逐步形成预示着我们构建起了强有力的抵御民族分裂势力的文化屏障。

文化是民族的灵魂，是国家、民族的认同感与凝聚力的不竭源泉，是维护社会稳定与和谐的重要保障，蕴含着民族走向未来的可持续发展的强大动因。树立文化建设意识，构筑文化安全屏障，是维护新疆社会稳定、保障国家安全稳定的内在要求，是新疆少数民族双语教学的特殊任务和功能。如何面对新疆边远地区少数民族双语教育和文化建设过程中的薄弱环节，积极应对文化安全的各种变化和挑战，选择正确的路径并通过有效的途径加以解决，是新疆少数民族双语教育要深入思考的现实问题。

第五节 中华民族文化建设与国家文化安全

新疆是我国少数民族聚居的主要地区之一，强化中华民族文化是国家文化安全建设的重要环节。新疆特殊的地理文化环境决定着其在国家安全中占有重要的战略地位，所以新疆强化中华民族文化与国家的文化安全建设息息相关。本书着眼于新疆的现实情况和建设国文化安全的重要性，以新疆少数民族牧区双语教育为例，利用语言教育来推进中华民族文化的传承和强化中华文化认同感，来强化中华民族文化和加强国家文化安全建设。新疆强化中华民族文化不仅有利于少数民族牧区政治、经济的发展，更重要的是对于维护新疆团结统一的局面有着重要作用。

一、中华民族文化与国家文化安全

（一）中华民族文化

中华民族文化是中华民族的标志和符号，亦是中华民族精神的凝聚。其中自强不息的精神、辩证思维的精神、有容乃大的精神则是贯串中华民族文化之中的基本精神。[①] 这些精神不仅是道德的外延，也是民族的软实力，所以在当今时代，强化中华民族文化对我们整个国家及社会都有着巨大的意义。

（二）国家文化安全建设

国家文化安全是指一个国家的文化生存系统安全运行和持续发展状态以及文化利益处于不受威胁的状态，包括国家文化政治安全、文化信息安全、公共文化安全等，首要的是文化政治安全，其中又以意识形态安全为主。[②] 即一个国家文化统治地位思想政治意识不受威胁与侵害，能够稳定存在和健康发展。但是目前，我国是一些西方国家进行文化渗透的重要目标，文化的发展正受到来自各个方面的威胁和挑战，所以我们一定要高度重视国家文化安全建设。

二、中华民族文化与国家文化安全的关系及重要意义

（一）中华民族文化与国家文化安全的关系

自古以来，中华民族文化是我国各族人民精神和物质财富的结晶，同时也是我们国家民族凝聚力的主要来源。刘跃进把语言文字看作“国家文化安全”的第一个构成要素，指出文化安全包括了多方面的内容，但其中最主要的是语言文字安全、风俗习惯安全、价值观念安全和生活方式安全四个基本方面。[③] 而国家文化安全建设同样包含这四个方面，所以强化中华民族文化对于国家文化安全建设来说是重中之重。通过对语言文字、价值观、生活方式和风俗民俗的强化，使新疆少数民族牧区学生更加认识到中华民族文化的博大精深、源远流长，还体现出中华民族文化之中的伟大精神。中华民族文化是中国文化的根基，我们只有保护好、传承好我们的文化根基才有可能使我们的国家文化更加安全。并且通过强化中华民族文化的方法来加强国家

---

① 冯广通：“浅析中华民族文化的基本精神”，载《经济研究导刊》2014 年第 1 期。

② 曹泽林：《国家文化安全论》，军事科学出版社 2006 年版，第 5 页。

③ 刘跃进：“国家安全体系中的语言文字问题”，载《语言教学研究》2011 年第 6 期，第 38 页。

文化安全建设，也可以达到事半功倍的效果。

（二）强化中华民族文化重要意义

“弘扬中华文化，建设中华民族共有精神家园对新疆构建和谐社会，维护祖国统一，增强各民族凝聚力，促进地区繁荣稳定发展具有极其重要的意义。”[①] 众所周知，自古以来我国就是一个多民族的国家，新疆是我国少数民族聚居的主要地区之一，弘扬中华文化对新疆地区具有重要意义。数千年来，各民族相互交流，相互联系，共同创造了我们伟大的中华民族文化。因此“民族文化及其认同是国家认同的基础以及维系民族和国家的重要纽带，也是民族国家的‘合法性’来源和国民凝聚力之所在”。[②] 在新疆地区强化中华民族文化是加强我国民族凝聚力的重要手段之一。它有利于整个新疆社会的稳定和长治久安，同时也可以使新疆各族人民“心往一处想，劲往一处使”。

（三）双语教育与强化中华民族文化关系

我国是一个统一的多民族国家，新疆作为一个少数民族聚居的地区，学习和掌握国家通用语言文字，有利于增强新疆少数民族学生的祖国意识和对中华民族文化的认同感，有利于促进各民族学生之间的沟通和交流，同时也有利于推动各民族学生的全面发展。在新疆少数民族牧区推进以国家通用语言文字为主的双语教育，是具有提高少数民族的教育质量、培养民汉兼通的少数民族人才的战略举措；是我国深入实施西部大开发战略、建设社会主义和谐社会目标、实现新疆社会稳定的必然要求之一；是维护民族团结和祖国统一，促进各民族的共同发展、共同繁荣和进步，实现新疆长治久安的需要。在我国，56个民族操着61种语言，使用39种文字。[③] 所以在新疆这个少数民族聚居的地方，双语教育的作用显得尤为重要。双语教育是提高新疆少

---

① 张倩：“新疆多元化背景下建设中华民族共有精神家园对策探析”，载《昌吉学院学报》2010年第3期，第38页。

② ［美］厄内斯特·盖尔纳：《民族与民族主义》，韩红译，中央编译出版社2002年版，第183页。

③ 张倩：“新疆意识形态建设的方法和路径”，载《乌鲁木齐职业大学学报》2009年第1期，第80页。

数民族牧区教育的有效途径和教育手段，对于牧区发展中华民族文化有着重要的意义。利用双语教育来强化中华民族文化和民族认同是一个重要举措。在双语教育的过程中进行中华民族文化的宣传教育，是我们现在在牧区进行双语教育的任务之一。

（四）双语教育对加强国家文化安全建设的重要性

在进行国家文化安全建设时我们要认识到："接触到某种语言时，也就是要接触到其中蕴含的文化。"① 所以语言文字是我们国家文化安全建设的重中之重。在新疆少数民族牧区实行的双语教育就是在语言文字方面加强文化安全建设，在一定程度上加强国家文化安全。新疆少数民族牧区的双语教育提升了牧区学生的文化安全意识，强化了对中华民族文化的认同，进而促进了国家文化安全建设。新疆少数民族牧区双语教育，对逐步完善国家文化安全建设，具有非常重要的意义。

三、强化中华民族文化时遇到的困难和问题

新疆少数民族牧区强化中华民族文化工作面临着许多新情况和新问题，从整体上来看，还不足以适应实现新疆的社会稳定和长治久安的需要，还不能满足广大的人民群众对高质量的中华民族文化的要求。

（一）社会层面

从社会层面来看，牧区的双语条件和教育的硬件设施现状比较落后，需要引起社会层面的重视；在双语教育和中华文化强化方面的管理工作也不够完善和规范，整个牧区对于中华民族文化的教育不够深入；新疆少数民族牧区教育宣传强化中华民族文化的工作不到位。

（二）学校层面

在学校层面上主要存在的问题是，牧区学校在推进强化中华民族文化方面的教育不够积极主动，对于双语教育与强化中华文化安全重

---

① 马维野：《全球化时代的国家安全》，湖北教育出版社2003年版，第96页。

要性认识不足。牧区学校的硬件设施相对落后，学校自身的主观能动性较差，强化中华民族文化的教育力度不够，组织专题班会和活动较少，在家校联动培养学生方面做得不够到位。

（三）教师层面

教师层面强化中华民族文化时的困难有：部分牧区的教学条件十分艰苦，教师有许多生活困难。部分教师需要先解决生活困难再进行教学工作，浪费了教师的宝贵精力。部分牧区的教师待遇条件不好，留不住优秀教师。个别教师的专业水平不够，教育方式方法不够先进，少数民族牧区教师在强化中华民族文化教育时自身的影响力发挥不足。牧区教师在进行双语教育时，不能积极发挥主观能动性，不能组织更加有效的教学活动，不能充分调动学生的学习兴趣和积极性。

（四）学生层面

从牧区学生层面来看，学生对于学习中华民族文化的积极性不够，不能够主动自觉地学习中华民族文化，对于双语学习的重要性认识不足，思想上没有重视双语学习和中华民族文化的学习，使得双语学习和中华民族文化学习十分被动。

四、强化中华民族文化的方法及对策

（一）社会层面

社会层面应该加大针对少数民族牧区的政策倾斜，加强对中华民族文化教育的支持以及对民族认同的引导，鼓励在少数民族牧区全面、全方位地推进强化中华民族文化的教育工作。

社会层面还要做到“必须大力培育和弘扬中华民族精神、时代精神，提倡现代文化，发展先进文化，建设和谐文化，提高新疆各族干部群众的综合素质”。[①] 在新疆提高各族干部的综合素质，有利于强化中华民族文化在社会层面的认同感，利用双语教育加强中华民族文化的认同感。社会层面上，支持举办双语教学论坛及中华民族文化研讨

---

① 贾友军：“大力培育和弘扬中华民族精神、时代精神是维护新疆地区主流文化安全的关键”，载《新疆社科论坛》2013 年第 2 期，第 83 页。

会、青少年双语口语大赛、双语教师的教学技能竞赛等活动，充分提高广大教师及学生对双语教育的积极性，发挥现代媒体的宣传作用，广泛宣传推进少数民族牧区双语教育工作的重要意义、政策措施以及实施成果，为推进少数民族牧区双语教育工作营造良好的社会环境。在活动过程中推进强化中华民族文化认同以及国家安全建设的任务，加强社会层面上的新疆少数民族牧区双语教育的重视程度，也是强化整个少数民族牧区中华民族文化建设的重要一步。提升整个社会层面对少数民族牧区双语教育的重视程度，有利于引导少数民族牧区对于中华民族文化认同感的加强。整体看来，社会层面对于少数民族牧区双语教育的影响非常重要。

（二）学校层面

学校方面应该高度重视以及切实加强语言课程教学工作。在日常授课中加大中华民族文化的教育，利用语言教学来强化中华民族文化。在学校层面应该发挥学校自身的主观能动性，加大对双语教育的支持工作，定期、不定期地组织学生举行双语教育活动，同时在活动时穿插中华民族文化知识，来强化中华民族文化的建设。比如举办双语大赛、学生双语口语竞赛等活动。在学校召开家长会期间应该加大对家长的双语教育重要性的宣传，尤其是在少数民族牧区家长对于学生学习双语有很重要的影响。学校层面整体重视中华民族文化的推进工作，利用学校与家长的联系使家校联动更加完善，联手推进双语工作，加强学生对于中华民族文化的认同感。作为少数民族牧区的学校，要自查本校的双语教育推进工作，努力为学生营造一个更加完善的双语学习环境。在学生更好地接受双语教育的同时，学校层面还需要加强中华民族文化认同的教育。

（三）教师层面

对牧区的双语教师来说，“双语教育环境尽管千差万别，但是双语教育发展有它共同的规律。积极开展少数民族双语教育的理论和实践研究，对于发展我国少数民族双语教育理论与实践将十分有益”。①

① 刘放桐：《新编现代西方哲学》，人民出版社2000年版，第622页。

我们现在面临的问题是怎样加大双语教师队伍建设和加强双语教师的质量。作为牧区的双语教师，应该更加自觉地学习先进的双语教育方式方法；对于不一样的双语教育环境，根据双语教育规律针对少数民族牧区学生进行教育，加强中华民族文化教育。在加大双语教师队伍建设时，学校需要建立更加完善的教师考评机制。不能仅仅注重双语教师的数量，同时也要提升双语教师的整体素质，增强教师个人的教学能力。还要提高少数民族牧区教师的福利待遇，使奖励机制更加完善，使得少数民族牧区可以留住教师，吸引更多的优秀教师。应该加强教师队伍对于中华文化的认同感，利用教师的言传身教来强化中华民族文化建设。同时也可以利用新疆师范类大学生支教计划，使得更多的师范类大学生前往基层学校进行教学工作；学习、引进更多更先进的教学方式方法，使基层学校得到更多的新鲜血液。

少数民族牧区的双语教师在对牧区学生进行双语教学的同时，也要加强牧区少数民族学生对中华民族文化认同感的培养。教师应该发挥自身的影响力，对学生进行中华民族文化的言传身教。教师要经常组织双语教学活动，利用现有条件进行一些双语教学竞赛。在双语教学中，加强少数民族牧区学生的民族认同感。在课堂上和课外活动时间，加强中华民族文化的宣教，使更多的少数民族学生能学习到更多的中华民族文化。

（四）学生层面

“民族文化知识，是一个民族遗留下来的宝贵文化瑰宝，是一个民族的精神食粮。”① 中华民族文化是中华民族的文化瑰宝，作为学生应该珍视文化瑰宝，加强中华民族文化的学习。少数民族牧区的学生，应该从思想上重视双语学习与中华民族文化的学习。在双语学习方面，应该加强自身的学习积极性，发挥主观能动性，积极主动学习双语。抓紧双语课上的学习时间以及机会，勤学多问，课下多与双语老师交流。在课余时间找自己喜欢的课外书进行阅读，尽量多阅读一

---

① 李芳芳：“新疆少数民族大学生中华文化认同研究”，新疆师范大学 2013 年硕士学位论文。

些有关中华民族文化的书籍，增加自己的双语学习机会，加强对中华民族文化的认同感。兴趣是最好的教师，让自己对双语学习产生兴趣，从枯燥的教学模式中走出来，从被动地接受转变为主动地学习，有强烈的求知欲，感受求知的乐趣，感受获得知识的成就感和欢乐。双语学习尤为如此。作为学生应该在思想上重视双语和中华民族文化的学习。在少数民族牧区条件相对艰苦的情况下，学生要积极主动多用双语与他人进行沟通交流，努力提升自己的口语交流能力，并且加强个人对中华民族文化的认同感，多多了解中华民族文化，做好中华民族文化的传承与发展。

在新疆少数民族牧区中华民族文化教育方面，在社会层面我们需要加大重视；在学校层面需要提升中华民族文化和双语教育的教学质量；在教师层面要扩大双语教师数量，提升双语教师的素质；在学生层面要发挥自己学习中华民族文化和双语的主观能动性，提升学习积极性。做到以上四个层面的中华民族文化教育的强化，我们就可以实现强化中华民族文化，使国家文化更加安全。

双语教育作为文化的传承的重要手段，在强化中华民族文化和国家文化安全建设方面起到了至关重要的作用，尤其是在新疆少数民族聚居的大家庭中，双语教育的作用不言而喻。要及时地解决在新疆少数民族牧区双语教育过程中强化中华民族文化时遇到的问题，并且有针对性地提出和制订解决方法和对策，这也必将有利于推进新疆的社会稳定和长治久安。

后　记

本书是全国教育科学规划“十二五”规划单位资助教育部规划课题“国家文化安全视域下的新疆少数民族牧区双语教育发展研究”（项目批准号：FMB130534）的最终研究成果。经过三年多的不懈努力，终于完成了本课题的研究工作。

当撰写此书的工作进入尾声的时候，我有一种如释重负的感觉。我是一个土生土长的新疆人，生长在一个偏远的哈萨克族聚居的牧区——新疆伊犁哈萨克自治州巩留县吉尔格郎乡。吉尔格郎乡距离县城50多公里，处在山地牧区，地广人稀，气候条件差，季节变化较大，自然条件十分艰苦，抵抗自然灾害的能力非常弱。然而，在20世纪最为艰辛的是交通严重不便。从县城到乡里根本不通车，人们去趟县城，夏天都是靠骑马或坐马车，冬天坐雪爬犁，50多公里的山区路程要走整整一天。由于历史的原因，牧区经济发展的滞后严重制约了牧区教育水平的提高。因此，当时家乡的教学条件很差，水平也非常低。记得我小学从一年级到五年级的全部课程都是一个老师教授的，每当上体育课时就是老师休息的时间。在牧区生活的牧民的孩子们上学更是艰辛，他们起早摸黑仍然不能保证按时到校上学，偶尔遇到暴风疾雪，就来不了学校，我的一些哈萨克族小伙伴连小学都没有毕业就辍学回家放牧去了。我的求学之路得益于父母的“远见卓识”，也得益于艰苦的环境磨炼了我克服种种困难的决心，给我不折不挠勤奋努力的动力。

1987年，也许是缘分，本想学医的我，却考入了新疆大学哈萨克语言专业。大学毕业后回到了家乡，我被分配到新疆伊犁师范学院从事双语教学工作，也就是从那时起我开始了双语教育工作的研究。从小耳闻目睹新疆少数民族牧区教育的现状。由于受到自然条件和经济条件的限制，新疆少数民族牧区的教育基础及其支撑能力十分薄弱，在少数民族牧区兴办教育是非常困难的。长期以来，农牧民子女的基础教育问题成为新疆教育工作的重点和难点。新疆双语教育的开端源于新中国成立后。1950 年，新疆维吾尔自治区人民政府在《关于目前新疆教育改革的指示》中规定：新疆所有中小学均加授外族语选修课，新疆少数民族班选修国文或俄文，汉族班选修俄文或维文。这一教育改革举措改变了新疆双语教育面貌，新疆才在真正意义上把双语教育纳入基础教育体系，从而奠定了新疆双语教育基础教育模式。但由于条件的限制，当时的双语教育仅限于个别大中城市里，偏远的农牧区的双语教育开展得就很不理想。制约新疆少数民族牧区双语教育发展的突出问题是教育教学经费、双语师资队伍建设、教学质量、教育效益和学校布局。少数民族牧区教育表现出质量差、条件差、效益差，不均衡、大差距、无出路等突出问题。

新疆民族教育是我国教育事业的重要组成部分，也是我国民族工作的重要内容。民族教育是提高少数民族整体素质、培养各类少数民族人才的重要途径，也是促进新疆政治、经济、文化、社会和谐发展的基础性工程。在党中央的亲切关怀下，在新疆维吾尔自治区党委和人民政府的高度重视下，新疆的双语教育显现蓬勃向上的发展趋势。近几年，中央和自治区不断加大双语教育投入力度，不断提升双语教育发展水平，改善双语教育教学环境。仅 2010 年，中央和自治区投入双语教育的资金就达 15 亿元，新疆数百万少数民族学生从中受益。2014 年 6 月，为了提高新疆高中阶段双语教育教学水平、完善双语教育衔接体系，加快培养民汉兼通的高水平双语人才，国家发改委相继下达 3 笔专项资金，共安排中央预算内投资 5.3 亿余元，支持新疆的双语教育发展。国家发改委还下达中央预算内投资 1.894 亿元，重点支持新疆乡镇以上中小学以及部分集中办学的村级中心学校建设成为双语寄宿制学校，主要用于新建教学用房、生活用房及辅助用房。这些中央预算内投资的下达，对新疆双语教育发展意义重大。将有力促进项目所在县市义务教育的发展，带动新疆双语教育乃至新疆教师教育的全面发展。根据新疆维吾尔自治区少数民族学前和中小学双语教育2010~2020年发展规划，到2015年，中小学少数民族学生基本普及多种模式的双语教育；到2020年，中小学少数民族学生全面普及双语教育，接受双语教育的少数民族中小学生达到261.76万人，少数民族高中毕业生基本熟练掌握和使用国家通用语言文字。

现代教育与国家文化安全关系十分密切。国家文化安全具有隐蔽性、长期性及潜移默化的特点。现代教育通过提供知识人才保证，促进政治、经济、文化、科技、军事等的安全与发展，从而促进国家文化安全与发展。新疆地处祖国的边陲，有着特殊的地理位置。新疆少数民族牧区双语教育承载着培养现代化建设人才和增进民族团结、维护国家文化安全的使命，是发展民族经济、防止恐怖渗透、保证边疆稳定的重要基础。要加强从文化安全视角研究新疆少数民族牧区双语教育中的突出问题及其策略应对。加强和维护国家文化安全就应该充分地发挥新疆少数民族牧区学校的主导作用。从数量上保障经费投入、改善牧区学校办学条件等硬件，从质量上落实“双语教育”及学生素质的提高。这对进一步发挥新疆双语教育的作用具有重要的意义。

我申报的全国教育科学规划“十二五”规划单位资助教育部规划课题“国家文化安全视域下的新疆少数民族牧区双语教育发展研究”被批准立项，坚定了我深入研究新疆少数民族牧区双语教育的决心和意志。我是从牧区走出来的，能够为新疆少数民族牧区的教育做点事深感欣慰。本课题的研究凝聚了许多领导和同事们的关心和支持，中国社会科学院黄中祥研究员对本课题的研究提出了许多宝贵意见，并给予了无私的帮助。时任伊犁师范学院科研处的汤建刚处长为本课题能够顺利开展和完成提出了许多关键性的建议，伊犁师范学院科研处的李文亮科长和辛巧同志的关心和支持成了我完成课题的动力和源泉。我的学生刘丰艳、赵珊、袁翱和卢亚男等同学在收集、整理材料方面做了大量的工作，赵中兴同学对书稿进行了梳理。同时，还要感谢我的家人对我的大力支持，这对我完成科研课题也是最大的鼓舞和支持。我向他们致以衷心的感谢。

在这本书即将出版之际，承蒙中国社会科学院新疆研究室主任、中国社会科学院中国边疆研究所研究员、中国社会科学院创新工程新疆方向首席研究员、国家新疆智库专家委员会委员、历史学博士许建英研究员拨冗赐序，对此书的奖褒增色，是对我研究的肯定，也是鞭策。许建英研究员对新疆近现代史、新疆与周边关系史、新疆文化、“东突”分裂主义与恐怖主义、中国边疆学等领域的研究具有极高的造诣。其愿为本书作序对于从事新疆少数民族双语教育研究工作的我来说是个极大的鼓舞。

最后，还要感谢伊犁师范学院科研处、中国新疆与周边国家合作发展研究中心、伊犁师范学院新疆哈萨克文化与民族现代化研究中心和中国语言学院的各位领导和工作人员。如果没有他们的鼎力支持，没有伊犁师范学院学术著作出版基金、中国新疆与周边国家合作发展研究中心基金和中国语言学院的资助，这本书是不可能出版的。同时，本书的出版，得到了知识产权出版社领导的亲切关怀和齐梓伊主任的无私帮助，是他们不辞辛劳、认真编校才确保了本书的质量，在此一并致谢。

成世勋

2016年5月15日